Weltreise als Backpacker

Der Guide für deine Planung & Vorbereitung

Claudia Schmidt

Selbstverleger: Claudia Schmidt
Reiseblog: www.backpackinghacks.de
Kontakt: weltreise@backpackinghacks.de
Satz & Umschlaggestaltung: Claudia Schmidt

Druck: Amazon Media EU S.à r.l.
5 Rue Plaetis, L-2338, Luxembourg

1. Auflage

INHALT

VORWORT

Träumst du davon als Backpacker um die Welt zu reisen, aber weißt nicht, wo du anfangen sollst und woran du alles denken musst? Dann ist das Buch für dich. Denn es wird dir dabei helfen, deine Weltreiseträume zu realisieren.

Das Buch ist dein Leitfaden, der dich durch die komplette Vorbereitungsphase führt und Antworten auf die wichtigsten Fragen gibt. Im Anhang findest du einen Zeitplan, an dem du dich orientieren kannst, bis wann du bestimmte Punkte erledigen musst und welche Reihenfolge sinnvoll ist. Der Zeitplan ist gleichzeitig auch eine Checkliste, so dass du immer den Überblick behältst und am Ende die Gewissheit hast, dass du an alles gedacht hast. Er ist dein Countdown bis zur Abreise.

Als ich 2011 meine Weltreise geplant habe, gab es kaum hilfreiche Informationen hierzu im Internet und ich musste alles selber herausfinden. Das hat mich viel Zeit und viele Nerven gekostet, und trotzdem habe ich Dinge vergessen oder würde sie heute anders machen. Damit es dir nicht genauso geht, habe ich „Weltreise als Backpacker" geschrieben. Mittlerweile weiß ich, worauf es ankommt, daher lerne aus meinen Erfahrungen und Fehlern.

Wenn du das Buch liest, bin ich wahrscheinlich schon auf meiner dritten Langzeitreise. Es zieht mich immer wieder hinaus in die Welt und ich könnte mir ein Leben ohne meine Reisen gar nicht mehr vorstellen. Es hat mir so viel gegeben, daher möchte ich andere Leute inspirieren und ermutigen selber zu reisen.

Bevor es losgeht, noch ein paar Hinweise:

- Im Buch werden einige Themen behandelt, die dich nur betreffen, wenn du in Deutschland wohnst. Falls du aus der Schweiz oder Österreich kommst, musst du diese Punkte selber recherchieren.
- Mit sehr großer Sorgfalt und nach bestem Wissen habe ich das Buch geschrieben, aber ich übernehme keine Gewähr, dass alle Informationen noch aktuell und korrekt sind.
- Alle Links im Buch findest du gesammelt noch mal am Ende im Kapitel „Hilfreiche Ressourcen für deine Weltreise" und im Internet unter *www.backpackinghacks.de/ebook-links*
- Darüber hinaus findest du noch viele weitere Tipps und Inspirationen rund ums Backpacking auf meinem Blog Backpacking Hacks *www.backpackinghacks.de*

Jetzt wünsche ich dir: Viel Spaß beim Lesen!

EINLEITUNG

Am Anfang kann eine Weltreise unerreichbar erscheinen, wie ein hoher Berg, den du in der Ferne siehst. Der Gipfel ist weit weg und du zweifelst, ob du ihn je erreichen wirst. Trotzdem gehst du los. Du machst den ersten Schritt und dann noch ein und noch einen... Zwischendurch legst du Pausen ein und blickst dich um. Die Aussicht ist grandiose und du bist überrascht, wie weit du es bereits geschafft hast. Das motiviert dich und so kletterst du immer weiter hoch.

Auf einmal erscheint der Gipfel zum Greifen nah und du bist nicht mehr zu stoppen. Die letzten Meter sind schnell geschafft und plötzlich stehst du oben. Der Moment ist überwältigend und du genießt es einfach. Du schaust hinab und denkst bei dir: "Das war einfacher, als ich dachte!". Zum Glück bist du losgegangen.

Die Weltreise ist wie dieser Berg, um es nicht beim Träumen zu belassen, must du einfach loslegen. Dafür brichst du die Weltreiseplanung in einzelne Aufgaben herunter und arbeitest sie Stück für Stück ab. So kommst du deinem Ziel immer näher.

Oft ist der erste Schritt der schwerste, fang daher mit etwas leichtem an, was Spaß macht. Kauf dir zum Beispiel eine große Weltkarte und häng sie dir über das Bett. Noch besser ist ein „Vision Board", was eine Foto-Collage deiner Träume ist. Jedes Foto steht symbolisch für ein Ziel.

Nehmen wir zum Beispiel ein Foto von Rio de Janeiro. Jetzt stell dir vor, wie es sich anfühlt da oben bei der Cristo Statue zu stehen? Was wirst du alles in der Stadt erleben? Wirst du am Strand der Copacabana schwimmen gehen? Nachts in den Clubs Salsa tanzen?

So wird jedes Foto auf deinem Vision Board lebendig.

Jetzt kannst du es kaum erwarten, bis es endlich losgeht. Täglich erinnert dich die Weltkarte oder das Vision Board an deine Träume. Jeder gesparter Euro und jede erledigte Aufgabe, bringt dich der Weltreise näher.

Ein weiterer Trick ist, wenn du deinen Freunden von deinem Traum erzählst. So schaffst du Verbindlichkeit und ein positiver Druck von außen entsteht. Deine Freunde werden regelmäßig fragen, wie du voran kommst. Aus diesem Momentum heraus schaffst du Tatsachen und setzt etwas Großes in Bewegung, das schon bald eine Eigendynamik entwickelt.

Feiere deine kleinen Erfolge und streiche einen Punkt auf der To-Do-Liste durch. So werden deine Fortschritte sichtbar. Schnell wirst du merken, dass es gar nicht so schwierig ist eine Weltreise zu planen, nur viel Arbeit.

Ein großer Traum beginnt mit kleinen Schritten.

Am Anfang musst du die großen W-Fragen beantworten: Wann geht es los? Mit wem willst du reisen? Wie lange willst du unterwegs sein? Was machst du mit deinem Job? Wie willst du reisen? Was ist dir neben dem Reisen wichtig? Wohin willst du reisen? Wie viel Geld hast du bereits gespart? Wie viel fehlt noch?

Die Recherche- und Planungsphase gibt dir Sicherheit. Eine Art Grundgerüst, an dem du dich entlang hangeln kannst. Wie stark du ins Detail gehen willst, bleibt dir überlassen.

Es gibt Freestyler, denen Planung ein Graus ist. Ihnen reicht ein One-Way-Ticket. Wenn das Geld alle ist, kommen sie zurück. Das andere Extrem sind Planungsfreaks, die gerne alles vorher wissen und vorbereitet sein wollen. Aber die meisten liegen wohl in der Mitte. Sie haben bereits ein paar Ideen, wie lange sie reisen wollen und wohin die Reise geht. Behalten sich jedoch Freiraum, um unterwegs spontan entscheiden zu können.

Alles klar, dann lass uns loslegen!

1
REISEPLANUNG

1.1 - WANN IST DER RICHTIGE ZEITPUNKT?

Die erste große Herausforderung bei der Reiseplanung ist einen Zeitpunkt für die Reise festzulegen. Viel zu oft schieben wir Dinge in unserem Leben vor uns her. So bleibt es beim Träumen, denn es sprechen immer Argumente gegen eine Weltreise: keine Zeit, kein Geld, das Studium, die Karriere, der Partner, die Familie und noch viele andere Verpflichtungen.

Gerade wenn du jung bist, hast du oft das Gefühl noch das ganze Leben Zeit zu haben. Aber stimmt das wirklich? Ist es nicht vielmehr so, dass du immer mehr Verpflichtungen im Leben ansammelst. Je älter du wirst, desto schwerer wird es dir fallen eine längere Auszeit zu nehmen. Es ist nicht unmöglich, aber erfordert viel mehr Kompromisse. Auch geraten Träume in Vergessenheit und gehen im Alltag unter, bis dann im Alter die späte Reue kommt.

Du weißt nie, was dich im Leben erwartet. Verschiebe nicht alles auf später.

Mir ging es genauso. Ich war mir sicher irgendwann eine Weltreise zu machen, aber es war nicht mehr als eine Idee. Dann saß ich Einestages in einem Vortrag über altersgerechtes Bauen und die Referentin zeigte uns paradiesische Fotos von den Malediven. „ So sehen die Malediven aus, wenn Sie Dreißig sind, so mit Fünfzig und so mit Siebzig.“ Jedes Mal legte sich ein weiterer grauer Schleier über die Fotos. Sie schloss den Vortrag damit: „Warten Sie nicht bis ins hohe Alter, um ihre Träume zu realisieren. Denn Sie werden nie mehr so fit und gesund sein wie heute.“

Warte nicht auf den richtigen Zeitpunkt im Leben, denn er wird nicht kommen. Daher nutze die Chance, wenn du noch jung und frei bist.

Nach Schule und Studium

Wie direkt nach dem Schul- oder dem Bachelor-Abschluss, der Ausbildung oder wenn du mit dem Studium fertig bist. Das sind ideale Momente für eine kleine Auszeit, bevor der Ernst des Lebens beginnt.

Wahrscheinlich hast du nicht viel Geld zum Reisen, aber dafür umso mehr Zeit. Was gar kein Problem ist. Schon mit einem kleinen Budget kannst du durch günstige Länder reisen oder mit einem Working Holiday Visum zwischendurch arbeiten. So kannst du das Reisen mit dem Geld verdienen kombinieren.

Kurz nach meinem Studium bin ich für ein Jahr nach Australien gegangen. Direkt zum Start habe ich für drei Monate in einem Architekturbüro gearbeitet, um im Anschluss zu reisen. Bis das Geld alle war, dann habe ich auf einer Farm mitgeholfen und so ging es weiter. Es war eine geniale Zeit, in der ich so viel Spaß hatte und viele verrückte Leute kennengelernt habe.

Und eins kann ich dir versprechen, diese erste Reise wirst du nie vergessen und sie wird dich für immer verändern. Ein Stück weit wirst du durch sie erwachsen werden und dich als Person enorm weiterentwickeln.

Falls du dir Sorgen machst, im Anschluss keinen Job zu finden, kann ich dich beruhigen. Heutzutage ist es fast schon normal und Arbeitgeber schätzen die Erfahrungen, die du auf Reisen gemacht hast. Ganz besonders, wenn du zwischendurch interessante Jobs hattest.

Bei beruflichen und persönlichen Veränderungen

Im Laufe des Lebens gibt es immer wieder Umbrüche, die sich für eine Reise anbieten. Wenn du dich beruflich neu orientieren willst oder den Arbeitgeber wechseln willst. Viele nutzen auch die Elternzeit oder wenn die Kinder ausgezogen sind, um zu reisen.

Oft tut es sogar gut, nicht nahtlos in den nächsten Lebensabschnitt überzugehen, sondern etwas Zeit und Abstand zu haben. Das hilft die alten Dinge gedanklich abzuschließen und offen für das Neue zu sein.

Aber genauso gut ist jetzt

Es gibt nicht den perfekten Moment oder das beste Alter zum Reisen. Du wirst immer Kompromisse eingehen und jedes Alter hat seine Vorzüge. Mit der Zeit verändern sich deine Vorstellungen, was du auf einer Reise erleben willst und was dein Fokus ist.
In jungen Jahren ist alles sehr aufregend und neu. Mit der Zeit bist du ein alter Hase, was das Reisen angeht. So bist du viel gelassener und erlebst das Reisen intensiver. Du hast genug Lebens- und Reiseerfahrung, um zu wissen, was dir gefällt und gut tut.
Oft hast du auch mehr Geld zur Verfügung und bist dadurch freier in der Reiseplanung. Du weißt die Auszeit mehr zu schätzen, da du die Beschränkungen des Alltags Zuhause nur zu gut kennst.

Jede Reise bereichert dein Leben, egal wann du sie machst.

Nie war es einfacher und so sehr von der Gesellschaft akzeptiert auf eine lange Reise zu gehen, wie heute. Das ist ein großes Geschenk, was wir oft gar nicht zu schätzen wissen.
Jetzt hast du die Wahl zwischen: a) weiter zu träumen oder b) endlich zu handeln. Wenn du dich für a) entscheidest, gibst du die Verantwortung ab und überlässt es dem Zufall, äußeren Umständen und anderen Menschen. Eine Entscheidung aufzuschieben ist immer eine schlechte Wahl.

Wenn du schon nicht für deine Träume kämpfst, wer dann?!

Versteck dich nicht hinter Ausreden, sondern sei ehrlich. Was willst du wirklich? Triff eine Entscheidung und finde Wege deine Reiseträume zu realisieren.

Von Anfang an wirst du kleine und größere Hindernisse überwinden müssen. Das fängt schon beim Geld sparen an, was viel Disziplin und Ausdauer erfordert. Einige legst du dir selber in den Weg, um nicht aus deiner Komfortzone heraus zu müssen. Andere sind organisatorische Probleme, für die du Lösungen finden musst. Mit der richtigen Einstellung wirst du sie alle meistern.

Wenn dich viele Ängste und Zweifel plagen, solltest du dich direkt am Anfang mit ihnen auseinandersetzen.

Wovor hast du Angst?

Das du den Herausforderung auf Reisen nicht gewachsen bist? Du wirst überrascht sein, wie einfach vieles unterwegs abläuft. Schließ dich am Anfang anderen Backpackern an, um von ihnen zu lernen. Dann lernst du schnell dich unterwegs zu Recht zu finden.

Das du dich einsam fühlst und Heimweh bekommst? Wenn du durch beliebte Backpacking-Länder reist und in Hostels übernachtest, wirst du selten alleine sein. Jeden Tag wirst du neue Leute kennenlernen und es liegt an dir, was mit ihnen zu unternehmen.

Was sind deine schlimmsten Befürchtungen? Machst du dir Sorgen um deine Sicherheit auf Reisen? Die Welt ist um vieles sicherer, als es dir die Nachrichten weismachen wollen. Solange du nicht durch Krisengebiete reist und nicht leichtsinnig bist, wird dir wahrscheinlich nichts passieren.

Hast du Angst nach der Weltreise keinen Job zu finden? Dann sprich mit deinem Chef, vielleicht stellt er dich für ein Sabbatical frei.

Egal, was es ist. Setz dich mit deinen Ängsten auseinander. Sprich mit anderen Backpackern, wenn du dir unsicher bist oder Fragen hast.

Sei dir deiner Entscheidung sicher und du wirst einen Weg finden. Nichts wird dich aufhalten: Keine Ängste. Keine Sorgen. Keine Menschen, die nicht an dich glauben. Keine Herausforderung.

Zusammenfassung: Wann ist der richtige Zeitpunkt?

- Nach Schule und Studium: Bevor es ernst wird. Mit einem Working Holiday Visum kannst du vor Ort arbeiten.
- Bei Jobwechsel, Neuorientierung, in Elternzeit: Eine Chance. Es tut gut Abstand zu gewinnen.
- Jetzt: Es gibt nicht den perfekten Zeitpunkt. Verschiebe nicht alles auf später.
- Jede Reise bereichert dein Leben, egal wann du sie machst.

1.2 - ALLEINE ODER ZU ZWEIT REISEN?

Die zweite große Frage bei der Reiseplanung ist, ob du alleine oder mit einem Freund reisen willst?

ZU ZWEIT REISEN

Träumt dein Partner oder dein bester Freund auch von einer Weltreise? Super, dann könnt ihr gemeinsam ins Abenteuer starten. So macht das Reisen doppelt so viel Spaß. Ihr könnt alles miteinander teilen, die unvergesslichen Momente genauso wie die Herausforderungen. Gerade wenn du noch jung bist und wenig Reiseerfahrung hast, wirst du dich mit einem Freund an der Seite sicherer fühlen.

Wenn du Zweifel hast, solltest du die Beziehung oder die Freundschaft nicht aufs Spiel setzen. Nur weil ihr die besten Freunde zu Hause seid oder euch liebt, bedeutet das noch lange nicht, dass eine gemeinsame Reise funktioniert oder ihr euch schon nach ein paar Tagen in die Haare bekommt. Das ist es nicht wert.

Auch rate ich davon ab, mit mehreren Freunden loszuziehen. Für eine kurze Zeit mag es viel Spaß sein, aber auf Dauer wird es schwierig. Jeder hat andere Wünsche und Vorstellungen. So müssen alle Kompromisse eingehen, was irgendwann nervt. Trefft euch lieber unterwegs und reist nur Teilstrecken zusammen.

Damit eine gemeinsame Reise funktionieren kann, müssen zwei Punkt gegeben sein:

Ihr wollt beide die Weltreise machen: Wenn einer dem Anderen nur einen Gefallen tut, wird es im Desaster enden. Denn schon Zuhause werdet ihr euer Leben umkrempeln müssen, um Geld zu sparen und alles vorzubereiten. Gerade in einer Beziehung besteht die Gefahr, dass nur einer von euch beiden von der Idee begeistert ist. Seid dann lieber ehrlich, anstatt halbherzig mitzumachen und den Anderen auszubremsen. Vielleicht ist die Lösung, dass nur einer auf Reisen geht, dafür aber nicht so lange.

Ihr habt einen ähnlichen Reisestil: Je mehr Gemeinsamkeiten ihr habt, desto besser. Das fängt beim Reisestil an: Backpacker oder Flashpacker? Schnell oder langsam reisen? Relaxen oder aktiv sein? Und geht bei euren Hobbies weiter: tauchen, surfen, wandern und so weiter.

Klärt vorher die Eckpunkte der Reise ab. Wie lange ihr reisen wollt? Wohin es gehen soll? Wie viel Geld ihr zur Verfügung habt? Und welche Sachen ihr auf jeden Fall machen wollt?

Die Vorteile zu zweit zu reisen

- Das wohl schönste auf Reisen ist es, die besonderen Momente teilen zu können. Und später in Erinnerung zu schwelgen: „Weißt du noch damals…".
- Ihr lernt euch viel besser kennen und werdet mit der Reise gemeinsam wachsen. Die Erlebnisse schweißen euch zusammen.
- Ihr teilt euch die Verantwortung, fällt gemeinsam Entscheidungen und seid füreinander da.
- Jede individuelle Reise erfordert auch immer viel Organisation unterwegs. Damit es schneller geht, übernimmt jeder eine Aufgabe. Mit der Zeit seid ihr ein eingespieltes Team.
- Zu zweit könnt ihr euch für das gleiche Geld mehr leisten oder Geld sparen.

Die Herausforderungen zu zweit zu reisen

- 24/7 - Auf Reisen macht ihr alles zusammen, hängt ständig aufeinander und erlebt euch in allen Lebenslagen, so kann Zweisamkeit zur Herausforderung werden.
- Jeder muss Kompromisse eingehen und Rücksicht nehmen. Auch mal kürzer treten und Dinge machen, die ihn nicht wirklich interessieren. Auf der anderen Seite darfst du natürlich auch mit deinen Wünschen nicht zu kurz kommen. Die Kunst liegt in der richtigen Balance, damit ihr beide glücklich seid.
- Nach einer stundenlangen Fahrt durch die Hitze bist du einfach müde und hungrig. Du bist gereizt und ihr zickt euch gegenseitig an. Dein Reisepartner bekommt deine Anspannung zu spüren, und nimmt sie hoffentlich nicht persönlich.
- Wichtig ist ein offener und ehrlicher Umgang miteinander. Während du einem Streit zu Hause tagelang aus dem Weg gehen kannst, ist das auf Reisen nicht möglich.
- Eine Weltreise wird dich verändern. Auch wenn ihr gemeinsam reist, so erlebt sie doch jeder anders. So könnt ihr gemeinsam wachsen, euch aber genauso auseinander entwickeln, was schmerzhaft ist.

Tipps fürs harmonische Reisen

- Redet offen und ehrlich über alles.
- Gebt euch gegenseitig Freiraum.
- Akzeptiert euch mit allen Stärken und Schwächen.
- Unternehmt auch mal was getrennt.
- Verbringt Zeit mit anderen Leuten.
- Für Freunde: Reist lieber getrennt weiter, falls es nicht zusammen funktioniert.

ALLEINE REISEN

Keiner deiner Freunde hat Lust mit dir zu reisen. Aber alleine zu reisen, traust du dir nicht zu?! Die Angst kann ich dir direkt nehmen, du bist nicht alleine. Denn es sind noch Tausende Backpacker unterwegs, die alle Anschluss suchen. So triffst du Leute im Bus, in der Unterkunft oder auf Ausflügen. Schnell kommt ihr ins Gespräch und verabredet euch für später. Das geht meist ganz schnell und unkompliziert. Wir sitzen doch alle im gleichen Boot.

Es ist ganz normal vor der ersten großen Reise nervös zu sein, erst Recht wenn du alleine losziehst. Aber schon nach kurzer Zeit gibt sich das und du wirst merken, dass es einfach ist, neue Leute kennenzulernen. Auch ist es kein Drama, falls mal was schief läuft, weil du total überfordert bist. Du wirst aus deinen Fehlern lernen und immer routinierter werden.

Die Vorteile alleine zu reisen

- Mach was du willst! Es gibt keine langen Diskussionen, da du kannst alles selber entscheiden.
- Du lernst schneller neue Leute kennen. Und das geht von beiden Seiten aus. Du bist viel offener und gehst direkt auf Leute zu. Genauso sprechen dich mehr Menschen an, da die Hemmschwelle geringer ist.
- Reisen ist dein Trainingslager fürs Leben. Tagtäglich stellst du dich neuen Herausforderungen. Dadurch wird Reisen zu einer intensiven Lernphase, in der du förmlich über dich hinauswächst.
- Du nimmst die Außenwelt intensiver wahr. Wenn du alleine unterwegs bist, richtest du deine Aufmerksamkeit mehr nach außen, anstatt dich auf deinen Reisepartner zu konzentrieren.

Die Herausforderungen alleine zu reisen

- Wenn es deine erste Reise alleine ist, wirst du am Anfang nervös und angespannt sein. Es wird Situationen geben, die dich überfordern und stressen. Das kann ganz schön anstrengend werden.
- Wenn du es gewohnt bist immer deine Freunde um dich zu haben, musst du lernen alleine mit dir zu sein. Das mag anfangs seltsam sein, aber schon bald wirst du die ruhigen Momente schätzen. Jeden Tag erlebst du so viel, da brauchst du Zeit die ganzen Eindrücke zu verarbeiten.
- Alleine zu reisen, ist nicht gleichzusetzen mit einsam zu sein. Oft habe ich sogar das Gefühl in beliebten Backpacker-Regionen nie alleine zu sein. Ständig lernst du neue Leute kennen. Es liegt an dir, wie viel du mit Anderen unternehmen willst.
- Du bist für alles selber verantwortlich. Du musst alle Entscheidungen treffen und alles selber organisieren. Das ist mehr Arbeit, aber du gewöhnst dich dran.
- Wenn du Off-the-Beaten-Path unterwegs bist, wirst du kaum Backpacker treffen. Nicht jeder mag das. Daher suchen sich Viele einen Reisepartner für solch abgelegene Regionen.
- Als introvertierter Mensch wird es dich etwas Überwindung kosten Leute anzusprechen, aber Übung macht den Meister. In Hostels ist es zudem gar nicht so schwer, nette Leute kennenzulernen, besonders wenn sie klein und gemütlich sind.

Tipps fürs alleine Reisen: Was hilft am Anfang?

- Such dir als Newbie-Backpacker ein einfaches Land für den Start aus, um dich ans Reisen zu gewöhnen. Je mehr Erfahrungen du sammelst, desto mutiger kannst du bei der Länderwahl sein.

- Reise mit anderen Leuten, Freunden oder Backpackern, die du unterwegs kennenlernst. Wenn die Chemie stimmt und ihr ähnliche Pläne habt, könnt ihr gemeinsam für ein paar Tage oder Wochen reisen.
- So kannst du von anderen Backpackern lernen. Scheu dich nicht Fragen zu stellen. Denn die Backpacker-Gemeinschaft ist sehr sozial, da hilft jeder gerne weiter und gibt Tipps.
- Außerdem hast du deinen Reiseführer zur Orientierung. Darin findest du Empfehlungen für Unterkünfte und Restaurants, einen Stadtplan, Tipps für Ausflüge und vieles mehr.
- Ansonsten sind Reiseblogs eine gute Ressource, um Inspirationen und Tipps furs Backpacken zu bekommen. Viele schreiben auch über die Herausforderungen des Reisens, ihnen geht es so wie dir.
- Um nicht komplett planlos zu sein, hilft es ein bis drei Tage im Voraus zu planen. Wo du hinreisen willst, wo du übernachten willst und was du vor Ort unternehmen willst. Die Recherche wird dir Sicherheit geben, jetzt weißt du, was dich vor Ort erwartet.
- Garantiert triffst du andere Backpacker in den Unterkünften, die im Reiseführer empfohlen werden.
- Mit der Zeit wirst du entspannter werden und Reisen wird zum Alltag.

ALS FRAU ALLEINE REISEN

Macht es wirklich noch so einen großen Unterschied, ob du als Mann oder Frau alleine reist? Ja und nein zugleich. Je nachdem, durch welche Region du reist, werden die Unterschiede mal größer und mal geringer sein. Dann hängt es natürlich davon ab, wie du dich kleidest und auftrittst. So wird jede Frau andere Erlebnisse haben.

Alles kein Grund, um nicht alleine als Frau auf Weltreise zu gehen.

Viele Ängste, Zweifel und Unsicherheiten teilen sich Männer und Frauen. Wir machen uns alle Sorgen darum krank zu werden, einsam zu sein, ausgeraubt zu werden oder mit einer Situation überfordert zu sein.

Als Frauen sind wir oft körperlich unterlegen und werden als leichteres Opfer wahrgenommen. Gerade nachts auf dem Heimweg besteht die Gefahr der sexuellen Belästigung oder sogar Vergewaltigung. Aber das ist nichts Neues für uns, auch in der Heimat kennen wir die Risiken und leider hat jede Frau schon negative Erfahrungen gemacht. Wir haben gelernt damit umzugehen und versuchen Problemen direkt aus dem Weg zu gehen.

Nichts anderes machst du auf Reisen, wenn du alleine unterwegs bist.

Die Vorteile für alleinreisende Frauen

Die große Hilfsbereitschaft: Allein reisende Frauen bekommen immer eine extra Portion Aufmerksamkeit, aber auch Hilfe angeboten. Fast schon selbstverständlich haben Leute ein Auge auf dich und springen ein, wenn es Kommunikationsprobleme gibt oder du überfordert wirkst. Dann nehmen sie dich an die Hand, zeigen dir alles und sorgen dafür, dass dich sonst niemand belästigt.

Schon oft wurde ich auf Reisen von anderen Frauen oder Familien „temporär adoptiert". Sie haben sich alle herzerwärmend um mich gekümmert. Gerade unter Frauen gibt es weltweit eine große Solidarität, so bist du nie ganz allein, was immer ein gutes Gefühl ist.

Weniger Berührungsängste: In vielen Regionen der Welt würde eine Frau niemals einen fremden Mann ansprechen, aber bei Frauen sieht das schon ganz anders aus. Es gibt viel weniger Berührungsängste und oft siegt die Neugierde. So kommst du viel leichter in Kontakt zu den Einheimischen, vor allem zu Frauen und Familien.

Die Nachteile für Frauen

Du wirst dir nicht alles alleine zutrauen: Was das genau bedeutet, sieht bei jedem anders aus. Ich wäre die Carretera Austral nicht alleine per Anhalter gefahren. Viel zu einsam ist die Gegend und das Risiko wäre mir zu groß. Daher war ich froh einen männlichen Begleiter zu haben.

Jeder hat seine eigenen Grenzen, wobei sich diese regelmäßig verändern. Je nachdem ob du gute oder schlechte Erfahrungen machst. Durchs Reisen hat sich mein Vertrauen in Menschen und das Gute gestärkt. Im Grunde wollen wir alles das Gleiche und die Welt ist lange nicht so gefährlich wie es manchmal beim Blick in die Nachrichten erscheint. Und doch kann nur eine negative Situation dieses Vertrauen wieder zerstören.

Du musst extra vorsichtig sein: Als Frau musst du immer aufmerksam bleiben. Es ist ein Balanceakt nicht zu ängstlich und zu misstrauisch zu werden, damit du das Reisen genießen kannst. Versuch auf dein Bauchgefühl zu hören.

Ganz sicher bist du nie: Viele gefährliche Situationen kannst du vermeiden, aber es kann immer etwas passieren. Du kannst einfach zur falschen Zeit am falschen Ort sein. Mit dieser Unsicherheit musst du lernen umzugehen.

Aber das wirst du von Zuhause kennen. Jeder der in einer großen Stadt lebt, kennt die Gefahren. Als Frau lernen wir damit umzugehen. Der einzige Unterschied zum Reisen ist, dass du dich in einer fremden Umgebung aufhältst und dadurch viel leichter Fehler machst.

Die Herausforderungen für alleinreisende Frauen

Eltern überzeugen: Die erste Herausforderung besteht darin deine Eltern zu beruhigen, besonders wenn du noch jung bist. Eltern machen sich wohl lebenslang Sorgen um ihre Kinder, ganz vermeiden kannst du das nicht.

Aber du kannst deinen Eltern ein besseres Gefühl geben, indem du dich regelmäßig bei ihnen meldest. Mit der Zeit werden sie dir vertrauen, dass du weißt, was du machst und sich weniger Sorgen machen.

Ungewollte Aufmerksamkeit: In vielen Länder fällst du durch deine Kleidung, dein Aussehen, dein Verhalten und das du alleine unterwegs bist auf. Deshalb beobachten dich die Leute, starren dich an, wollen eine Selfie mit dir machen oder dich anfassen. Das kann auf Dauer nervig und sogar unangenehm sein.

Versuch dich in ihre Lage zu versetzen. Für sie bist du ein Exot und sie sind einfach neugierig. Im Grunde machst du auf Reisen nichts anderes, du beobachtest auch den Alltag von fremden Menschen und machst Fotos. Das nennt man wohl ausgleichende Gerechtigkeit.

Wenn es dir zu viel wird, kannst du dich immer noch zurückziehen und dir eine Auszeit nehmen. So verkraftest du die viele Aufmerksamkeit besser, wenn du dir einen Ausgleich schaffst. Ansonsten hilft es immer, wenn du dir die Kopfhörer aufziehst und Musik hörst.

Mitleidige Fragen: Du wirst oft die gleichen Fragen hören: Warum reist du alleine? Bist du verheiratet? Hast du Kinder? Warum nicht? Für viele ist es selbstverständlich in jungen Jahren zu heiraten und eine Familie zu gründen. Frauen mit Ende Zwanzig oder sogar über Dreißig gelten als hoffnungslose Fälle. Mit diesem Mitleid musst du dich abfinden und es weglächeln.

Unangenehme Situationen: Manchmal frage ich mich wirklich, was Männer über alleinreisende westliche Frauen denken. Viele Anmachen sind super dreist und direkt. Gerade in konservativen Gegenden habe ich die Erfahrung gemacht, sind die Sprüche am krassesten. Was mich anfangs sprachlos gemacht hat, ignoriere ich heutzutage einfach. Je öfter ich solche Situationen in einem Land erlebe, desto reservierter verhalte ich mich Männern gegenüber.

Tipps für alleinreisende Frauen

- „Dress down“ – Angemessene Kleidung: Schau dich einfach um, was einheimische Frauen tragen und wie freizügig sie sich kleiden. In Asien ist es oft nicht üblich ein tiefes Dekolletés, schulterfreie Shirts oder kurze Shorts zu tragen. Pass dich einfach etwas an und trage etwas längere Klamotten. Du wirst dich wohler fühlen, weil dich weniger Leute anstarren. In Südamerika wirst du damit weniger Probleme haben, da vieles freizügiger ist. Aber auch hier erregst du mit einem sexy Outfit mehr Aufmerksamkeit. Finde heraus, wie du dich am wohlsten fühlst.
- Selbstbewusstes Auftreten: Wenn du dich ängstlich verhältst und unsicher auftrittst, wirst du als leichtes Opfer angesehen, was Taschendiebe und Trickbetrüger anzieht. Durch ein selbstbewusstes Auftreten schreckst du viele ab. Also verhalte dich so, als wärst du schon mal hier gewesen. Geh zielgerichtet deines Weges.
- Gut informiert und vorbereitet sein: Das fängt schon damit an, dass du dich vorab über vieles informierst. Wo kommst du an? Fährt ein Bus in die Innenstadt? Welche Taxis sind sicher? Wie kommst du zum Hostel? – So sind deine ersten Schritte in einer neuen Stadt nicht unsicher.
  Bist du erst mal im Hostel angekommen, kannst du dich beim Personal erkundigen, in welchen Ecken der Stadt du aufpassen musst und was für Tipps sie sonst noch haben. Das gilt vor allem für Großstädte.
- Vernünftiges Handeln: Natürlich kannst du Glück haben, um aus einer dummen Situation unbeschadet davon zu kommen (was mir auch schon passiert ist). Aber mit einem umsichtigen Verhalten kannst du riskante Situationen und Problemen direkt aus dem Weg gehen. Mach dich nicht zum Opfer: Lauf nachts nicht alleine rum. Trink nicht zu viel. Nimm keine Drogen. Sei nicht naiv. Lass dich nicht auf fremde Typen ein.

- Nein sagen: Hab keine Scheu eine Einladung abzulehnen und Nein zu sagen. Wenn dir nicht danach ist oder du ein schlechtes Gefühl dabei hast. Im Zweifelsfall ist deine Sicherheit immer wichtiger, als die Angst Leute zu enttäuschen oder zu kränken. So hart das auch klingen mag, aber du darfst nicht immer nur nett sein. Zieh klare Grenzen.
- Anschluss suchen: Gerade wenn du in eine neue Stadt fährst, wirst du andere Backpacker treffen. Und von ganz alleine werdet ihr miteinander reden. Es ist immer eine gute Möglichkeit sich die Langeweile zu vertreiben und aufeinander aufzupassen. Vielleicht könnt ihr euch gemeinsam ein Taxi in die Innenstadt nehmen. Ansonsten suche den Kontakt zu Einheimischen im Bus, viele helfen gerne Reisenden und haben ein Auge auf dich.
- Imaginärer Freund oder Ehemann: Jede Frau hat wohl schon mal über den Freund im Hotel oder Zuhause geflunkert, um aufdringliche Verehrer loszuwerden. Einige tragen sogar einen falschen Ehering, wobei das in Südamerika keine Wirkung hat. Solange dein Ehemann oder Freund nicht neben dir steht, werden sie es versuchen.
- Telefonanruf: Hilfreich ist es auch, einen Telefonanruf zu tätigen oder auch nur so zu tun, als ob du telefonieren würdest. Um zu berichten, wo du dich gerade befindest und wann du ankommst. Einige werden sich wohler fühlen, wenn sie tatsächlich eine lokale SIM-Karte haben, um im Notfall Hilfe rufen zu können.
- Trillerpfeife oder Pfefferspray: Wenn du zu Hause solche Hilfsmittel nachts dabei hast, wirst du dich mit ihnen auch auf der Reise wohler fühlen. Überprüfe aber die Einreisebestimmungen, da Pfefferspray in einigen Ländern verboten ist. Ich bin kein großer Fan von den Dingern und stelle mir vor, dass sie im entscheidenden Moment nicht griffbereit sind. Aber das ist nur meine Meinung.

- Selbstverteidigungskurs: Für ein selbstbewusstes Auftreten kann der Kurs hilfreich sein, besonders wenn du schon schlechte Erfahrungen gemacht hast. Im Notfall würde ich immer flüchten, anstatt den Kampf zu suchen.
- Türkeil: Vor meiner Weltreise habe ich den Tipp auf einem Frauen-Reiseblog gelesen und einen Türkeil mitgenommen. Den ich dann nie gebraucht habe. In Unterkünften, wo ich mich nicht wohl gefühlt habe, war der Spalt unter der Tür meist zu groß. So dass jemand von außen ohne Probleme, den Keil hätte beiseiteschieben können.
  Stattdessen habe ich meist etwas vor die Tür gestellt, wie einen Stuhl oder meine Tasche. Generell habe ich versucht mir die Unterkunft immer vorher anzuschauen und sie nicht zu nehmen, wenn ich mich nicht wohl gefühlt habe.

Jede Frau ist anders

Sie wird anders wahrgenommen, tritt anders auf und wird dadurch anders behandelt. So macht jede Frau ihre ganz eigenen Erfahrungen, was wiederum Einfluss auf das Verhalten hat. Es ist ein ewiger Kreislauf. So sehr ich mir auch wünsche, dass Frauen genauso reisen können wie Männer, ist dem leider nicht so. Ja, wir sind anders und setzen uns auf Reisen anderen Gefahren aus.

Es kann immer etwas passieren, egal wo du bist. In vermeintlich sicheren Ländern wie Australien, Thailand oder auf Bali und genauso in gefährlichen Ländern. Selbst zu Hause auf dem Heimweg von einer Party oder nachts in der Straßenbahn.

Reisen soll Spaß machen. Du musst niemanden etwas beweisen oder Mutproben bestehen.

Die Herausforderung ist deinen Weg zu finden, den du nur durchs Reisen für dich finden kannst. Ich kenne genug Frauen, die ohne Probleme durch vermeintlich schwierige Länder in Afrika und Asien reisen.

Wieder Andere fühlen sich in Ländern wie Indien oder Iran nicht wohl, weil sie sich eingeschränkt fühlen. Lass dich nicht verunsichern und finde es für dich selber heraus, womit du dich wohlfühlst.

Zusammenfassung: Alleine oder zu zweit reisen?

- Beides schön auf seine ganz eigene Art.
- Mit der richtigen Person macht es viel Spaß und die Erlebnisse werden euch zusammenschweißen.
- Reise nicht mit Jemand, nur weil du dich nicht alleine traust, sondern weil ihr gemeinsam reisen wollt.
- Seid von Anfang an ehrlich, damit beide zufrieden sind.
- Das alleine Reisen ist zur Normalität geworden und ist gar nichts Besonderes mehr.
- Wenn du alleine los reist, kannst du machen, was du willst und trotzdem zwischendurch mit Anderen reisen.
- Das alleine Reisen ist nicht für jeden.

1.3 - WIE LANGE REISEN?

Was schwebt dir vor? Drei Monate, ein halbes Jahr, ein Jahr oder noch länger? Es gibt nicht die perfekte Reisedauer. Wie lange du unterwegs sein willst, hängt von vielen Faktoren ab, die du teilweise beeinflussen kannst oder eben nicht.

Was für Rahmenbedingungen gibt es?

Zeit: Da sind zum einen zeitliche Rahmenbedingungen. Vielleicht nimmst du dir ein Urlaubssemester, bekommst nur ein sechsmonatiges Sabbatical genehmigt oder feierst Überstunden ab. Das sind nur ein paar Beispiele, denn jeder hat andere Verpflichtungen. Entweder akzeptierst du diese oder befreist dich davon, mit allen Konsequenzen.
Geld: Der nächste große Faktor ist das Geld, wobei es hier mehr Spielraum gibt. Denn es liegt in deiner Hand, wie viel Geld du auf Reisen ausgibst.

Eine Woche Kanada als Flashpacker kosten dich 700 Euro, ganz im Gegensatz zum preiswerten Thailand, wo du mit 100 Euro als Budget Backpacker in der Woche auskommst. Schon mit der Auswahl der Reiseziele und der Reiseroute hast du großen Einfluss auf dein Budget. Außerdem brauchen bescheidene Leute viel weniger Geld und können somit länger reisen.

Persönliches: Und dann gibt es noch ganz private Gründe, wie lange du weg bleiben willst. Nicht jedem fällt es leicht so lange von den Lieben getrennt zu sein. Vielleicht bist du in einer Beziehung und dein Partner kommt nicht mit. Gibt es irgendwelche Feiern oder besondere Anlässe, die du nicht verpassen willst.

Es läuft immer auf die Fragen hinaus: Was passt besser zu dir? Was für Vorstellungen und Wünsche hast du? Womit fühlst du dich wohl? Was für Rahmenbedingungen hast du? Hier sind ein paar Beispiele, die es anschaulicher machen.

DIE KLEINE WELTREISE: 3 BIS 6 MONATE

Das ist deine Lösung, wenn du Zuhause sehr stark eingebunden bist und nicht lange wegbleiben willst. Bei so einer kurzen Dauer kannst du dein Leben daheim auf Eis legen und da weiter machen, wo du aufgehört hast. Wenn du ein hohes Sicherheitsbedürfnis hast und nicht alles zu Hause aufgeben willst, ist die kleine Weltreise ideal für dich. Es muss nicht immer die große Weltreise sein, ein längerer Backpacking-Trip reicht Vielen auch.

Vorteile

- Du kannst die ganze Reise durchplanen, so hast du Planungs- und Kostensicherheit.
- Und auch Jobsicherheit: Beruflich ist alles geregelt und du kehrst an deinen alten Arbeitsplatz oder nach dem Urlaubssemester an die Uni zurück.
- Deine Wohnung kannst du leer stehen lassen oder untervermieten. In beiden Fällen kehrst du zurück in dein altes Zuhause.
- Nach der Reise lebst du dich schnell wieder ein.

Nachteile

- Die Zeit verfliegt viel zu schnell.
- Es ist mehr Planung erforderlich, um die Zeit optimal auszunutzen.
- Dadurch legst du meist im Voraus mehr fest und bist nicht mehr so flexible.
- Tendenziell reisen Leute schneller, was zu höheren Kosten führt.

DIE GROßE WELTREISE: ETWA 1 JAHR

Wenn du nicht durch irgendwelche Rahmenbedingungen eingeschränkt bist und sowieso deinen Job kündigen musst, macht es kaum einen Unterschied, ob du acht oder zwölf Monate auf Reisen gehst. Warum also nicht länger unterwegs sein?!

In einem Jahr kannst du durch viele Länder reisen und sogar mehrere Kontinenten besuchen. Für die meisten Leute ist es die perfekte Dauer für eine Weltreise. Es ist genug Zeit um viele Träume auszuleben und nach Hause zu gehen, wenn die Sehnsucht nach der Heimat wächst und das Reisen nicht mehr so aufregend ist, wie zum Beginn.

Es ist auch lang genug, um Abstand vom Alltag und der Arbeit zu Hause zu gewinnen. Um Dinge mit anderen Augen zu sehen und sich über einige Punkte klarer zu werden. Gerade wenn du etwas in deinem Leben verändern willst, hilft das enorm.

Vorteile

- Du hast viel Raum für Ideen und kannst spontan reisen.
- Du kannst viel langsamer Reisen und an Orten verweilen, um Land und Leute besser kennenzulernen. So sparst du auch viel Geld.
- Neben dem Reisen hast du viel Zeit dich anderen Themen zu widmen.

Nachteile

- Die Eingewöhnungszeit dauert länger, bis du einen neuen Job und eine Wohnung gefunden hast.

- Ohne finanzielles Polster für die Rückkehr ist der Druck hoch, möglichst schnell wieder Geld zu verdienen.
- Einigen fällt es schwer, sich wieder an das alte Leben zu gewöhnen.

Eine Weltreise stellt oft einen Wendepunkt im Leben dar. Vielen wird bewusst, dass sie Dinge verändern wollen. Das ist eine Chance das Leben bewusster zu gestalten und glücklicher zu werden. Aber es kann auch sein, dass du es nicht erwarten kannst, endlich wieder zu arbeiten. Mir ging es teilweise so, ich wollte wieder produktiv sein und etwas aufbauen. Mich nützlich machen und Dinge anpacken. So erlebt es jeder anders.

DIE OPEN-END-WELTREISE: LÄNGER ALS EIN JAHR

Manche Träume sind so groß, dass sie nicht in ein Jahr passen. Solange du die finanziellen Möglichkeiten hast, spricht nichts dagegen länger zu reisen. Aber mach dich bereit für ein Abenteuer, mit ungewissem Ausgang. Denn nach zwei Jahren fällt es jedem schwer wieder zurück in den normalen Alltag zu finden, vielleicht willst du dein Leben danach komplett umkrempeln.

Oft ist der einzige Ausweg sich von Konventionen zu lösen und sein eigenes Ding zu machen. Es sind die Aussteiger, die Digitalen Nomaden, die Weltveränderer, die den Status Quo für sich nicht mehr akzeptieren wollen und sich auf die Suche nach einem anderen Lebenskonzept machen.

Natürlich gibt es auch Leute, die einfach in ihr altes Leben zurückkehren. Sie haben viel mehr zu schätzen gelernt, was sie haben und wissen, dass sie jederzeit wieder eine Auszeit nehmen können.

Vorteile

- Es ist das absolute Freiheitsgefühl und eröffnet dir unzählige Türen dich zu entfalten.

- Zwischendurch wirst du länger an Orten bleiben, um einfach zu leben, Geld zu verdienen und einen Alltag zu haben. So lebst du temporär in einem anderen Land und lernst es viel besser kennen.

Nachteile

- Ohne Struktur und Sinn kannst du dich schnell verlieren. Dann wird Reisen zum Alltag und du verlierst die Lust am Reisen.
- Dir werden tiefere Beziehungen zu Menschen fehlen, auf Reisen sind viele Begegnungen oberflächlich und vergänglich. Zudem ist es eine Herausforderung die Nähe zu den Freunden und der Familie nicht zu verlieren.
- Wahrscheinlich wirst du zum Aussteiger.

Zusammenfassung: Wie lange reisen?

- Die kleine Weltreise (3 bis 6 Monate): Ideal wenn du viele Verpflichtungen hast und Zuhause sich nichts verändern soll. Dafür wirst du versuchen, möglichst viel in der kurzen Zeit zu erleben und dabei mehr Geld ausgeben.
- Die große Weltreise (ca. 1 Jahr): Die längere Auszeit gibt dir die Chance viele Träume auszuleben und Abstand zum Alltag daheim zu bekommen. Für den Neustart wirst du etwas länger brauchen, um dich wieder einzuleben.
- Die Open-End-Weltreise (über 1 Jahr): Für alle, die bereit für ein Abenteuer sind. Du bist frei alles zu tun. Nicht jeder kehrt zurück und viele ändern grundlegende Dinge in ihrem Leben.

1.4 - SABBATICAL VEREINBAREN ODER JOB KÜNDIGEN?

Für alle Berufstätige stellt sich die Frage, was sie mit ihrem Job machen. Wenn du deinen Job liebst und in einem tollen Team arbeitest, willst du vielleicht nicht alles aufgeben. Dann kannst du versuchen deinen Arbeitgeber von einem Sabbatical zu überzeugen.

Wenn du jedoch nicht mehr glücklich in deinem Job oder mit deinem Arbeitgeber bist, ist es vielleicht Zeit für Veränderungen. Dann ist eine Kündigung deine beste Option, um einen klaren Schnitt zu haben und frei für das Abenteuer Weltreise zu sein.

Bevor du mit deinem Chef sprichst, solltest du dir also darüber klar werden, was du überhaupt willst. Manchmal ergibt sich die Entscheidung fast von alleine, wenn du zum Beispiel über ein Jahr reisen willst oder dir alles offen halten willst. Dann bleibt dir sowieso nur die Kündigung.

Wenn du gerne ein Sabbatical machen willst, hast du folgende Optionen.

DIE SABBATICAL-MODELLE

In Deutschland hast du kein Anrecht auf ein Sabbatical, daher musst du deinen Chef von der Idee überzeugen. Um deine Erfolgschancen zu erhöhen, solltest du dich gut vorbereiten. Erfahrungsgemäß tun sich größere Unternehmen leichter, aber es hängt vor allem davon ab, wie unersetzlich du bist.

Folgende Modelle gibt es:

1. Arbeitszeitkonto: Hierfür sammelst du Überstunden und Urlaubstage auf einem sogenannten Arbeitszeitkonto, diese kannst du zu einem fix vereinbarten Termin auf einmal abfeiern. Besonders geeignet ist dieses Methode für kurze Reisen von ein bis drei Monaten.

Die Vorteile: Du erhältst auch während deiner Auszeit dein volles Gehalt und bist weiterhin sozialversichert. Die Nachteile: Um natürlich so viele Überstunden anzuhäufen, wirst du sehr viel arbeiten müssen, so dass dein Privatleben enorm darunter leiden wird.

2. Teilzeit: Viel beliebter ist das Teilzeit-Modell. Hier schließt du einen Vertrag mit einer reduzierten Stundenzahl ab, gehst aber weiterhin voll arbeiten. So erarbeitest du dir ebenfalls Überstunden, die du in einem Block nehmen kannst. Während der Laufzeit des Teilzeitvertrages erhältst du entsprechend weniger Gehalt, bist aber dafür immer noch sozialversichert.

3. Verzicht auf Gehalt: Hierbei verzichtest du temporär auf einen Teil deines Gehaltes und sparst dir so ein Guthaben an. Die Ansparphase kann mehrere Jahre dauern, je nachdem auf wie viel Geld du monatlich verzichten kannst. Während der Freistellungphase beziehst du weiterhin deinen anteiligen Lohn. Dieses Modell ist vor allem bei Beamten und Angestellten im Öffentlichen Dienst üblich, später dazu mehr.

4. Unbezahlter Urlaub: Am einfachsten ist es unbezahlten Urlaub zu nehmen, vielleicht in Kombination mit dem Arbeitszeitkonto. Während deiner Freistellungszeit erhältst du weder Gehalt, noch bist du sozial abgesichert. Hältst du dich in dieser Zeit in Deutschland auf, musst du dich selber krankenversichern.

5. Time-Out-Modelle: In schwierigen wirtschaftlichen Zeiten werden Mitarbeiter komplett freigestellt oder arbeiten mit einer reduzierten Stundenzahl. So können problematischen Zeiten überbrückt werden, ohne dass eine Kündigung notwendig wird. In diesem Fall geht es natürlich vom Arbeitgeber aus und ist nicht unbedingt vom Arbeitnehmer gewollt. Trotzdem kannst du es als Chance für eine persönliche Auszeit nutzen.

Das Sabbatical für Beamte, Angestellte des öffentlichen Dienstes und Lehrer

Sie haben es einfacher, da sie ein Anrecht auf Auszeiten haben. Diese sind in jedem Bundesland anders gesetzlich geregelt. Die Kehrseite ist, dass du keinen großen Verhandlungsspielraum hast und dich frühzeitig um alles kümmern musst.

Der Prozess der Beantragung kann zwei bis sechs Jahre dauern. Durch den Verzicht auf einen Teil deines Gehaltes sparst du dir über ein bis zehn Jahren ein Guthaben an. Während deiner Freistellung erhältst du weiterhin dein gekürztes Gehalt und bist komplett sozial abgesichert. Vorab solltest du klären, ob du zur gleichen Dienststelle zurückkehren kannst.

DEN CHEF VOM SABBATICAL ÜBERZEUGEN

Wann ist der richtige Zeitpunkt? Wie gut kannst du einschätzen, ob dein Chef offen für das Thema ist? Sagt dir dein Bauchgefühl, dass er die Idee abschmettern wird, solltest du frühestens sechs Monate vorher ihn ansprechen. Wenn es auf eine Kündigung hinaus läuft, machst du es besser so spät wie möglich. Bei einer üblichen Kündigungsfrist sind das drei Monate vorher. Schau zur Sicherheit in deinen Arbeitsvertrag. Habt ihr ein vertrauensvolles Verhältnis, kannst du früher das Gespräch suchen.

Arbeitest du in einem großen Konzern, kannst du dich beim Betriebsrat erkundigen, was du für Möglichkeiten hast. Ob überhaupt schon jemand ein Sabbatical gemacht hat und welches Modell üblich ist. Dann weißt du, voran du bist und wie du am besten vorgehst.

Die optimale Vorbereitung auf das Gespräch

Am besten vereinbarst du einen Termin mit deinem Chef, damit ihr ungestört reden könnt.

Bereite dich gut vor. Überleg dir vorab, was du sagen willst und sei dir im Klaren darüber, was du willst. Habe konkrete Vorschläge, wie das Sabbatical vertraglich geregelt werden könnte und wie deine Aufgaben verteilt werden könnten. Versetz dich auch in die Lage deines Chefs und habe Antworten auf mögliche Fragen parat. Warum sollte er sich darauf einlassen? Was hat er davon? Wann ist ein guter Zeitraum? Welche Projekte stehen an?

Wie kannst du deinen Chef von der Idee begeistern?

- Warum bist du unentbehrlich fürs Unternehmen?
- Welche neuen Erfahrungen und Fähigkeiten bringst du mit? Sprachkenntnisse, Arbeitserfahrungen im Ausland, Mitarbeit an Volunteering-Projekten, andere Kulturen besser verstehen, etc.
- Die Auszeit zur Weiterbildung in bestimmten Themengebiet nutzen oder um einen Abschluss nachzuholen.
- Persönliche Weiterentwicklung: Auf Reisen wirst du auf vielen Ebenen gefordert und entwickelst dich als Person weiter. Du wirst selbstständiger, lernst zu improvisieren und dich schnell anzupassen. Besonders junge Menschen werden reifer und erwachsener.
- Du kommst motiviert und voller Elan wieder zurück, das überträgt sich auf das ganze Team. Außerdem versorgst du deine Kollegen mit neuen Impulsen und frischem Input.
- Dankbarkeit und Loyalität: Du weißt die Geste zu schätzen und bleibst dem Unternehmen für Jahre erhalten.
- Außenwirkung für das Unternehmen: Der Wettbewerb um Nachwuchskräfte ist groß. So setzt das Unternehmen ein positives Zeichen und zeigt, dass sie ein attraktiver Arbeitgeber sind, der auf Mitarbeiterwünsche eingeht und offen ist.

Was fällt dir sonst noch ein?

Vielleicht gibt es einen günstigen Zeitpunkt? Wenn du ein großes Projekt beendest oder die Abteilung wechseln willst. Bei wirtschaftlichen Problemen kannst du die Firma temporär entlasten und entgehst so einer Kündigung.

Ansonsten einfach dran bleiben. Besonders wenn du deinen Chef komplett mit dem Vorschlag überrascht hast. Dann lass ihm etwas Zeit und sprich ihn erneut an. Jetzt wird er sachlicher darüber reden können.

DER SABBATICAL-VERTRAG

Da sehr viel vom ersten Gespräch abhängt, solltest du dich vorab gut informieren und schon sehr konkrete Vorschläge haben. Vor allem, was die Eckdaten, die Arbeitsvertretung und welches Modell es sein könnte. So zeigst du ihm, dass es dir ernst ist. Nimm deinem Chef so viel Arbeit ab wie möglich.

Wenn du deinen Arbeitgeber überzeugt hast, geht es als nächstes um die Verhandlung des Sabbatical-Vertrages. Hier macht es gegebenenfalls Sinn sich von einem Arbeitsrechtler beraten zu lassen.

Die Details im Vertrag

- Sabbatical-Modell
- Vertragslaufzeit
- Zeitraum für Freistellung
- Gehalt
- Sozialversicherung
- Vertretungsregelung und Übergabe der Aufgaben
- Verpflichtungen gegenüber dem Arbeitgeber während Auszeit (Erreichbarkeit)
- Freistellung
- Anspruch auf alte Stelle
- Kündigungsschutz
- etc.

Noch ein paar allgemeine Hinweise

- Soziale Absicherung bei unbezahltem Urlaub: Wenn dein Arbeitsverhältnis ruht, wird nichts mehr in deine Renten-, Pflege- und Arbeitslosenversicherung eingezahlt. In die Rentenkasse kannst du freiwillig einzahlen, was manchmal Sinn macht. Hier solltest du dich gegebenenfalls direkt bei der Rentenversicherungskasse beraten lassen.

- Krankenversicherung: Die Krankenversicherung in Deutschland läuft ganz normal weiter, nur wenn du unbezahlten Urlaub nimmst nicht. Dann musst du dich selber, um eine Versicherung kümmern, wenn du dich während der Auszeit in Deutschland aufhältst. Für eine Weltreise brauchst du ansonsten eine Auslandskrankenversicherungen.
- Kündigungsschutz: Falls nicht anders vereinbart, hast du keinen Kündigungsschutz während deiner Auszeit. Es ist durchaus üblich, dass es eine Klausel im Vertrag gibt, die besagt, dass beide Seiten den Vertrag während des Sabbaticals und x-Monate nach der Rückkehr nicht kündigen dürfen.
- Anspruch auf alte Arbeitsstelle: Du hast keinen Anspruch auf deine alte Position, nur auf eine Wiederinkraftsetzung deines alten Arbeitsvertrages. Daher solltest du im Vertrag deine konkreten Ansprüche nach der Rückkehr regeln, was die Tätigkeit und die Position samt Verantwortungen und Aufgaben, den Einsatzort und das Gehalt genau definiert.
- Kannst du während der Auszeit arbeiten? Das ist abhängig von deinem Arbeitsvertrag, der auch während deines Sabbaticals gültig ist. Darin ist genau geregelt, welche Nebentätigkeiten frei gegeben sind und welche eine zusätzliche Genehmigung benötigen. Generell musst du Firmenwissen vertraulich behandeln und darfst nicht bei einem direkten Wettbewerber arbeiten.

Zusammenfassung: Sabbatical

- Die beliebtesten Sabbatical-Modelle: Teilzeit & unbezahlter Urlaub
- Chef überzeugen: Warum bist du unersetzlich? Was hat das Unternehmen davon?
- Vertrag: Modell, Laufzeit, Freistellung, Gehalt, Sozialversicherung, Vertretung, alte Stelle, Kündigungsschutz, etc.
- Link-Tipp: *www.sabbatjahr.org*

DEN JOB KÜNDIGEN

Nicht jeder wird ein Sabbatical anstreben. Manchmal macht eine Kündigung mehr Sinn, denn dann bist du wirklich frei. Bei Anderen wird es eher unfreiwillig auf die Kündigung hinauslaufen. Wie auch immer, versuch möglichst im Guten auseinander zu gehen. Man sieht sich meistens zweimal im Leben und vielleicht ergibt sich nach deiner Rückkehr eine Möglichkeit zum Wiedereinstieg.

Die Kündigung

- Was für eine Kündigungsfrist hast du? Meistens sind das drei Monate, aber es kann auch anders im Arbeitsvertrag geregelt sein.
- Wann ist der letzte Arbeitstag? An wen soll die Arbeit übergeben werden? Rückgabe von Dienstwagen und Handy? etc.
- Nach der mündlichen Kündigung, musst du noch schriftlich kündigen. Vorlagen und Tipps zum Kündigen findest du auf *meine-kuendigung.de*
- Melde dich innerhalb von drei Tagen nach der Kündigung beim Arbeitsamt, sonst bist du gesperrt. Mehr dazu findest du im Kapitel Reiseorganisation unter dem Punkt Papierkram - Arbeitsamt.
- Arbeitszeugnis: Du hast ein Anrecht darauf und wirst es für die Bewerbungen nach der Rückkehr brauchen. Mehr erfährst du hierzu auf Karrierebibel: *karrierebibel.de/arbeitszeugnis*

1.5 - WELCHER REISETYP BIST DU?

Willst du lieber mit einem Around-the-World Ticket reisen oder langsam über Land reisen? Bist du ein Budget Backpacker, der knapp bei Kasse ist, oder genießt du dein Leben als Flashpacker? Suchst du das große Abenteuer oder die nächste Party? Wo fühlst du dich wohler, in der Stadt oder in der Natur? In den Bergen oder am Wasser?

Bist du ein Mitläufer oder Einzelgänger? Reist du mit 20 Kilogramm Gepäck oder ganz minimalistisch nur mit Handgepäck? Planst du alles vorher durch oder bist du ein Freestyler, der sich treiben lässt?

In Köln gibt es ein Sprichwort: „Jede Jeck is anders" (Jeder Mensch ist anders). So ist das auch bei Backpackern. Du kennst dich am besten und weißt, was du magst und wie viel Geld du fürs Reisen hast. Es ist deine Weltreise, mach also, was du willst.

Ich bin ein Reise-Chamäleon

Mein Reise-Stil ändert sich ständig. Je nach Umgebung und momentaner Laune. Wieso auch nicht? Macht Reisen nicht frei. Warum also Grenzen ziehen. Regeln aufstellen. Wenn es Zeit zum Durchatmen und einfach Sein ist. Wie ein Chamäleon wechsle ich meine Farbe. Reisen bleibt so spannend und aufregend. Denn ich mag die Abwechslung. Alles andere sind nur Labels, die ich immer wieder abstreife wie eine Schlange ihre alte Haut.

Finde deinen eigenen Reisestil

Auf der Weltreise kannst du dich ausleben und hast endlich die Zeit für deine Hobbies und Interessen. Jeden begeistern andere Dinge und jeder braucht andere Sachen um glücklich zu sein. Wage dich aus der Backpacker-Blase heraus, in der es sich so bequem reisen und leben lässt. Vergleich dich nicht mit Anderen, denn du bist einzigartig. Finde selber für dich heraus, was du magst.

- Schließe deine Augen. Was waren deine magischen Momente auf Reisen? Wo warst du? Was hast du gemacht? Mit wem warst du unterwegs?
- Wie viel Luxus brauchst du? Worauf kannst du verzichten? Du wirst überrascht sein, was dir wirklich wichtig ist und wie wenig du brauchst. Aber da tickt jeder anders.
- Hab den Mut neue Dinge auszuprobieren und Sachen anders zu machen. Das ist erfrischend und

so lernst du ganz neue Seiten an dir kennen. Auf Reisen kannst du dich neu erfinden.
- Nimm das Thema nicht so ernst, sei einfach offen und experimentierfreudig.

ÜBER LAND REISEN

Schon aus praktischen Aspekten wählen wir im Urlaub meist das Flugzeug, um möglichst wenig Zeit im Transit zu verlieren. Auf einer Weltreise hast du auf einmal viel Zeit und kannst Strecken mit Bus und Bahn zurücklegen. Dabei sparst du nicht nur Geld, sondern erlebst das Reisen auf eine ganz neue Art.

Reisen in Echtzeit: Kennst du das Gefühl, wenn du aus dem Flieger steigst und ein paar Tage brauchst, um wirklich anzukommen. Die Veränderung waren zu groß, dein Körper muss sich erst an eine neue Zeitzone, ein anderes Klima, das ungewohnte Essen und die neue Umgebung gewöhnen. Die Flut an neuen Eindrücken kann überwältigend sein.

Nicht so wenn du über Land reist. Hier sind die Veränderungen gemächlicher. Dein Körper und Geist hat genug Zeit sich anzupassen. Du kannst sogar beobachten wie Landschaften, Kulturen und Menschen sich langsam verändern. Verstehen, wo landschaftliche Grenzen auch kulturelle sind. Beobachten wie die Gesichtszüge der Menschen sich langsam wandeln. Das Reisen in Echtzeit ist nicht nur entspannter, sondern auch um vieles spannender.

Räumliche Bezüge: So werden Namen in Landkarten lebendig, denn sie waren Stationen auf deiner Reise. Du lernst die Entfernungen am eigenen Leib kennen, weißt wie lange die Einheimischen dafür normalerweise unterwegs sind. Du bist durch die unterschiedlichen Landschaften gefahren und siehst die Landkarte fortan mit ganz anderen Augen. Auf einmal haben Orte einen Bezug zueinander, wie du es aus deiner Heimat kennst.

Näher dran: Es führt auch dazu, dass du langsamer reist. Dich intensiver mit dem Land, den Leuten, der Sprache, dem Essen, der Kultur und der Geschichte auseinander setzt. Aus Interesse, indem du dich mit Einheimischen unterhältst und länger an Orten verweilst. Und um dir den Reisealltag zu erleichtern, lernst du ein paar Worte in ihrer Sprache. Findest heraus, welche Gericht du magst und welche nicht.

Öffentliche Verkehrsmittel scheinen der beste Ort zu sein, um Einheimische näher kennenzulernen. Ihr sitzt sowieso stundenlang nebeneinander, warum also nicht die Zeit mit einem kleinen Plausch verkürzen. Selbst Schüchterne überwinden irgendwann ihre Zurückhaltung, aus reiner Neugierde oder Langeweile. Jedes Bemühen bringt dich dem Land und den Menschen näher.

Der Weg ist das Ziel: Dabei ist das wirkliche Abenteuer, nicht irgendwo anzukommen, sondern die vielen kleinen Momente dazwischen. Sie verraten dir viel mehr über ein Land, als dessen Sehenswürdigkeiten. So wirst du ganz individuelle Erfahrungen machen und deinen eigenen Wege gehen.

Denn unterwegs ergeben sich unzählige Möglichkeiten Pläne über den Haufen zu werfen und eine neue Route einzuschlagen. Der Zufall hat mich schon an viele interessante Orte geführt, von denen ich vorher noch nie etwas gehört habe und die zu einem Highlight der Reise geworden sind. Wenn du über Land reist, bleibst du flexibel und hast die Chance an unerwartete Orte zu kommen.

Was passt zu dir?

Ich habe meine Liebe über Land zu reisen entdeckt, bei dir mag der Funke nie überspringen. Denn es ist auch anstrengend, ungewiss und kann in einer Enttäuschung enden. Und dennoch reisen viele Backpacker auf langen Reisen über Land, weil es günstiger ist und nicht viel Planung erfordert. So können sie spontan Entscheidungen treffen.

SEEWEG

Eine Variante des langsamen Reisens, ist mit einem Schiff unterwegs zu sein. Das muss nicht die gesamte Zeit sein, wobei das natürlich möglich ist. Ich habe auf meinen Reisen immer mal wieder Leute kennengelernt, die Teilstrecken per Schiff zurückgelegt haben. Sei es per Frachtcontainer über den Atlantik oder sie haben auf einem Segelschiff angeheuert.

Es gibt so viele reiche Leute, die ein Segelschiff oder eine Yacht besitzen, aber nur wenig Zeit haben. So beauftragen sie Skipper ihre Schiffe vom Sommerliegeplatz in wärmere Gefilde zu überführen. Regelmäßig starten Schiffe von den Kanaren, um in die Karibik zu fahren.

So kannst du kostenlos eine Mitfahrgelegenheit finden. Bei bezahlten Jobs solltest du Erfahrung mitbringen, ansonsten geht es auch ohne, wobei du mit natürlich höhere Erfolgschancen hast. Im Internet gibt es diverse Job-Plattformen, auf denen du dich bewerben kannst:

www.handgegenkoje.de
www.cruiserlog.com/forums/f14
www.findacrew.net
www.7knots.com

In Südamerika habe ich einen Polen kennengelernt, der so durch die Welt reist und mittlerweile ein guter Seemann geworden ist. Selbst ohne Segel- oder Yachterfahrung kannst du dich an Bord nützlich machen, es werden immer mal wieder Köche oder Kindermädchen gesucht. Und dann gibt es noch Angebote, wo du dich an den Unkosten beteiligst und ein wenig mithilfst. So kannst du zum Beispiel sehr preiswert durch die Karibik schippern.

Es ist eine abenteuerliche Art zu reisen, aber wenn das Meer dein Element ist, kann es eine super Erfahrung sein. Es muss aber nicht immer so groß sein. Ich selber habe viele Strecken per Fähre in Indonesien und auf diversen Flüssen zurückgelegt, was ein Erlebnis an sich war.

Das Flugzeug mag zwar komfortabler sein, aber gerade das über Land oder Wasser reisen, birgt viele unvergesslichen Erlebnisse und Abenteuer.

Zusammenfassung: Welcher Reisetyp bist du?

- Finde deinen eigenen Reisestil
- /Über Land reisen = langsamer, intensiver, günstiger
- Seeweg: Per Fähre, Containerschiff oder auf Segelschiff anheuern.
- Der Weg ist das Ziel.

EIN PLÄDOYER FÜR DAS LANGSAME REISEN

Denn am Ende zählt der Weg und nicht das Ziel, daher solltest du dem langsamen Reisen eine Chance geben. Auf der Weltreise hast du endlich die Zeit, das Experiment zu wagen. Außerdem verhindert es einen Reise-Burnout, denn das normale Reisetempo, was du aus Urlauben kennst, wirst du nicht lange durchhalten können.

Eine Weltreise ist ein Marathon, kein Sprint.

Wenn ich joggen gehe, neige ich dazu zu schnell zu starten. Dann pocht mein Herz laut und mein Atem wird kurz. Aber erst wenn ich Seitenstiche bekomme, laufe ich langsamer. Ich liebe es schnell unterwegs zu sein, aber damit komme ich nicht ins Ziel. Also schalte ich einen Gang runter und es pendelt sich ein optimales Tempo ein. Das sieht jeden Tag anders aus, je nach äußeren Gegebenheiten und persönlicher Tagesform.

Eigentlich wie bei einer Weltreise.

Reist du zu schnell, wirst du irgendwann die Lust verlieren und reisemüde. Um die Reise genießen zu können, musst du sie wie einen langen Lauf einteilen. Lieber langsamer Reisen und zwischendurch Pausen einplanen.

Denn Reisen kostet viel Kraft. Ständig verändert sich dein Umfeld und schon alltägliche Dinge können zu Herausforderungen werden. Dein Kopf schwirrt dir noch von den vielen Eindrücken der letzten Tage. Wenn du in dem Tempo weiter machst, verliert das Reisen seinen Reiz.

Wie schon Einstein sagte: „Zeit ist relativ". So gibt es auch beim Reisen keine geheime Glücksformel. Für jeden sieht das perfekte Reisetempo anders aus und wird sich auch regelmäßig ändern. Die Kunst besteht darin, präsent zu sein und die Reise in Echtzeit zu erleben, eine Balance zu finden.

Zu schnell rutschen wir in die Beobachterposition. Dann leben wir bereits in der Zukunft und planen die nächsten Stationen. So wird das Reisen oberflächlich, wir konsumieren nur noch, anstatt es aktiv zu erleben.

Langsam zu reisen ist für mich keine Reiseform, sondern vielmehr eine Reise-Mentalität, ein Mindset. Es geht darum sich Zeit zu nehmen, um seine Umgebung zu entdecken, intensive Erfahrungen zu machen und den Moment zu genießen. Wir führen Regie in unserem Weltreise-Film und entscheiden selber, worauf wir die Kamera schwenken wollen, eine Nahaufnahme oder eine Slowmotion zu machen, aber auch vorzuspulen.

Beim langsamen Reisen geht es darum, intensiver zu reisen. Länger an Orten zu verweilen, um sie näher kennenzulernen. Eine Verbindung zu Orten und Menschen aufzubauen.

Weniger ist mehr: Kennst du diese Tage auf Reisen, wenn du abends im Bett liegst und dich nicht mehr richtig erinnern kannst, was du heute oder gestern alles gemacht hast. Alles scheint ineinander zu verschwimmen, nichts ist mehr klar. Ein Einheitsbrei. Du bist von einer Sehenswürdigkeit zur nächsten gehetzt und kannst sie gar nicht mehr auseinander halten. Geschweige denn dich an die Namen erinnern. Es war einfach zu viel.

Jetzt versuch dich an einen besonderen Tag oder Moment zu erinnern, der dir noch lebhaft in Erinnerung geblieben ist.

Wenn du die Augen schließt, ist alles wieder da: die vielen kleinen Details, die Gesichter, die Gerüche, die Geräusche und die Atmosphäre. Wie fühlt sich das an? Gut oder?!

Warum gibt es diese besonderen Augenblicke, an die du dich auch noch nach Jahren erinnern kannst, als wenn es gestern gewesen wäre. Was unterscheidet sie von den anderen blassen Reiseerinnerungen. Es sind die magischen Momente und Erlebnisse, die einfach unter die Haut gehen. Wo du mehr als nur an der Oberfläche gekratzt hast. Die aus der Masse herausstechen. Gefühle wach rufen. Intensiv sind. Danach solltest du Ausschau halten.

Erlebnisse über Sehenswürdigkeiten: Einfach nur Sehenswürdigkeiten abzuklappern wird so zur reinen Zeitverschwendungen und führt nur zur Ermüdung. Konzentriere dich lieber auf Erlebnisse. Unterhalte dich mit einem Mönch und lass dir den Tempel von ihm zeigen. Setz dich ruhig in den Dschungel und lausche den Geräuschen. Leih dir ein Fahrrad und entdecke auf eigenen Faust die nähere Umgebung.

Folge deiner Neugierde und lass dich durch deine Intuition leiten. Sei offen. Sag ja zu Einladungen.

Das heißt nicht, dass du keine Sehenswürdigkeiten besuchen kannst. Versuch sie einfach aus einem anderen Blickwinkel zu erleben. Komm zur Ruhe und lass die Atmosphäre auf dich wirken. Was nimmst du wahr? Was fühlst du? Les über die Geschichte des Ortes oder die Bauwerke, um hinter die Kulissen zu schauen. Sei ein aktiver Entdecker.

Intensiver reisen: Wenn du schnell reist, bist du nur auf der Durchreise und oberflächlicher unterwegs. Du wirst dir weniger Mühe geben das Land und ihre Bewohner kennenzulernen. Ihre Sprache nicht lernen, weil du schon in ein paar Tagen woanders bist.

Wenn du langsam reist, bekommst du einfach mehr von Land und Leuten mit. Es macht Spaß mehr über ihre Geschichte und Kultur zu lernen. Es lohnt sich mehr Mühe zu geben, um dich im Alltag besser zu Recht zu finden.

Am Ende sind es die Begegnungen mit den Menschen, die das Reisen so faszinierend machen. Du lernst neue Kulturen und andere Lebensweisen kennen. Dadurch bekommt das Reisen eine andere Tiefe und lehrt dich die Welt mit anderen Augen zu betrachten.

Reise-Burnout vermeiden: Die Weltreise darfst du nicht mit einem Urlaub vergleichen, es ist ein Lebensstil. Denn das Reisen ist im Moment dein Leben. Wenn du zu schnell unterwegs bist, droht dir das Reise-Burnout. Manche ereilt es nach drei Monaten, andere später.

Es fühlt sich wie der Morgen nach einer heftigen Party an. Eigentlich willst du im Bett liegen bleiben, aber stattdessen sitzt du schon wieder im Bus zur nächsten Station. Wie durch einen Schleier nimmst du alles war, bewegst dich wie im Autopilot. Alles fühlt sich lau an und ist dir eigentlich sch*** egal. Nichts haut dich mehr vom Hocker und langweilt dich eher.

Wenn das Reisetempo zu hoch ist und du die anderen Aspekte deines Lebens vernachlässigt, ist es irgendwann genug. Dann streikt Körper und Geist. Du erleidest einen Input-Overload und hast keine Energie mehr. Jetzt hilft nur noch eine Vollbremsung, der Urlaub vom Reisen.

Soweit muss es gar nicht kommen, wenn du von Anfang an langsamer reist und dir Pausen gönnst, kannst du das Reise-Burnout komplett vermeiden. Auf einer Weltreise brauchst du einfach Zeiten, wo du wenig unternimmst und entspannst. Nicht ständig den Ort wechselst, an den gleichen Orten einkaufen und essen gehst. Dir eine kleine Routine schaffst und auf die gleichen Gesichter triffst.

Wie im echten Leben braucht dein Körper und Geist Auszeiten, nur diese Mal vom Reisen. Oft hilft es etwas Produktives zu tun, sich nützlich zu machen. Such dir ein Hostel oder eine Farm, wo du mithelfen kannst.

Langsam zu reisen, hat viele Vorteile. Es ist außerdem nachhaltiger und kann dir viel Geld sparen.

1.6 - DAS AROUND-THE-WORLD TICKET (RTW)

Der Name ist etwas verwirrend, denn du musst nicht unbedingt einmal um die Welt fliegen und schon gar nicht nonstop. Vielmehr legst du vor deiner Weltreise deine Flugroute fest und buchst alle Flugtickets vorab. Das kannst du bei einem der großen Airline Allianzen machen, die spezielle Routen im Angebot haben oder mit sogenannten Meilentickets. Die Kosten variieren dabei stark, je nachdem wie viele Flüge du planst, wohin du willst und wie lange du unterwegs sein willst.

Wenn du kein passendes Angebot findest, kannst du in ein Reisebüro gehen, um eine individuelle Route zusammenstellen zu lassen, was meist etwas teurer ist. Wer sich alle Möglichkeiten offen lassen will, der reist nur mit One-Way Tickets und bucht die Flüge von unterwegs.

Die Vorteile des RTW-Tickets

- Klare Reiseroute: Vor der Weltreise legst du alle Flüge und damit die Reiseroute fest. Auf Reisen musst du dir darüber keine Gedanken mehr machen. So kannst du dich voll und ganz aufs Reisen konzentrieren.
- Kein Stress bei der Einreise: Einige Länder verlangen ein Heimreise- oder Weiterflugticket, sonst wirst du nicht ins Land gelassen. Aber es gibt ein paar Tricks, wie du das Problem umgehen kannst. Mehr dazu im Kapitel Einreisebestimmungen und Visa.
- Schnuppertour durch die Welt: Auf deinem Trip kannst du ganz unterschiedliche Orte kennenlernen, wenn es dir gefällt, kommst du einfach wieder.
- Dein Rückflug ist schon bezahlt.

Argumente, die sowohl dafür als auch dagegen sprechen: Ist es wirklich günstiger als One-Way-Flüge? Kann sein, muss aber nicht. Gerade für junge Leute und Studenten gibt es ein paar tolle Angebote.

Ansonsten hängt es sehr stark von deiner Route ab und es kann mitunter günstiger sein, alle Flüge selber zu buchen. Gerade wenn du auf Billig-Airlines ausweichen kannst, bist du ohne wahrscheinlich günstiger dran.

Die Nachteile des RTW-Tickets

- Das RTW-Ticket gilt maximal 12 Monate.
- Nicht alles ist möglich: Dein Startpunkt ist auch dein Endpunkt. Du kannst nur in eine Richtung reisen. Nur Orte im Streckennetz des Anbieters und entsprechend deines Tarifs anfliegen. So kann es sein, dass deine Meilen für bestimmte Orte nicht ausreichen oder du mit der Anzahl der Stoppovers in einer Zone begrenzt bist. Du kannst nicht einfach machen, was du willst. Deshalb ist es so wichtig, dass deine Wünsche mit dem RTW-Angebot übereinstimmen.
- Kaum Flexibilität und Spontanität: Eigentlich kannst du eine Weltreise nicht komplett durchplanen, aber genau das machst du beim RTW. Dabei weißt du vorher nie, wo es dir am besten gefallen wird und welche Leute du unterwegs kennenlernen wirst. Wann du Pausen brauchst und so weiter.
- Flugumbuchung: An der Route an sich kannst du nichts ändern, aber du kannst einen späteren Flug nehmen. Darum musst du dich aber früh genug kümmern, da es ein begrenztes Platzkontingent je Flug gibt, die oft schon früh vergeben sind. Das heißt für dich, dass du besser früher als später Flüge umbuchst.
- Wenn du einen Flug verpasst, verfällt das gesamte Ticket: Sobald ein Flug deines RTW-Tickets gecancelt wird, werden automatisch alle weiteren Tickets annulliert. Und du bekommst noch nicht mal die restlichen Flüge erstattet, dann wäre alles weg. Komm deshalb immer rechtzeitig zum Flughafen.

- Keine Reisen über Land: Aus dem Grund musst du jede Etappe mit dem Flugzeug fliegen. Wenn du über Land reisen willst, scheidet das RTW aus.
- Wenn deine Reiseroute fix ist, musst du aufpassen immer im Budget zu bleiben. Gibst du am Anfang zu viel Geld aus, kannst du nicht auf günstigere Länder ausweichen. Stattdessen steht als nächstes Hawaii auf deinem Ticket, was deinen Geldbeutel noch mehr plündern wird. Es wäre wirklich ärgerlich, wenn du nur im Hotel hängst, weil du dir mehr nicht leisten kannst.

Wo kannst du ein RTW-Ticket kaufen?

Direkt bei der Airline Allianz

- Star Alliance
  Lufthansa, Singapore Airlines, United, Turkish Airlines, Thai Airlines, Austrian, Air Canada, Air New Zealand, etc.
  Die Star Alliance ist nicht der günstigste Anbieter, aber dafür haben sie das größte Streckennetz. Hier findest du auch Verbindungen von Südafrika nach Asien, Südamerika und Australien.
- One world
  British Airways, Qatar, Qantas, Malaysia Airlines, Cathay Pacific, airberlin, Iberia, etc.
  Wenn du viel durch Südamerika reisen willst, ist One world besonders interessant für dich, da sie hier ein super Netz haben.
- Skyteam
  Delta, Air France, KLM, Korean Air, Aerolineas Argentinas, etc.
  Der Schwerpunkt dieser Allianz liegt auf der Nordhalbkugel, vor allem Europa, Ostasien, Nord- und Zentralamerika.

Ins Reisebüro gehen

Da es ein komplexes Thema ist, lohnt es sich ins Reisebüro zu gehen. Gerade wenn du individuelle Vorstellungen hast. Für den Service wirst du etwas 10% mehr zahlen, aber vielleicht sparst du trotzdem Geld damit.

- Sta Travel
  Sta Travel hat sich vor allem auf junge Leute spezialisiert. Während der kompletten Reise hast du einen festen Berater, den du bei Problemen oder Änderungswünschen ansprechen kannst. Hier ist eine Übersicht zu beliebten Around the World Routen.
- Travel Nation
  Ein weiteres Reisebüro, was sich auf RTW-Tickets spezialisiert hat.

MIT ONE-WAY-TICKETS UM DIE WELT FLIEGEN

Viele Gründe sprechen gegen ein RTW-Ticket, denn so wirklich frei bist du mit ihm nicht und es ist relativ teuer. Warum also nicht alles selber in die Hand nehmen und von unterwegs spontan entscheiden, wann es weiter geht und wohin der Flug geht.

Dabei muss es noch nicht mal so viel teurer sein, ganz im Gegenteil. Gerade wenn du auf den Hauptstrecken der Airlines unterwegs bist. Eher kürzere Strecken fliegen willst und zwischendurch Strecken über Land reisen willst. Bist du sogar preiswerter dran, gerade wenn du früh genug buchst und die Angebote der Billigairlines nutzt.

Gute Gründe mit One-Way-Tickets zu reisen

- Deine Weltreise-Route noch nicht feststeht.
- Du nur eine Region bereisen willst.
- Wenn du mehrere Strecken über Land reisen willst.
- Du länger als ein Jahr reisen willst.
- Deine Weltreise keine Grenzen hat: zeitlich, regional, ...und du sowieso noch nicht weißt, wo und wie es danach weiter geht.

Was sind gute Langstrecken-Flugrouten?

Meist sind es Routen, die hochfrequentiert sind und von mehreren Fluggesellschaften angeboten werden. Durch die Konkurrenz sind die Preise niedriger und es gibt günstige Direktflüge. Alternativ kannst du Strecken mit Billig-Airlines zurücklegen, damit sparst du viel Geld und kannst interessante Stopovers einlegen. Eher schwieriger sind Flugverbindungen auf der Südhalbkugel und zu abgelegenen Orten auf der Welt. Hier wirst du keine günstigen Flüge finden.

Günstige Langstreckenflüge

- Europa nach Nordamerika, besonders an die Nordostküste der USA
- Europa nach Südostasien, über Singapur, Kuala Lumpur oder Bangkok
- Europa nach China, über Hong Kong, Shanghai oder Peking
- Europa nach Zentralamerika über Drehkreuze in den USA oder Panama City
- Südostasien nach Ostasien, Australien oder in den Nahen Osten
- Ostasien an die Westküste von Nordamerika

Teure Langstreckenflüge

- Europa nach Afrika, ein gutes Drehkreuz im südlichen Afrika ist Johannesburg
- Europa nach Südamerika, etwas günstiger über Drehkreuze in den USA, Mittelamerika oder Brasilien
- Europa nach Australien oder Neuseeland mit Stopover in Südost- oder Ostasien

Sehr teure Langstreckenflüge

- Australien/Neuseeland nach Südamerika, besser über Hawaii und die Westküste der USA
- Afrika nach Südamerika, besser über Europa und die USA
- Afrika nach Asien, besser über Europa
- Afrika nach Australien, besser über Europa und Asien

Zusammenfassung: Around-the-World Ticket

- Pro: Gesamte Reiseplanung vorab. Schnuppertour durch Welt.
- Kontra: Eingeschränkte Möglichkeiten. Keine Flexibilität.
- Airline Allianz: Star Alliance, One world, Skyteam
- Reisebüro: Sta Travel, Travel Nation
- Link-Tipp: wikitravel.org/en/Round_the_world_flights
- Mit One-Way-Tickets: Individuelle Route. Spontanität. Ohne Grenzen. Teils über Land reisen.
- Informiere dich vorab, ob es eine günstige Langstreckenroute ist.

1.7 - WARUM WILLST DU EINE WELTREISE MACHEN?

Eine simple Frage und doch nicht so leicht zu beantworten. Finde heraus, was deine Motivation und Ziele für die Weltreise sind, umso leichter fällt es dir deine Reise zu planen und Entscheidungen auf dem Weg zu treffen.

Natürlich gibt es keinen guten oder schlechten Grund für eine Weltreise. Viele wollen einfach mehr Zeit fürs Reisen haben und mehr von der Welt sehen. Auch ist es absolut legitim sich treiben zu lassen. Setz dich einfach mit der Frage auseinander und betrachte es als Chance, deine Weltreise aktiv zu gestalten.

- Was willst du neben dem Reisen noch erreichen?
- Wofür fehlte dir bisher immer die Zeit?

Volunteering: Willst du mit anpacken und bei einem gemeinnützigen Projekt mitarbeiten? Oft ist es eine Win-Win-Situation für beide Seiten. Auf der einen Seite unterstützt du die Leute vor Ort und für dich ist es eine Chance das Land mit seinen Menschen und Problemen besser kennenzulernen. Mit Tieren zu arbeiten, die du nur aus dem Zoo kennst.

Auf die geleistete Arbeit stolz zu sein und etwas zu hinterlassen: ein Haus, einen Brunnen oder eine Kompost-Toilette.

Aber mach es nicht halbherzig: „Ach, und dann will ich ein bis zwei Wochen in einem Waisenhaus arbeiten." Wenn du mit Menschen arbeiten willst, musst du dir länger Zeit nehmen. Auch gibt es viele fadenscheinige Projekte da draußen, die hilfsbereite Reisende nur das Geld abknöpfen wollen. Sei deshalb sorgfältig bei der Auswahl deines Projekts.

- Was hast du zu bieten? Welche Fähigkeiten könnten nützlich sein?
- Wann und wo willst du helfen? Wie lange hast du Zeit?
- Was ist deine Motivation?

Persönliches Wachstum: Eine Weltreise führt dich meist auch auf eine „innere Reise". Laufend wirst du gefordert und musst den Reisealltag meistern. Im Prozess lernst du dich mit all deinen Stärken und Schwächen besser kennen. Je mehr du deine Komfortzone verlässt, desto mehr wächst du über dich hinaus. So kannst du ganz gezielt an dir arbeiten.

Außerdem wirst du durch fremde Länder reisen und dabei neue Kulturen, Religionen, andere Lebensweisen und Weltansichten kennenlernen. Die vielen neuen Eindrücke werden dich zum Nachdenken bringen und du wirst dein Leben zu Hause mit ganz anderen Augen wahrnehmen. Der Abstand von der Heimat hilft dir, wenn du vor wichtigen Entscheidungen oder Veränderungen stehst.

- In welchen Bereichen willst du dich fordern?
- Wo willst du deine Grenzen testen?
- Welche Ängste willst du überwinden?
- Brauchst du Zeit zum Nachdenken?

Lernen & Fortbildung: Oft fehlt im Alltag die Zeit sich neue Fähigkeiten anzueignen, sich fortzubilden oder Abschlüsse nachzuholen. Jetzt hast du endlich die Zeit Bücher zu lesen und Online Kurse zu belegen.

Bei kleinen Projekten klappt das sogar neben dem Reisen. Wenn du jedoch etwas Größeres planst, macht es Sinn das Reisen von der Fortbildung zeitlich zu trennen. Sonst überforderst du dich und kannst das Reisen nicht in vollen Zügen genießen.

- Zu welchen Themen willst du dich fortbilden?
- Welche Fähigkeiten möchtest du verbessern?
- Was willst du neues lernen? Sprache, Fähigkeit, Fertigkeit
- Welche Kurse willst du belegen?
- Welche Abschlüsse willst du nachholen?
- Welche Bücher willst du lesen?

Vor etwas davon laufen: Der Impuls einfach davon zu laufen, steckt wohl in uns allen drin. Aber leider ändert es so gar nichts an der Situation. Du bist die gleiche Person auch am anderen Ende der Welt und quälst dich mit den gleichen Problemen herum. Durch einen räumlichen Abstand heilen Wunden von einer dramatischen Trennungen oder dem Verlust eines lieben Menschen nur bedingt weiter. Es braucht einfach seine Zeit.

Der einzige Vorteil auf Reisen ist, dass du viel individueller auf deine Bedürfnisse eingehen kannst. Jetzt hast du mehr Raum und Zeit, um dich aktiv damit auseinanderzusetzen und dir etwas Gutes zu tun. Es kann auch helfen in einer neuen Umgebung zu sein, um alles aus einem anderen Blickwinkel zu betrachten und aus Verhaltensmustern auszubrechen.

- Was tut dir im Moment gut?
- Macht es Sinn jetzt zu reisen oder verzögert es alles nur?

Noch ein Tipp

Falls du Projekte oder Themen neben dem Reisen angehen willst, musst du dafür Raum und Zeit schaffen. Das Reisen an sich, fordert meist deine gesamte Aufmerksamkeit. Daher ist es so wichtig, sich vorher Gedanken darüber zu machen und mit klaren Absichten und Zielen zu starten.

Einen Fokus neben dem Reisen festzulegen, sonst bleibt es bei der Idee.
Und selbst, wenn du keinerlei Projekte verfolgst, kann ich dir nur raten, Pausen zwischendurch einzulegen. Auf meiner Weltreise war ich oft viel zu schnell unterwegs, mir fehlten die ruhigen Momente, um alles sacken zu lassen. Damals habe ich es nicht so empfunden, aber im Nachhinein schon.

Nach meiner Weltreise habe ich erst gemerkt, wie viele Themen und Gedanken in mir am Arbeiten waren. Ich habe viel Zeit im Anschluss gebraucht, um die Eindrücke und Erlebnisse zu verarbeiten. Zwischendurch kamen Erinnerungen hoch oder mir wurden Dinge klarer, die mich zum Nachdenken gebracht haben. Erst jetzt wurden mir Punkte bewusster und haben mich sogar zum Umdenken gebracht. Das alles lief im Hintergrund ab, ich war teilweise selber überrascht, was da zum Vorschein kam. Falls du diese Aha-Momente auf Reisen erleben willst, musst du ruhige Phasen schaffen, wo dein Unterbewusstsein arbeiten kann.

1.8 - DIE WELTREISE-ROUTE

Nun wieder zu mehr praktischen Aspekten der Weltreiseplanung. Eine Reiseroute zu planen, ist gar nicht so leicht. Wenn du anfängst darüber nachzudenken, werden dir immer mehr Ideen kommen. Dabei verfallen wir schnell in FOMO („Fear of missing out") und wollen so viel wie möglich sehen. Wer weiß, wann wir das nächste Mal diese Chance haben?! Das ist natürlich alles Quatsch, denn du wirst (hoffentlich) noch ein Leben lang Zeit haben, um zu reisen. Daher kannst du dich entspannen und musst nicht alles in die Weltreise stopfen.

Das sagt sich so leicht, denn es ist gar nicht so einfach Stationen zu streichen, bis eine realistische Route entsteht. Oft ist es ein Prozess, der Zeit braucht. Die Welt ist einfach zu groß, du kannst nicht alles sehen.

Alles durchplanen oder sich treiben lassen?

Wie tief du in die Planung einsteigst, liegt bei dir. Es ist fast unmöglich und auch nicht erstrebenswert alles durchzuplanen. Das würde dir jeglichen Freiraum für Spontanität und Planänderungen nehmen. Du kannst eine Weltreise nicht mit einem Urlaub vergleichen. Da du ganz anders reisen wirst, außerdem können sich deine Interessen und Bedürfnisse auf so einer langen Reise verändern. Mit einem fixen Plan stößt du schnell an Grenzen.

Schon besser ist es nur mit einer Idee loszureisen. Mach deine Hausaufgaben und recherchiere vorab, um eine grobe Vorstellung zu haben, welche Reiseroute machbar ist und welche Länder dich interessieren. Dabei würde ich gar nicht so sehr ins Detail gehen. Nutze es als Grundgerüst, um zu starten.

Wem das bereits zu viel ist, kann nur mit einem One-Way-Ticket losziehen. Das ist wohl eine Typfrage. Aber vor Ort musst du trotzdem Entscheidungen treffen, was du machen willst und wohin es als nächstes gehen soll (außer du bist ein Mitläufer). Um die Recherche kommst du also nicht wirklich herum, warum also nicht schon ein bisschen Vorarbeit Zuhause leisten?!

Alles klar, dann lass uns loslegen. Dir steht die ganze Welt offen, aber wohin soll die Reise nun gehen? Nicht das schlimmste Problem, was du haben kannst und absolut lösbar. Auf den folgenden Seiten werde ich dir helfen, deine Weltreise-Route zu planen.

Mach dir Notizen bei der Recherche und sammle alle Informationen, damit du später darauf zurückgreifen kannst. Dafür kannst du Tools wie Evernote nutzen, wo du nicht nur Texte, sondern auch Links und Fotos sammeln kannst.

Im Abschnitt 1.11 ab Seite 73 findest du zu den beliebtesten Backpacking Ländern die wichtigsten Eckpunkte wie Einreisebedingungen, beste Reisezeit, Reisekosten und Routenvorschlag. Das erspart dir viel Recherche.

BRAINSTORMING

- Am Anfang ist alles erlaubt. Schreib alles auf. Hier sind ein paar Inspirationen:

- Wohin wolltest du schon immer reisen? Länder, Orte, Sehenswürdigkeiten
- Welche Regionen oder Kulturen faszinieren dich?
- Welche Abenteuer willst du erleben? Safari in Afrika, Dschungeltrekking, Bergsteigen, Fallschirmspringen, Actionsport, per Anhalter fahren, Mitsegeln, etc.
- Außergewöhnliche Ideen? mit Walen schwimmen, wie Robinson Crusoe auf einsamer Insel leben, Marathon in New York laufen, den Dalai Lama treffen, etc.
- Für welche Hobbies hast du nie genug Zeit? Was willst du Neues ausprobieren? Tauchen, Surfen, Yoga, andere Sportarten, etc.
- Welche Interessen hast du sonst noch?
- Welche Veranstaltungen willst du erleben? Karneval in Rio, Burning Man, Laternen-Festival in Thailand, Dia del Muerto in Mexiko, etc.
- Was sind Projekte neben dem Reisen? Volunteering, Fortbildung, persönliche Ziele, Gesundheit, Buch schreiben, etc.
- Was willst du lernen? Sprache, Sportart, Meditation, Kochen, etc.
- Willst du unterwegs arbeiten? - Working Holiday Visum, Gelegenheitsjobs, Online Business, als Freelancer oder Lehrer, etc.
- Willst du Freunde oder Familie treffen? Verabredungen, Heimatbesuche, Feiern, etc.
- Was fehlt noch auf deiner „Bucket List"?
- Welche ausgefallenen und abgelegenen Orte willst du besuchen? Pazifikinsel (Fiji, Samoa), Osterinseln, Galapagos Inseln, Australien, Neuseeland, Hawaii, Patagonien, Mongolei, etc.

Naturwunder: Perito Moreno Gletscher Patagonien, Grand Canyon USA, Uluru (Ayers Rock) Australien, Salar de Uyuni Bolivien, Fish River Canyon Namibia, Milford Sound Neuseeland, Karstlandschaft von Guilin China, Yellowstone Nationalpark USA, Chocolate Hills Bohol Philippinen, Monument Valley Utah USA, Okavango Delta Botswana, Lake Louise Rocky Mountains Kanada, Tiger Leaping Gorge China, Kappadokien Türkei, Avenue of the Baobabs Madagaskar, Everglades Florida USA

Wasserfälle: Iguazu Brasilien & Argentinien, Niagara Kanada & USA, Viktoriafälle Sambia & Simbabwe, Yosemite USA, Dettifoss & Gullfoss Island, Salto Angel Venezuela, Kaieteur Guyana, Detian China

Naturschauspiele: The Big Migration Serengeti Tansania & Kenia, Polarlichter, Lavafluss Hawaii Big Island, Lavasee Danakil Wüste Äthiopien, Indian Summer Nordosten USA & Ost-Kanada, "Yosemite Firefall" USA, "Manhattanhenge" New York City USA, Meeresleuchten, Sonnenfinsternis, Monarchfalter-Wanderung Mexiko, Kirschblüte Japan, „Frozen Bubbles" Abraham Lake Kanada, Hot Water Beach Neuseeland, Totes Meer Israel & Jordanien, El Tatio Geysir Chile, "Staircase to the Moon" Broome Australien, Wildblumen Namaqualand Südafrika

Tiere: Galapagos Inseln Ecuador, Walhaie Philippinen & Ningaloo Reef Australien, Quokkas Rodnest Island Australien, Kangaroo Island Australien, Pandas Chengdu China, Orang-Utans Sumatra & Borneo, Berggorillas Ruanda, Safari in Afrika, Komodo Warane Indonesien, Anaconda Amazonas, Jigokudani Monkey Park Japan, Quallensee Palau & Togean Islands

Inselparadiese: Seychellen, Malediven, Boracay & Palawan Philippinen, Karibik, Hawaii, Fidschi, San Blas Panama, Galapagos Ecuador, Mauritius, Griechische Inseln, Kanaren & Azoren, Whitsundays Australien, Gili-Inseln Indonesien

Tauchen: Raja Ampat West Papua Indonesien, Nord-Sulawesi Indonesien, Komodo Nationalpark Indonesien, Palau, Rotes Meer Ägypten, Malediven, Belize Barrier Reef, Galapagos Inseln Ecuador, Cenoten Yucatan Mexiko, Andros Barrier Reef Bahamas, Aldabra Atoll Seychellen

Wandern: Nepal (Annapurna Trek), Patagonien (Torres del Paine, Fitz Roy), Huaraz & Inka Trail Peru, Vulkan Cotopaxi Ecuador, Great Walks Neuseeland, Overland Track Tasmanien Australien, Kilimandscharo Tansania, Vulkanbesteigung Indonesien, Mount Fuji Japan, John Muir & Pacific Crest & Appalachian Trail USA, Israel National Trail

Wintersport: Südinsel Neuseeland, Hokkaido & Honshu Japan, Banff & Whistler Kanada, Colorado & Utah USA, Portillo Chile, Cuyo Argentinien

Adrenalin: Death Road Bolivien, "Devil's Pool" Viktoria Fälle Sambia, Rock Climbing Halong Bay Vietnam, Vulkan Boarding Nicaragua, Cage Diving mit weißem Hai Südafrika, Bungee Jumping (Queenstown Neuseeland, Victoria Falls Sambia, Bloukrans Südafrika), "Tornado Alley" USA, "Rickshaw Run" Indien, Skydiving

Abenteuer: Schiffsreise auf Amazonas, Kreuzfahrt zur Antarktis, "Ciudad Perdida" Kolumbien, Mount Roraima Trekking Venezuela, mit Pferd durch Mongolei, per Anhalter auf Careterra Austral Patagonien, Hundeschlitten fahren (Lappland, Kanada), Song Doong Cave Vietnam, Colorado River Rafting USA

Roadtrip: Ring Road Island, Atlantic Ocean Road Norwegen, Garden Route Südafrika, Panamericana von Alaska bis Feuerland , Kanada Icefields Parkway, Westküste USA (Big Sur), Blue Ridge Parkway USA, Carretera Austral & Ruta 40 Patagonien, Ostküste & Great Ocean Road Australien, South Island Circuit Neuseeland, Alaska USA

Feste: Karneval Südamerika, Dia del Muerto Mittelamerika (Mexiko), Sylvester Sydney, Burning Man Nevada USA, Thaipusam Fest der Hindus, Holi Fest Nord-Indien, Songkran (Wasserfest) Thailand, Laternenfestival Thailand, Mardi Gras New Orleans, Naadam Festival Mongolei, Thanksgiving Parade New York City USA, Ostern Philippinen

Antike Ruinen: Machu Picchu Peru, Angkor Kambodscha, Große Mauer China, Terrakotta Armee Xian China, Petra Jordanien, Pyramiden Ägypten , Maya Tempel in Mexiko & Guatemala, Pagoden Bagan Myanmar, Osterinseln Chile

Geschichte & Kultur: Tempelberg Jerusalem, Havanna Kuba, Fes Marokko, Felsenkirche Lalibela Äthiopien, Medresen Usbekistan, Haga Sophia Istanbul Türkei, Taj Mahal Indien, Lhasa Tibet, Kyoto Japan, Washington D.C. USA, St. Petersburg Russland, Gigant Buddha Leshan China, Tiger's Nest Bhutan, Shwedagon Pagode Yangon Myanmar, Golden Temple Amritsar Indien, Ganges Varanasi Indien, Wat Rong Khun Chiang Rai Thailand

Pulsierende Städte (außerhalb Europa): New York City, Rio de Janeiro, Tokyo, Shanghai, Hong Kong, Saigon, Bangkok, Singapur, Sydney, Melbourne, Kapstadt, Buenos Aires, Valparaiso, Mexiko-Stadt, San Francisco, New Orleans, Las Vegas, Chicago, Vancouver, Toronto, Quebec, Dubai, Istanbul

Digitale Nomaden: Thailand (Chiang Mai, Bangkok, Koh Lanta, Koh Phangan), Bali Indonesien (Ubud, Canggu), Ho Chi Minh City Vietnam, Buenos Aires Argentinien, Playa del Carmen Mexiko, USA (San Diego, Austin, Portland), Medellin Kolumbien, Tagazhou Marokko, Europa (Berlin, Lissabon, Budapest, Prag, Barcelona)

Spanisch lernen: Antigua Guatemala & Sucre Bolivien (günstig); Kolumbien, Peru & Ecuador (etwas teurer); Argentinien & Chile (sehr starker Akzent, teuer)

Weitere Inspirationsquellen

Google & Social Media: Um erste Ideen zu bekommen, hilft es die Bildersuche bei Google zu nutzen und sich durch Pinterest und Instagram treiben zu lassen. Hier kannst du ganz gezielt nach entsprechenden Begriffen (Hashtags) suchen, wie zum Beispiel nach: bucket list destinations, schönsten Strände / Naturwunder / Inseln, beste Tauchplätze / Surfspots / Wanderwege, außergewöhnliche Orte, Naturschauspiele, etc.

Instagram Empfehlungen: @Earthpix, @natgeo, @BeautifulDestinations, @Wonderful_Places, @Wilderness_Culture, @BestPlaces_ToGo

Pinterest Empfehlungen: @Just1WayTicket, @sunnyside2go, @22places, @pinkcompass, @WETRAVELPINS

Facebook-Gruppen: Auf Facebook gibt es zu unzähligen Ländern und Regionen separate Gruppen, wo du dir Inspirationen und Tipps von anderen Reisenden holen kannst. Besonders hilfreich sind sie, wenn du konkrete Fragen hast. Nutze die Suchfunktion, ansonsten findest du hier eine Auswahl:

www.backpackinghacks.de/reiseziel-recherche

Reiseblogs: Eine gute Inspirationsquelle sind natürlich auch die zahlreichen Reiseblogs, die fast jede Ecke der Welt abdecken. Die Reiseberichte sind meist viel aktueller als klassische Reiseführer und geben viele praktische Tipps. Nur leider ist die Suche meist sehr zeitintensiv und die Qualität der Berichte sehr unterschiedlich.

Empfehlungen für Reiseblogs: Backpacking Hacks, Indie Traveller, Viel Unterwegs, Goats on the Road, Nomadic Matt

Reiseanbieter & Tourismusverbände: Ansonsten kann ich dir noch empfehlen, in die Online-Kataloge von Reiseanbietern zu schauen. Hier findest du auf einen Blick, was die Highlights eines Landes sind und welche Route sich anbietet. Neben den Reiseanbietern haben oft die Tourismusverbände („Tourism Board") viele Informationen auf ihren Webseiten, aber das ist bei jedem Land anders.

Online-Kataloge von Reiseanbietern: STA Travel, Intrepid, Moja Travel, Djoser, Wikinger Reisen

Reiseführer: Um einen ersten Eindruck von einem Land zu bekommen, kannst du auf die Webseiten der typischen Backpacking Reiseführern schauen. Viele bieten kostenlose Informationen mit ersten Ideen. Hier kann ich dir vor allem Rough Guides empfehlen, die zu vielen Ländern Routenideen kostenlos im Internet haben. Ansonsten gibt es weitere Online-Reiseführer, die komplett kostenlos sind.

Klassische Reiseführer

- Lonely Planet - der Klassiker für Backpacker
- Rough Guides - eine gute Alternative für Backpacker auf Englisch
- Stefan Loose - sehr guter deutscher Reiseführer für Individual-Reisende
- Iwanowski - richtet sich vor allem an Selbstfahrer in Nordamerika, Australien und Neuseeland
- Footprint - der Lateinamerikaspezialist aus England hat ein sehr großes Programm (auch Afrika)
- Moon - vor allem für Nord- und Südamerika, er wird von vor Ort lebenden Expats geschrieben

Weitere Online-Reiseführer

- Travel Independent – Länderzusammenfassungen
- Wikitravel oder Wikivoyage - gute Länderübersichten
- Travelfish - für Südostasien
- buggl - geschrieben von Reisenden

Magazine & Bücher: Vor meiner Weltreise habe ich auch viel Zeit in der Stadtbibliothek verbracht, um durch Magazine und Bücher zu blättern. Von Lonely Planet und National Geographic gibt es viele schöne Bücher, die dir die Highlights rund um den Globus zeigen.

Freunde & Backpacker: Eine unerschöpfliche Quelle sind andere reiseverrückte Freunde und Backpacker, die du auf vorherigen Reisen kennengelernt hast. Falls deine Freunde nicht gerne reisen, findest du viele Gleichgesinnte in Facebook Gruppen und Online-Foren. Ansonsten findest du auf Meetups vielleicht Leute, die sich in deiner Stadt regelmäßig treffen.

Neben den Länder Facebook-Gruppen, die ich bereits oben genannt habe, kann ich dir besonders die Weltreise und Langzeitreise Community empfehlen.

Online-Forum: Weltreiseforum, Globetrotter-Forum (Stefan Loose), Thorn Tree forum (Lonely Planet), Nomadic Matt Forum

BELIEBTE ÜBERLANDROUTEN

Hier findest du einige der beliebtesten Backpacking Überlandrouten.

"Banana Pancake Trail" in Südostasien

- Reisedauer: 3 bis 9 Monate
- beste Reisezeit: ganzjährig
- Hochsaison: Weihnachten, Anfang Januar, Juli & August
- Feste: Songkran / Wasserfest Thailand (April), Laternenfestival Thailand (November), Ostern Philippinen
- Reisekosten: günstig

Vor allem bei jungen Backpackern ist Südostasien sehr beliebt. Das ganze Jahr über ist es schön warm, das Essen ist lecker und alles ist super günstig. Es gibt paradiesische Strände und einige der besten Tauchgebiete der Welt, eine lebendige Kultur und einzigartige Sehenswürdigkeiten, wilde Parties und Action, entspannte Tage in der Hängematte, Yoga und so viel mehr.

Es gibt keine fixe Reiseroute durch Südostasien, sondern vielmehr ein großes Netzwerk an Routen. Das günstigste Fortbewegungsmittel ist der Bus, aber es gibt auch einige Billigflieger wie AirAsia, Jetstar und Lion Air. Die beliebtesten Länder sind Thailand, Indonesien, Kambodscha, Laos und Vietnam.

"Gringo Trail" in Zentralamerika

- Reisedauer: 3 bis 6 Monate
- beste Reisezeit: November bis April, (mit ein paar Einschränkungen ganzjährig)
- Wirbelstürme Nord-Karibikküste: Juni bis November
- Hochsaison: Mitte Dezember bis April (besonders Weihnachten, Anfang Januar, Ostern)
- Feste: Karneval (Februar), Semana Santa (Ostern), Día del Muerto (November)
- Reisekosten: günstig (Nicaragua, Guatemala) bis teuer (Costa Rica, Panama, Belize)
- Hinweis: Spanisch-Sprachkenntnisse sind hilfreich

In Zentralamerika bekommst du auf kleinstem Raum viel geboten. Im Osten ist die karibische Seite, die sehr wild und naturbelassen ist. Vielerorts reicht der Dschungel bis ans Meer. Im Westen ist die raue Pazifikküste, die besonders bei Surfern beliebt ist. Dazwischen erstrecken sich aktive Vulkane, kühle Hochplateaus und Seen. Da ist für jeden etwas dabei.

Noch ein paar Worte zum Thema Sicherheit. Vor allem die Grenzgebiete im Norden von Mexiko und im Süden von Panama solltest du meiden. Ansonsten gelten die Länder El Salvador, Honduras und Guatemala als nicht so sicher.

Die Probleme treten vor allem in den großen Städten auf, aber selten betrifft es beliebte Touristen-Orte. Mit entsprechender Vorsicht sind alle drei Länder zu bereisen, aber nicht jeder wird sich immer wohl fühlen. Daher ist es eine individuelle Entscheidung, ob du alle Länder in Zentralamerika bereisen willst. Erkundige dich immer vorab, wie die aktuelle Situation ist.

Die Länder Nicaragua, El Salvador, Honduras und Guatemala haben ein Visa-Abkommen (CA-4). Insgesamt darfst du dich 90 Tage in dem Gebiet aufhalten. Bei einem „Visa-Run" nach Costa Rica, Belize oder Mexiko erhältst du bei der Einreise erneut 90 Tage.

In Zentralamerika ergibt sich eine Reiseroute ganz von selbst, natürlich mit ein paar optionalen Schlenkern. Die Distanzen sind überschaubar, so verbringst du wenig Zeit im Bus.

- Mexiko: Mexico City, Oxaca, Puerto Escondido, San Cristobal, Palenque , Yucatan Loop (Campeche, Merida, Chichén Itzá, Playa del Carmen, Tulum, Bacalar)
- Belize: Caye Caulker or San Pedro, Actun Tunichil Muknal ATM Höhle, Hopkins
- Guatemala: Tikal (Maya Ruine), Flores, Livingston & Río Dulce, Semuc Champey, Western Highlands, Lago de Atitlán, Antigua
- El Salvador (wenige Backpacker, Sicherheit): Ruta de las Flores, Los Volcanes Nationalpark, Strände rund um La Libertad, San Salvador
- Honduras (wenige Backpacker, Sicherheit): Copán (Maya Ruinen), Isla de la Bahí (Roatan or Utila)
- Nicaragua: León, Granada, Isla de Ometepe, San Juan del Sur
- Costa Rica: Strände im Nordwesten (Playa Grande & Playa Santa Teresa), Monteverde (Bosque Nuboso), Arenal Volcano Nationalpark, Dominical, Corcovado Nationalpark
- Panama: Boquete (Hochland), Bocas del Toro, Santa Catalina, Panama City & Panamakanal

"Gringo Trail" in Südamerika

- Reisedauer: 4 bis 9 Monate
- beste Reisezeit: ganzjährig (regional unterschiedlich)
- Feste: ganzjährig (es gibt immer einen Grund zum Feiern)
- Reisekosten: günstig (Bolivien, Peru, Ecuador) bis teuer (Chile, Argentinien, Brasilien)
- Hinweis: Spanisch-Sprachkenntnisse sind hilfreich

Eine Reise durch Südamerika ist sehr abwechslungsreich und wird dich vor allem landschaftlich begeistern. Besonders die Andenregion und Patagonien sind wunderschön. Da du durch mehrere Klimazonen reist, musst du ein wenig mehr vorausplanen, um nicht im eisigen Winter durch Patagonien zu stapfen. Dich erwarten pulsierende Großstädte, ausgelassene Fiestas, unzählige Outdoor-Abenteuer und super freundliche Menschen.

Leider hat Südamerika nicht den besten Ruf, dabei kannst du relativ sicher durch Südamerika reisen. Vor allem in Großstädten und nachts solltest du dich dennoch an ein paar Vorsichtsmaßnahmen halten, dann wirst du wahrscheinlich keine Probleme haben.

Der „Gringo Trail" zieht sich von Kolumbien entlang der Anden bis runter nach Patagonien und Feuerland. Das günstigste Fortbewegungsmittel ist der Bus, da fliegen relativ teuer ist. Die Distanzen sind teilweise sehr groß, aber zum Glück gibt es bequeme Nachtbusse.

Route

Süd-Nord-Reiserichtung: Starte im Sommer (Dezember bis März) in Patagonien und nimm dir etwa zwei bis drei Monate Zeit für Chile und Argentinien. Verbringe die Herbstmonate von März bis Juni in Bolivien und Peru, und den Winter von Juni bis September in Ecuador und Kolumbien.

Nord-Süd-Reiserichtung: Wenn du in umgekehrte Richtung reisen willst, eignen sich die Wintermonate (Juni bis September) zum Start in Kolumbien, Ecuador, Peru und Bolivien.

Den Frühling von September bis Dezember kannst im Norden von Chile und Argentinien verbringen und sobald die Temperaturen wärmer werden, weiter nach Patagonien ziehen und den Sommer (Dezember bis März) dort verbringen.

Panamericana - von Alaska nach Feuerland

- Reisedauer: 1 bis 2 Jahre
- beste Reisezeit: Start im Sommer
- Reisekosten: mittel bis teuer

Noch eine Nummer größer ist eine Reise auf der Panamericana, die einmal den gesamten amerikanischen Kontinent umspannt. Die Strecke von über 25.000 Kilometern ist gerade bei Selbstfahrern sehr beliebt. Da die Reise auch durch Kanada und die USA führt, ist sie deutlich teurer.

Hippie Trail - von Europa nach Asien

- Reisedauer: 3 bis 6 Monate
- beste Reisezeit: ganzjährig
- Reisekosten: günstig bis mittel
- Route: Europa - Iran - Afghanistan - Khyber-Pass - Pakistan - Indien - (weiter nach Südostasien & Australien)

Die Blütezeit des "Hippie Trails" liegt in den 70er Jahren, wo viele junge Leute von Europa aus gen Osten loszogen, auf der Suche nach Freiheit und Abenteuer. Dabei war ihnen jedes Fortbewegungsmittel recht, wer kein eigenes Auto hatte, nahm den Bus oder fuhr per Anhalter.

Heutzutage sind kaum noch Leute auf dem Hippie-Trail unterwegs, wenn überhaupt bereisen sie nur Teilstrecken und umfliegen die Krisenregionen. Am beliebtesten ist sie wohl bei Selbstfahrern, die das Mittelstück mit dem Schiff zurücklegen.

Die Seidenstraße - vom Mittelmeer nach China

- Reisedauer: 3 bis 6 Monate
- beste Reisezeit: April bis September
- Reisekosten: mittel
- Route: Mittelmeer - Irak - Iran - Afghanistan - Usbekistan - Kirgisistan - China

Eine Alternative zum „Hippie Trail" ist die nördliche Variante über den alten Handelsweg der Seidenstraße. Sie führte damals vom Mittelmeer durch Zentralasien bis nach China und wurde von Karawanen zum Handel benutzt.
Heutzutage bereisen viele nur Teilstrecken der alten Route oder fahren eine Variante über die Türkei, Iran, Turkmenistan, Usbekistan, Kirgisistan bis nach China mit dem eigenen Fahrzeug.

Transsibirische Eisenbahn

von Moskau nach Peking

- Reisedauer: 1 bis 8 Wochen
- beste Reisezeit: Frühling & Herbst
- Reisekosten: teuer
- Trans-Mongolische Route: Moskau, Novosibirsk, Irkutsk, Ulaanbaatar, Peking
- Highlights: Moskau, St. Petersburg, Kazan, Jekaterinenburg, Tomsk, Baikalsee, Rundreise durch die Mongolei, Datong in China

Die Fahrt mit der transsibirischen Eisenbahn ist ein unvergessliches Erlebnis und die wahrscheinlich längste Zugreise deines Lebens. Es ist eine Reise in die Vergangenheit und die Chance die vielen Facetten von Russland näher kennenzulernen.

Die klassische Route führt von Moskau nach Wladiwostok, aber viel beliebter ist die Strecke über die Mongolei. Die reine Fahrtzeit von Moskau nach Peking beträgt sieben Tage, wenn du zwischendurch nicht aussteigst. Was viel zu schade wäre, denn du kannst viele interessante Stopps einlegen.

Ost- & Südafrika - von Kairo nach Kapstadt

- Reisedauer: 4 bis 6 Monate
- Reisekosten: mittel bis teuer (Safaris)
- Route: Ägypten - Sudan - Äthiopien - Kenia - Tansania - Malawi - Mozambique - Simbabwe - Botswana - Namibia - Südafrika

Vor allem der südliche Teil von Kenia bis Südafrika ist sehr beliebt. Die Strecke kannst du größtenteils mit öffentlichen Verkehrsmitteln bereisen, wobei du natürlich als Selbstfahrer viel flexibler bist. Gerade in Namibia und Südafrika sind viele mit einem Mietauto unterwegs. Für die Reisezeit ist es ideal, wenn du in Kapstadt im April oder November startest und dir zwei bis drei Monate Zeit für die Strecke nimmst.

Around Australia

- Reisedauer: 4 bis 9 Monate
- beste Reisezeit: ganzjährig
- Reisekosten: teuer

Australien ist das perfekte Land für einen sehr langen Roadtrip. Der Highway 1 führt einmal komplett außen herum und ist etwa 14.500 Kilometer lang. Die Strecke ist super abwechslungsreich und führt dich zu den schönsten Ecken von Australien. Natürlich kannst du auch nur einzelne Teilstrecken fahren, besonders beliebt sind die Great Ocean Road in Victoria, die Ostküste von Brisbane nach Cairns, die Westküste von Perth nach Broome, das Rotes Zentrum von Darwin bis zum Uluru und ein Loop auf Tasmanien.

Wenn du planst mehr als drei Monate in Australien zu reisen, lohnt es sich über den Kauf eines Autos nachzudenken. So kannst du viel Geld sparen und mit etwas Glück kannst du das Auto zum gleichen Preis am Ende der Reise wieder verkaufen.

WELTREISE ROUTE PLANEN

Die Kunst besteht nun darin, alle Ideen miteinander zu verbinden. Dabei wirst du schnell merken, welche Stationen zu sehr aus dem Rahmen fallen und du dir besser für eine spätere Reise aufhebst. Du wirst sicher nicht das letzte Mal reisen, von daher musst du nicht alles auf der Weltreise gesehen haben.

Kauf dir eine große Weltkarte: Am besten ist eine folienbeschichtete Weltkarte, auf der du mit abwaschbaren Stiften rummalen kannst.

1. Markiere zuerst alle Orte und Länder auf der Karte, die du gerne bereisen willst. Nutze hierfür unterschiedliche Farben, damit du auf einen Blick deine Favoriten unterscheiden kannst.

2. Streiche Länder, die eine aktuelle Reisewarnung haben. Schau hierfür in die Reise- und Sicherheitshinweise des Auswärtigen Amtes.

3. Wisch jetzt alle Orte weg, die vereinzelt abseits liegen.

4. Wenn du noch wenig Reiseerfahrung hast, such dir einfache Länder für den Start raus.

Einfache bis schwierige Reiseländer

- Sehr einfach: Europa, Nordamerika, Australien, Neuseeland
- einfach: Südostasien, Brasilien, Argentinien, Chile, Israel
- mittel: Zentralamerika, Bolivien, Peru, Ecuador, Kolumbien, südliches Afrika, Japan
- schwierig: Indien, China, Russland, Mongolei, Venezuela, Karibik
- herausfordernd: Zentralasien, große Teile Afrikas, Inselstaaten im Pazifik

5. Wie hoch sind die Reisekosten im Land? Streiche teure Ländern, wenn du nicht viel Geld hast.

Günstige bis teure Reiseländer

- Super günstig: Indien, Laos, Kambodscha, Bolivien
- günstig: Südostasien, Sri Lanka, Nepal, Guatemala, Nicaragua, El Salvador, Honduras, Ecuador, Peru
- mittel: Süd- & Osteuropa, Naher Osten, China, Mexiko, Belize, Costa Rica, Panama, Venezuela, Argentinien, Chile
- teuer: Mittel- & Nordeuropa, Russland, Mongolei, Nordamerika, Karibik, Brasilien, Uruguay, Australien, Neuseeland
- sehr teuer: Bhutan, Japan, Norwegen, Island, Grönland, Hawaii, Antarktis

6. Welche Reiseziele liegen weit weg und die Flüge dorthin sind teuer? Solche Länder sind in einem Urlaub schwer zu bereisen, aber auf einer Weltreise kein Problem, besonders wenn du länger bleibst.
7. Noch ein Tipp: Versuch es auf ein bis zwei Regionen einzuschränken. Das gibt dir mehr Handlungsspielraum vor Ort und die Möglichkeit Land und Leute intensiver kennenzulernen.

Überprüfe die Machbarkeit deiner Route

- Wie sind die Einreisebedingungen? Wo kannst du ein Visum beantragen? Sind die Grenzübergänge für Ausländer offen?
- Wann ist eine gute Reisezeit? Schnell wirst du merken, welche Reihenfolge sinnvoll ist.
- Welche Aktivitäten hast du geplant? Welche Reisezeit ist optimal dafür?
- Eckpunkte: Hast du Verabredungen? Welche Feste oder Events willst du sehen?
- Bei Langstreckenflügen: Gibt es günstige Verbindungen?

So merkst du schnell, was an deiner Weltreise Route nicht funktioniert. Gegebenenfalls musst du früher oder später losreisen oder Ziele weglassen. Es ist nicht immer leicht alles unter einen Hut zu bekommen.

Zusammenfassung: Die Weltreise-Route

1. Brainstorming: Lass dich inspirieren. Schreib alles auf.
2. Beliebte Überlandrouten
3. Kauf dir eine große Weltkarte
4. Streiche Ziele. Versuch dich auf 1-2 Regionen zu konzentrieren.
5. Überprüfe die Machbarkeit deiner Route.
// Wie detailliert du planen willst, liegt bei dir.
// Deine Weltreise Route ist ein Wegweiser, kein fixer Plan.
// Die Planung gibt dir ein Grundgerüst, an dem du dich orientieren kannst.
// Lass dir Freiraum. Du weißt nie, wo du länger bleiben willst oder wo es dir nicht gefällt und worauf du unterwegs Lust hast.
// Vorab Zeit in die Recherche zu investieren, ist aber nie verkehrt.

1.9 - EINREISEBESTIMMUNGEN & VISA IM ÜBERBLICK

In diesem Kapitel erfährst du alles, was du für die Einreise in ein fremdes Land wissen musst. Ganz oft brauchst du gar kein Visum oder erhältst es bei der Einreise. Manchmal kannst du es vorab online beantragen oder musst zur Botschaft gehen. Alles organisierst du unterwegs, von Zuhause beantragst du allerhöchsten das Visum für das erste Land.

Für jedes Land gibt es unterschiedliche Einreisebestimmungen, die du hier für dein Heimatland nachlesen kannst. Hier erfährst du, ob du ein Visum benötigst, wo du es beantragen kannst und wie lange du im Land bleiben kannst.

Visumsfreie Einreise

In einigen Ländern brauchst du gar kein Visum, so zum Beispiel in vielen Ländern in Mittel- und Südamerika.

Elektronische Einreiseerlaubnis

Für die Einreise in die USA und Kanada brauchst du als Tourist kein Visum, aber du musst dich vorab online registrieren. Das sogenannte ESTA (USA) und eTA (Kanada) kannst du ganz einfach online beantragen und erhältst es meist innerhalb weniger Minuten per Email.

ESTA (USA): 14 USD, 2 Jahre gültig
Ausnahmen: Bist du vorher in den Iran, Irak, Sudan, Syrien, Libyen, Somalia oder den Jemen gereist, musst du ein Visum in der Botschaft beantragen.

eTA (Kanada): 7 CAD, 5 Jahre gültig

"Visa on Arrival"

In vielen Ländern erhältst du bei der Einreise ein Visum, was dir direkt vor Ort ausgestellt wird. Dafür füllst du ein Formular aus und bezahlst die Gebühr. Dann wird alles von einem Grenzbeamten geprüft und du erhältst dein Visum. An vielen Grenzübergängen musst du alles in bar zahlen, entweder in der Landeswährung oder in US-Dollar. Informiere dich vorab, wie viel es kostet und wie du bezahlen kannst.

Wenn du über Land einreisen willst, solltest du vorher prüfen, ob der Grenzübergang für Ausländer freigegeben ist. Da vor Ort die technischen Möglichkeiten gegeben sein müssen, um deinen Antrag zu prüfen und zu bewilligen. In jedem Reiseführer sind alle Grenzübergänge aufgelistet.

Visum vorab beantragen

Einige Länder verlangen, dass du dich vor der Einreise um ein Visum kümmern musst. Wenn es dein erstes Land auf der Weltreise ist, kannst du es noch aus Deutschland beantragen. Dafür meldest du dich bei deinem zuständigen Konsulat oder Botschaft.

Aber auch von unterwegs kannst du das Visum noch in einer Botschaft beantragen. In jedem Land kannst du in die entsprechende Botschaft gehen und ein Visum beantragen. In Südostasien fand ich das besonders einfach in Bangkok. Wenn du dir die Lauferei ersparen willst, kannst du auch den "Visa-Service" von einem Reisebüro nutzen.

Mittlerweile bieten immer mehr Länder darüber hinaus ein eVisa an, dass du ganz bequem im Internet beantragen kannst. Dafür brauchst du nur ein digitales Passfoto und eine Kreditkarte.

Nach Ausstellung ist das Visum meistens drei Monate gültig, in der Zeit musst du einreisen oder es verfällt.

Verlängerung des Visums

Wenn es dir in einem Land gefällt, kannst du in vielen Ländern problemlos dein Visum vor Ort verlängern. In größeren Städten gibt es oft ein "Immigration-Office", wo du direkt vor Ort eine Verlängerung erhältst. Wenn du Hilfe brauchst, kannst du den Visa-Service eines Reisebüros nutzen.

Aber Achtung, kläre das vor der Einreise ab, da es nicht immer möglich ist und manchmal einfacher ist, direkt ein zweinmonatiges Visum in einer Botschaft vorab zu beantragen.

"Visa Run"

Falls das nicht möglich ist, kannst du einen "Visa Run" machen. Dafür verlässt du für ein paar Tage oder auch nur Stunden das Land und erhältst bei der Einreise ein neues Visum. Erkundige dich bei anderen Backpackern und recherchiere im Internet, wie du es am besten machst. In den USA darfst du zum Beispiel nicht direkt wieder aus Kanada oder Mexiko einreisen. Auch in Thailand sind die Kontrollen strenger geworden, aber das ändert sich ständig, daher informierst du dich am besten vor Ort.

"Overstay your Visa"

Wenn dein Visum bei der Ausreise bereits abgelaufen ist, bekommst du teilweise Probleme. Sind es nur ein paar Tage, wirst du wahrscheinlich eine Strafe zahlen müssen. Das ist oft nicht viel Geld, was kaum Leute abschreckt, daher haben einige Länder den Betrag erhöht. In Indonesien zahlst du 20 Euro pro Tag und in Thailand 14 Euro. Bei einem längeren "Overstay" drohen dir höhere Geldstrafen, Abschiebehaft und eine Einreisesperre.

DIE EINREISE IN EIN NEUES LAND

Falls du noch nicht viel gereist bist, beschreibe ich hier kurz, wie alles abläuft. Außerhalb der EU füllst du bei der Einreise eine sogenannte "Entrycard" oder "Touristcard" aus, die du oft schon im Flugzeug oder Bus ausgehändigt bekommst. Von einem Beamten werden deine Angaben überprüft, dann erhältst du einen Stempel in den Pass und einen Teil der "Entrycard". Achte darauf, dass du beides hast, sonst bekommst du Probleme bei der Ausreise.

Nachweise für die Einreise

In einigen Ländern musst du darüber hinaus noch weitere Nachweise erbringen. Was das ist, erfährst du in den Einreisebestimmungen.

1. Nachweis Rück-/Weiterflugticket: Einigen Länder verlangen einen Nachweis, dass du das Land wieder verlässt. Teilweise wirst du bereits beim Check-In am Flughafen danach gefragt. Ansonsten gibt es Stichproben bei der Einreise. Falls du kein Ticket hast, kannst du folgendes machen:

- Kauf dir ein günstiges Bus- oder Flugticket ins Nachbarland.
- Kauf dir ein Flugticket, was du nach der Einreise stornieren kannst.
- Leih dir ein Ticket für 48 Stunden bei FlyOnward, Onwardflights oder BestOnwardticket.

Bei der Einreise über Land, hast du damit meistens keine Probleme.

2. Geldnachweis: Bei der Einreise musst du beweisen, dass du über ausreichende Geldmittel für die Dauer deines Aufenthaltes hast. Dies kannst du per Kontoauszug oder Bargeld nachweisen. Solange du nicht wie ein Bettler wirkst, wird es eher selten kontrolliert.

3. Gelbfieberimpfung: Wenn du aus einem Land mit erhöhtem Gelbfieberrisiko einreist, musst du eine entsprechende Impfung nachweisen, dafür brauchst du deinen internationalen Impfausweis. Auf dieser Übersichtskarte siehst du, welche Länder betroffen sind. Es sind vor allem Länder in Zentral-Afrika und im nördlichen Teil von Südamerika.

4. Auslandskrankenversicherung: Du solltest auf jeden Fall eine Auslandskrankenversicherung für deine Weltreise abschließen. Bei Reisen nach Russland und beim Working Holiday Visum wird sie sogar eingefordert.

Zusammenfassung: Einreisebestimmungen & Visa

- Auf der Webseite des Auswärtigen Amtes kannst du die Einreisebestimmungen nachlesen.
- Visumsfreie Einreise: Du brauchst kein Visum in vielen Ländern in Mittel- und Südamerika.
- Elektronische Einreiseerlaubnis: ESTA für die USA, eTA für Kanada
- "Visa on Arrival": Bei der Einreise erhältst du das Visum. Informiere dich vorab, wie viel es kostet und was du sonst noch brauchst (Passfoto).
- Visum vorab beantragen: In jeder Botschaft ist das möglich, einige bieten eVisa an, die du online beantragst. Das Visum ist 3 Monate gültig, in dieser Zeit musst du einreisen.
- Verlängerung Visum: Viele Länder erlauben eine Verlängerung, dafür gehst du in ein "Immigration-Office".
- "Visa Run": Falls das nicht geht, kannst du das Land verlassen und direkt wieder einreisen. In einigen Ländern musst du erst ein paar Tage warten.
- "Overstay your Visa": Wenn dein Visum bei der Ausreise bereits abgelaufen ist, musst du eine Strafe zahlen.

Tipps

- Bring genug Passfotos mit, da du je Visumsantrag ein bis zwei brauchst. Für online Anträge brauchst du ein eingescanntes Foto.
- Nachweis Weiterflugticket: Kauf dir ein günstiges Ticket, was du nicht einlöst oder stornieren kannst. Leih dir ein Flugticket.

1.10 - WANN IST DIE BESTE REISEZEIT?

Die Antwort wird bei jedem etwas anders ausfallen. Grundsätzlich ist es die Kombination aus drei Faktoren: dem Wetter, den geplanten Aktivitäten und was für Vorlieben du hast. So ergibt sich die individuell beste Reisezeit. Bei einer Weltreise wirst du sowieso Kompromisse eingehen.

Klima und Wetter

Das Wetter ist ein entscheidender Faktor, aber der Eine mag es lieber heiß und der Andere lieber kalt. Manche hätten gerne eine Schönwetter-Garantie, andere sind da flexibler. Auch die Regenzeit in den Tropen muss kein Hindernis sein. Es ist warm und auf eine Schauer am Nachmittag kannst du dich einstellen. Im Süden von Indien und Bangladesch sieht es wieder anders aus. Der starke Regen führt jedes Jahr zu Überflutungen. Dann herrscht in vielen Regionen der Ausnahmezustand, was das Reisen erschwert.

Alles was extrem ist, schränkt dich in deiner Reisefreiheit ein: starker Regen, Überflutungen, Stürme, Orkane, Erdrutsche, eisige Kälte oder enorme Hitze. Versuche am besten diese Zeiten zu vermeiden.

Was für Aktivitäten hast du geplant?

Je nachdem, was du vorhast, eignen sich bestimmte Zeiten besser. So macht es im Sommer mehr Spaß am Strand zu liegen oder in den Bergen zu wandern. Beim Tauchen ist die Trockenzeit meist besser, da dann die Sichtverhältnisse unter Wasser besser sind. Wenn du Skifahren willst, musst du im Winter kommen. Als Surfer weißt du, wann es gute Wellten gibt. In der Trockenzeit ist es nicht so matschig im Dschungel.

Überleg dir, was du alles in einem Land unternehmen willst. Dann weißt du, welche Reisezeit ideal dafür ist.

Haupt- oder Nebensaison

In der Hauptsaison ist meist viel los, alles ist teurer und du kannst nicht so spontan reisen. Dafür hast du meistens das beste Wetter. In der Nebensaison hast du oft ein paar Einschränkungen, aber dafür ist alles ruhiger und günstiger. Aber nicht immer spielt das Wetter in der Nebensaison mit. In manchen Gegenden ist außerdem vieles geschlossen. Dann ist die "Shoulder Season" eine gute Option, die kurz vor und nach der Hauptsaison ist.

Zusammenfassung: Wann ist die beste Reisezeit?

- Klima und Wetter: Vermeide extremes Wetter: starker Regen, Überflutungen, Stürme, Orkane, Erdrutsche, eisige Kälte oder enorme Hitze.
- Was für Aktivitäten hast du geplant? Dann weißt du, welche Reisezeit ideal dafür ist.
- Hauptsaison (mehr los, teurer, ausgebucht, besseres Wetter) oder Nebensaison (ruhiger, günstiger, ein paar Einschränkungen).
- Link-Tipp: Beste-Reisezeit.org

1.11 - BELIEBTE BACKPACKING REISEZIELE WELTWEIT

Stand: Nov 2017; die Angaben zu Visa sind für Deutsche

SÜDOSTASIEN

Indonesien

Einreise

1. visumsfrei ("Visa free visit"): 30 Tage, Nachweis Rück-/Weiterflugticket, keine Verlängerung möglich, aber "Visa-Run" - Achtung: nicht an allen Grenzübergängen möglich
2. "Visa on Arrival": 30 Tage, 35 US-Dollar, Nachweis Rück-/Weiterflugticket, einmalige Verlängerung um 30 Tage für 30 US-Dollar möglich
3. Visum vorab beantragen: über 60 Tage

- Reisezeit: April / Mai bis September / Oktober
- Hauptsaison: Dezember bis Januar, Mitte Juni bis Mitte September
- Reisekosten: 15 bis 30 Euro pro Tag
- Route: Bali, Java (Borobodur, Yogjakarta, Mt. Bromo)
- Tipps: Lombok, Gili Isalnds, Flores, Komodo Nationalpark, Nord-Sumatra (Orang-Utans), Sulawesi, Kalimantan (Borneo)

Kambodscha
Einreise
1. "Visa on Arrival": 30 Tage, 35 US-Dollar, 1 Passfoto
2. Visum (eVisa) vorab beantragen: 30 Tage, min. 2 Wochen vorher; Achtung: nicht an allen Grenzübergängen möglich, einmalige Verlängerung um 1 Monat möglich

- Reisezeit: November bis März
- Hauptsaison: November bis Februar
- Reisekosten: 15 bis 30 Euro pro Tag
- Route: Siem Reap (Angkor), Phnom Penh, Koh Rong, Kampot
- Tipps: Battambang, Kratie, Virachey Nationalpark

Laos
Einreise
1. "Visa on Arrival": 30 Tage, 30 US-Dollar, 2 Passfotos, eine Verlängerung im Land ist möglich
2. alternativ vorab beantragen

- Reisezeit: ganzjährig (Oktober bis März)
- Hauptsaison: November bis Februar
- Reisekosten: 15 bis 30 Euro pro Tag
- Route: Luang Prabang, Phonsavan, Vang Vieng, Vientianne, Bolaven Plateau, Don Det & Don Khon (4.000 Islands)
- Tipps: Muang Ngoy, Vieng Xai, Wat Phou bei Champasak

Malaysia
Einreise: visumsfrei, 3 Monate

Reisezeit
- malaiische Halbinsel: Westen ganzjährig (besonders Januar bis August), Osten von Februar bis September (am trockensten Juni bis August)
- Borneo: März bis September
- Hauptsaison: Dezember & Januar, Mai & Juni

- Reisekosten: 20 bis 35 Euro pro Tag
  Route Halbinsel: Kuala Lumpur, Taman Negara, Cameron Highlands, Penang, Perhetian Island
- Tipps: Melaka, Ipoh, Borneo (Orang-Utans, Bako, Gunung Mulu Nationalpark, Mt. Kinabalu)

Myanmar (Burma)

Einreise

1. Visum vorab in Botschaft beantragen; 28 Tage, 40 Euro / 50 US-Dollar, 2 Passfotos, Nachweis Rück-/Weiterflugticket
2. online zu gleichen Bedingungen

- Reisezeit: Mitte Oktober bis Februar
- Hauptsaison: November bis Februar
- Reisekosten: 30 bis 45 Euro pro Tag
- Route: Yangon, Golden Rock, Inle See, Mandalay, Bagan
- Tipps: Wanderung Kalaw zum Inle See, Hsipaw, Mrauk-U, Ngapali

Philippinen

- Einreise: "Visa on Arrival": 30 Tage, Nachweis Rück-/Weiterflugticket, verlängerbar auf max. 59 Tage (ca. 3.050 PHP)
- Reisezeit & Hochsaison: Dezember / Januar bis März
- Reisekosten: 25 bis 40 Euro pro Tag
- Route: Palawan (El Nido, Sabang), Luzuon (Banaue), Boracay, Bohol (Chocolate Hills), Cebu
- Tipps: Sagada, Apo Island, Kayangan See, Legazpi, Oslob oder Donsol (Walhaie)

Singapur

- Einreise: visumsfrei, 90 Tage
- Reisezeit: ganzjährig
- Reisekosten: 80 bis 100 Euro pro Tag

Thailand

- Einreise: visumsfrei, 30 Tage, einmalige Verlängerung um weitere 30 Tage, Nachweis Rück-/Weiterflugticket
- Reisezeit: Nov bis März, Südosten Januar bis April
- Hauptsaison Inseln: Dezember & Januar, Juli & August
- Hauptsaison Norden: Oktober bis März
- Reisekosten: 15 bis 45 Euro pro Tag
- Route: Bangkok, Sukkothai, Ayutthaya, Chiang Mai & Pai, Inseln (Koh Phangan, Koh Tao, Koh Phi Phi, Koh Lanta, Koh Lipe), Krabi

Vietnam

Einreise

1. visumsfrei (gültig bis 30.06.18), 15 Tage, Nachweis Rück-/Weiterflugticket, erneute visafreie Einreise erst 30 Tage nach Ausreise wieder möglich
2. alternativ online e-Visa beantragen, 30 Tage, eine Verlängerung ist möglich

Reisezeit

- Norden: Oktober bis April (Dezember & Januar kalt)
- Zentrum: Februar bis April
- Süden: Dezember bis Februar
- Hauptsaison: November bis März

- Reisekosten: 20 bis 30 Euro pro Tag
- Route: Hanoi, Halong Bay, Hue, Hoi An, Nha Trang, Ho Chi Minh City, Mekong Delta
- Tipps: Sapa, Phong Nha-Ke Bang Nationalpark

SÜDAMERIKA

Argentinien & Chile

Einreise: visumsfrei, bis 90 Tage

Reisezeit:

- // Norden: ganzjährig (April bis September)
- // Mitte: Oktober bis März (Frühling & Herbst)
- // Patagonien: Dezember bis Februar

Reisekosten: 30 bis 50 Euro pro Tag

Highlights Argentinien: Buenos Aires, Iguazu Wasserfälle, Salta, rote Canyons von Cafayate, Cordoba, Bariloche, El Chaltén & Fitz Roy, Perito Moreno Gletscher, Ushuaia in Feuerland, Peninsula Valdes

Highlights Chile: San Pedro de Atacama, Termas Geometricas, Lauca Nationalpark, Valparaíso, Pucon, Halbinsel Chiloe, Carretera Austral, Trekking in Torres del Paine

Hauptroute in Chile & Argentinien

- Route entlang der Anden: Arica (C), Antofagosta (C), Santiago de Chile (C)
- Variante über Argentinien: Arica (C), San Pedro de Atacama (C), Salta (AR), Cafayate (AR), Mendoza (AR), Santiago de Chile (C)
- weiter nach: Valparaíso (C), Pucon (C), Bariloche (AR) oder alternativ über die Carretera Austral (C), El Chaltén (AR), El Calafayte & Perito Moreno Gletscher (AR), Puerto Natales & Torres del Paine (C), Punta Arenas (C), Ushuaia (AR)

Bolivien

- Einreise: visumsfrei, 30 Tage (auf bis zu 90 Tage verlängerbar)
- Reisezeit: Mai bis Oktober
- Reisekosten: 20 bis 30 Euro pro Tag

- Bolivien wird teilweise komplett ausgelassen. Viele besuchen auch nur La Paz und die Salar de Uyuni, um von da aus weiter nach Chile oder Argentinien zu reisen. Dabei hat Bolivien sehr viel zu bieten.
- Highlights: Copacabana (Titicacasee), La Paz, "Death Road" Mountainbiking, Dschungeltour in Rurrenabaque, Minentour in Potosi, Sucre, Salar de Uyuni

Brasilien

- Einreise: visumsfrei, bis 90 Tage
- Reisekosten: 30 bis 60 Euro pro Tag

Reisezeit:

- Süden: Frühling & Herbst (kühle Winter, Sommer bis 40°C)
- Südosten: Frühling & Herbst (Regen Dezember bis Februar)
- Nordosten: August bis April (tropisch)
- Norden: Amazonasgebiet ganzjährig feucht & heiß, Hauptregenzeit Januar bis April, weniger Regen Juli bis November, Höchststand Flüsse im März bis Juni
- Westen: Frühling & Herbst (Regen Oktober bis März)
- Hauptsaison: Mitte Dezember bis Februar, Juli

In Brasilien gibt es keine typische Reiseroute, viele Backpacker besuchen oft nur einzelne Regionen. Highlights: Rio de Janeiro, Iguazu Wasserfälle, Amazonasgebiet (Manaus), Jericoacoara, Salvador da Bahia, Pantanal, Parati, Camp Palmeri, Lencois Maranhenses, Brasília, Canoa Quebrada, Olinda, Ilha Grande, Ilha de Marajó, Chapada Diamantina

Ecuador

- Einreise: "Visa on Arrival", bis 90 Tage

Reisezeit:

- // Hochland: Juni bis September
- // Galapagosinseln: Januar bis Juni

- Reisekosten: 20 bis 35 Euro pro Tag
- Highlights: Quito, Äquator, Latacunga (Quilotoa), Banos, Riobamba, Vulkan besteigen (Chimborazo, Cotopaxi), Cuenca, Galapagos Inseln,

Kolumbien

- Einreise: visumsfrei, bis 90 Tage; per Flugzeug aus Panama (teuer) oder mit dem Segelschiff von den San Blas Inseln (empfehlenswert)

Reisezeit

- // Karibikküste: Dezember bis März
- // Hochland: Januar bis März & Juli bis September

- Reisekosten: 25 bis 45 Euro pro Tag
- Highlights: Cartagena, Naturpark Tayrona, Trek zur "Ciudad Perdida", Medellin, Guatapé, Salento (Zona Cafetera), Valle Cocora, Barichara, Sierra Nevada del Cocuy, Bogota, San Agustin, abgelegene Pazifikküste

Paraguay

- Einreise: visumsfrei, bis 90 Tage
- Reisezeit: Mai bis September
- Reisekosten: 20 bis 35 Euro pro Tag

Paraguay wird nur von wenigen Backpackern besucht und viele belassen es bei einem Tagesausflug in die Hauptstadt Asuncion, die nicht unbedingt eine Schönheit ist. Sonstige Highlights sind Concepcion, Encarnación, The Chaco

Peru

- Einreise: "Visa on Arrival", bis 90 Tage
- Reisezeit Hochland: Mai bis September
- Reisekosten: 30 bis 45 Euro pro Tag
- Highlights: Ruta Moche, Choquequirao, Chachapoyas, Huaraz, Lima, Huacachina, Nazca Linien, Cusco (Valle Sagrado, Machu Picchu), Arequipa, Colca Canyon, Titicacasee

Uruguay

- Einreise: visumsfrei, bis 90 Tage
- Reisezeit: November bis April
- Reisekosten: 30 bis 60 Euro pro Tag
- Highlights: Montevideo, Colonia del Sacramento, Cabo Polonio

Venezuela

- Einreise: visumsfrei, bis 90 Tage
- Reisezeit: Dezember bis April
- Highlights: Salto Angel, Roraima Plateau, Merida, Isla de Margarita
- Hinweis: Unruhige Lage (Versorgungsengpässe, Demonstrationen, schwankende Preise)

ZENTRALAMERIKA

Belize

- Einreise: visumsfrei, 1 Monat, (Nachweis Rück-/Weiterflugticket & finanzielle Mittel für Aufenthalt (75 USD pro Tag)), Ausreisegebühr: 19 USD (Land), 37,50 USD (Flug), verlängerbar bis zu insgesamt 7 Monaten vor Ort (ca. 50 US-Dollar pro Monat)
- Reisezeit: Februar bis Mai, August
- Hochsaison: Mitte Dezember bis April
- Reisekosten: 50 bis 70 Euro pro Tag
  Route: Caye Caulker or San Pedro, Actun Tunichil Muknal ATM Höhle, Hopkins
- Tipp: Caracol, Xunantunich

Costa Rica

- Einreise: visumsfrei, 90 Tage, Nachweis Rück-/Weiterflugticket & finanzielle Mittel, bei Ausreise: Flughafensteuer von 29 USD + Sicherheitsgebühr 6 USD
- Reisezeit & Hochsaison: Dezember bis März
- Reisekosten: 40 bis 70 Euro pro Tag
- Route: Strände im Nordwesten (Playa Grande & Playa Santa Teresa), Monteverde (Bosque Nuboso), Arenal Volcano Nationalpark, Dominical, Corcovado Nationalpark
- Tipps: Tortuguero Nationalpark, Puerto Viejo, Turrialba, Puerto Jiménez

El Salvador

- Einreise: visumsfrei, 90 Tage, Nachweis Gelbfieberimpfung bei Einreise aus gelbfieberendemischen Gebieten
- Reisezeit: November bis April
- Reisekosten: 20 bis 35 Euro pro Tag
- Route: Ruta de las Flores, Los Volcanes Nationalpark, Strände rund um La Libertad, San Salvador
- Tipps: El Imposible Nationalpark, Suchitoto, Bahia de Jiquilisco (Mangroven)

Guatemala

- Einreise: visumsfrei, 90 Tage
- Reisezeit: November bis Mai
- Reisekosten: 20 bis 35 Euro pro Tag
- Route: Tikal (Maya Ruine), Flores, Livingston & Río Dulce, Semuc Champey, Western Highlands, Lago de Atitlán, Antigua
- Tipps: Vulkanbesteigung Tajumulco oder Acatenango, Chichicastenango (Markt)

Honduras

- Einreise: visumsfrei, 90 Tage, Ausreisegebühr (Betrag variiert)
- Reisezeit: ganzjährig (Februar & März), Küste: März bis September
- Reisekosten: 20 bis 35 Euro pro Tag
- Route: Copán (Maya Ruinen), Isla de la Bahí (Roatan oder Utila)
- Tipps: Utila (Walhaie), Lago de Yojoa, Gracias

Mexiko

- Einreise: visumsfrei, 180 Tage
- Reisezeit: Oktober bis Mai
- Hauptsaison: Dezember & Januar, Ostern, Springbreak (März / April)
- Reisekosten: 30 bis 50 Euro pro Tag
- Route: Mexico City, Oxaca, Puerto Escondido, San Cristobal, Palenque, Yucatan Loop (Campeche, Merida, Chichén Itzá, Playa del Carmen, Tulum, Bacalar)
- Tipps: Nordwesten (Guadalajara, Puerto Vallarta, Mazatlan, Los Mochis, Creel, Coppe Canyon in Chihuahua), Baja California, Isla Holbox & Cozumel (Yucatan)

Nicaragua

- Einreise: visumsfrei, 90 Tage, Gebühren: Touristenkarten 10 USD, Ein- & Ausreise je 2 USD, Nachweis Gelbfieberimpfung bei Einreise aus gelbfieberendemischen Gebieten (Brasilien)
- Reisezeit: November bis April
- Hochsaison: Dezember bis Februar
- Reisekosten: 25 bis 35 Euro pro Tag
- Route: León, Granada, Isla de Ometepe, San Juan del Sur
- Tipps: Somoto Canyon, Las Penitas, Vulkanbesteigung & "Volcano Boarding", El Gigante, Little Corn Island

Panama

- Einreise: visumsfrei, 180 Tage, Nachweis Rück-/Weiterflugticket & finanzielle Mittel (ca. 500 USD)
- Wichtiger Hinweis: Touristisch Reisende erhalten bei Einreise per Schiff lediglich ein Visum für 72 Stunden.
- Reisezeit: Dezember bis März
- Reisekosten: 35 bis 60 Euro pro Tag
- Route: Boquete (Hochland), Bocas del Toro, Santa Catalina, Panama City & Panamakanal
- Tipps: Islas de San Blas, El Valle, Coiba
- Hinweis: vielerorts englischsprachig

WEITERE BELIEBTE REISEZIELE

Australien

Einreise

1. eVisitor-Visa (Subclass 651): vorab online beantragen, max. 3 Monate, 12 Monate gültig, kostenlos
2. Visitor Visa (Subclass 600): bis zu 12 Monate, 135 AUD, Bearbeitungszeit 3-6 Wochen
3. Working Holiday Visa (Subclass 417): Voraussetzungen (18 bis 30 Jahre alt), 12 Monate gültig, 440 AUD (ca. 315 Euro), online beantragen

Reisezeit

- Tasmanien: Dezember bis Februar
- Süden: September bis April
- Norden und Zentrum: Mai bis Oktober

Reisekosten: 60 bis 80 Euro pro Tag

Highlights: Sydney (Sylvester), Melbourne, Uluru (Ayers Rock), im Outback campen, Great Ocean Road, Great Barrier Reef, Kakadu Nationalpark, Fraser Island, Byron Bay, Tasmanien, Roadtrip Westküste, Kangaroo Island, Segeltrip Whitsunday Islands, Cape Tribulation

Neuseeland
Einreise

1. visumsfrei bis 3 Monate, Nachweis Rück-/Weiterflugticket & finanzielle Mittel für Aufenthalt
2. Working Holiday Visa: Voraussetzungen (18 bis 30 Jahre alt), 12 Monate gültig, 165 NZD (ca. 100 Euro), online beantragen

- Reisezeit: November bis März
- Reisekosten: 60 bis 80 Euro pro Tag
- Highlights: Milford Sound, Tongariro Nationalpark, Bay of Islands, Lake Wanaka, Cathedral Cove, Great Walks, Roturua, Franz-Josef-Gletscher, Auckland, Waitomo Glowworm Caves, Bungee Jumping & Skydiving

Kanada
Einreise

1. visumsfrei mit eTA (vorab, online, 7 CAD, 5 Jahre gültig), bis 6 Monate, Nachweis Rück-/Weiterflugticket & finanzielle Mittel für Aufenthalt
2. Working Holiday Visa -International Experience Canada (IEC): Voraussetzungen (18 bis 35 Jahre alt), 12 Monate gültig, 250 CAD (ca. 165 Euro), online bewerben, begrenztes Kontingent, Auswahl durch Losverfahren

- Reisezeit: Juni bis September („Indian Summer" im Herbst)
- Skisaison: November bis April
- Reisekosten: 50 bis 80 Euro pro Tag
- Highlights: Toronto, Niagara Fälle, Rocky Mountains (Icefields Parkway, Banff, Jasper, Lake Louise), Vancouver, Vancouver Island, Wintersport in Whistler, Montreal, Québec, Ottawa, Novia Scotia

USA

- Einreise: visumsfrei mit ESTA (vorab, online, 14 USD, 2 Jahre gültig), bis 90 Tage, Nachweis Rück-/Weiterflugticket
- Reisezeit: ganzjährig
- Reisekosten: 50 bis 80 Euro pro Tag
- Highlights: Hawaii, Yellowstone Nationalpark, New York City, Pacific Coast Highway, Blue Ridge Parkway, Yosemite Nationalpark, Grand Canyon, Las Vegas, San Francisco, Chicago, Boston, San Diego, New Orleans, Everglades Florida, Indian Summer in Neuengland

Indien

Einreise

1. Visum vorab in Botschaft beantragen: bis 6 Monate, 2 Passbilder
2. online Visum: 60 Tage, 60 USD + Gebühren

- Reisezeit: Oktober bis März
  Himalaya-Region: Mai bis September
- Reisekosten: 10 bis 25 Euro pro Tag
- Highlights: Mumbai, Goa, Kerala Backwaters, Rajasthan, Dehli, Agra, Jaipur, Taj Mahal, Amritsar, Leh, Varanasi, Khajuraho, Konark, Himalaya

Sri Lanka
Einreise
1. vorab eVisum
2. "Visa on Arrival", 30 Tage, 35 / 40 US-Dollar, Nachweis Gelbfieberimpfung

Reisezeit:
- Norden: Januar bis Oktober
- Osten: April bis September
- Süden & Westen: Dezember bis April
- Bergland: Januar bis März
- Hochsaison: Dezember bis März

Reisekosten: 20 bis 35 Euro pro Tag

Highlights: Kandy, Sigiriya, Anuradhapura, Ella, Yala Nationalpark, Adam's Peak, Wilpattu Nationalpark, Mirissa & Tangalle, Uda Walawe Nationalpark, Wale in Mirissa, Zug fahren

Nepal
- Einreise: "Visa on Arrival", 30 Tage, 40 US-Dollar, 1 Passfoto; verlängerbar bis max. 150 Tage
- Reisezeit fürs Trekking: Oktober bis November, Februar bis Mitte April
- Reisekosten: 20 bis 30 Euro pro Tag (ohne organisierte Trekking Tour)
- Highlights: Kathmandu, Trekking (Annapurna Circuit, Mt. Everest Basecamp), Pashupatinath & Boudha, Bhaktapur, Bandipur, Pokhara

2
FINANZIERUNG

2.1 - WIE VIEL KOSTET EINE WELTREISE?

Wahrscheinlich weit weniger, als du denkst. Du musst kein Millionär sein, um dir eine Weltreise leisten zu können. Wie viel sie genau kostet, variiert bei jeder Reise. Das ist wie bei Autos. Du kannst dir einen gebrauchten Kleinwagen für Eintausend Euro kaufen oder einen hochwertigen Neuwagen für Fünfzigtausend Euro. Die Preisspanne ist groß, so auch beim Reisen.

Die meisten Backpacker reisen günstig und geben weit weniger aus als der klassische Urlauber. So kommt der Durchschnitt auf etwa 1.000 Euro pro Monat.

Wie viel jeder im Einzelnen ausgibt, hängt von vielen Faktoren ab. In Thailand gibst du viel weniger aus, als in Kanada. Was für Ansprüche hast du an die Unterkunft, Transportmittel, Essen und so weiter. Wie schnell reist du? Nimmst du den Bus oder das Flugzeug?

Damit du ein Gefühl dafür bekommst, sind hier ein paar Beispiele, was Backpacker auf ihrer Weltreise ausgegeben haben.

Beispiele Weltreisekosten

- 2 Personen, 18 Monate
  insgesamt 11.250 Euro, 625 Euro pro Monat
  Indien, Südostasien, Neuseeland
- 2 Personen, 7 Monate
  insgesamt 7.500 Euro, 1.070 Euro pro Monat
  Südostasien
- 1 Person, 11,5 Monate
  insgesamt 9.000 Euro, 780 Euro pro Monat
  Mittelamerika

- 2 Personen + 1 Kleinkind, 15 Monate
  insgesamt 22.500 Euro, 1.500 Euro pro Monat
  Südostasien
- 2 Personen, 15 Monate
  insgesamt 14.000 Euro, 930 Euro pro Monat
  Südostasien
- 2 Personen, 19,5 Monate
  insgesamt 18.000 Euro, 920 Euro pro Monat
  Indien, China, Südostasien, Australien, Neuseeland, USA, Mittelamerika
- 2 Personen, 30 Monate
  insgesamt 33.000 Euro, 1.100 Euro pro Monat
  Südostasien, Sri Lanka, Indien, China, Mexiko, Nordamerika, Australien, Europa
- 1 Person, 11 Monate
  insgesamt 17.500 Euro, 1.600 pro Monat
  Südamerika, Südostasien, Australien, China, Nepal, Indien
- 1 Person, 15 Monate
  insgesamt 15.000 Euro, 1.000 Euro pro Monat
  Nord- und Südamerika, China, Südostasien, Indien
- 1 Person, 4 Monate
  insgesamt 7.500 Euro, 1.900 Euro pro Monat
  Südostasien
- 1 Person, 6 Monate
  insgesamt 10.500, 1.800 Euro pro Monat
  Südostasien, Australien, Neuseeland
- 1 Person, 14 Monate
  insgesamt 12.000 Euro, 860 Euro pro Monat
  Transsib, China, Südasien, Südostasien, USA, Mittelamerika
- 1 Person, 14 Monate
  insgesamt 16.500 Euro, 1.200 Euro pro Monat
  Südostasien, China, Sri Lanka, Europa, USA

Die Spanne ist groß, sie reicht von 625 bis 1.900 Euro pro Monat, was entsprechend 7.500 bis 22.800 Euro pro Jahr ist. Etwa die Hälfte ist mit einem Monatsbudget von 1.000 Euro oder weniger ausgekommen.

Ich selber habe 16.000 Euro für 16 Monate ausgegeben. Besonders die Zeit in der Transsibirischen Eisenbahn, an der Ostküste von China und in Teilen von Südamerika (Brasilien, Argentinien, Chile, Patagonien) waren teurer. Hinzu kamen ein teurer Flug von Indonesien nach Brasilien und ein Trip in die Antarktis. Ausgleichen konnte ich das durch sehr günstige Reiseländer und einen bescheidenen Reisestil.

2.2 - ERRECHNE DEIN REISEBUDGET

Wenn du schon konkrete Reisepläne hast, kannst du dein Reisebudget selber berechnen. Das ist aber nicht zwingend erforderlich. Ich kenne viele Backpacker, die einfach losreisen und nach Hause kommen, wenn das Geld alle ist.

Für alle, die es genauer wissen wollen.

FIXKOSTEN ZU HAUSE

Versuch die laufenden Kosten zu Hause so niedrig wie möglich zu halten oder ganz zu eliminieren.

- Wohnung: untervermieten oder kündigen
- Lagerkosten für deine Möbel und Besitz, etc.
- Auto: Kfz-Steuer, Versicherung, Garage/Stellplatz -> abmelden oder verkaufen
- Versicherungen, Verträge, Abos -> stilllegen oder kündigen
- Sonstiges wie Haustiere, etc.

AUSGABEN VOR DER WELTREISE

Noch bevor es losgeht, wirst du vor allem für die Gesundheitsvorsoge und die Ausrüstung Geld ausgeben.

Auslandskrankenversicherung: Schließ auf jeden Fall eine gute Auslandskrankenversicherung ab, damit du im Notfall abgesichert bist. Je nach Anbieter, Reisedauer und Alter schwanken die Preise. Im Durchschnitt kosten Auslandskrankenversicherungen zwischen 30 bis 60 Euro pro Monat. Bei Reisen in die USA und Kanada wird es etwas teurer, hier belaufen sich die Kosten auf 50 bis 150 Euro pro Monat.

Impfungen: Die Kosten für Standardimpfungen, wie Tetanus und Diphtherie, werden von allen deutschen Krankenkassen übernommen, darüber hinaus bezahlen viele Kassen noch Reiseimpfungen. Lass dich von deinem Hausarzt beraten, welche notwendig sind und wie viel es kosten wird. Im Kapitel Gesundheit gehe ich noch genauer aufs Thema Impfungen ein.

Reisedokumente: Viele Dokumente werden dir kostenlos ausgestellt, wie der internationale Impfausweis und Studentenausweis. Nur beim Reisepass und dem internationalen Führerschein entstehen Kosten, die in jeder Stadt etwas variieren.

Reisepass: ca. 40 bis 90 Euro
Internationaler Führerschein: ca. 20 Euro

Ausrüstung: Viele Sachen wirst du schon besitzen, aber was fehlt noch?

- großer Rucksack (ab 100 Euro)
- Tagesrucksack (ab 40 Euro)
- Kompaktkamera (ab 100 Euro), Spiegelreflexkamera (ab 500 Euro)
- Laptop (ab 200 Euro), eReader (ab 70 Euro)
- Klamotten, Schuhe
- etc.

Sonstiges: Was könnte noch vor der Reise anfallen?

- Reisekosten: vorab gebuchte Flüge oder Unterkünfte, aus Deutschland beantragte Visa, etc

- Wohnung: Beim Auszug aus deiner Wohnung können Kosten für Umzugskartons, Mietwagen oder Renovierungsarbeiten entstehen.
- Abschiedsparty
- etc.

AUSGABEN AUF WELTREISE

Der zweite Teil ist viel schwieriger zu kalkulieren, aber das soll auch gar nicht unser Ziel sein. Vielmehr geht es darum, ein Gefühl für die Reisekosten zu bekommen.

Schon bei der Auswahl der Länder hast du einen großen Einfluss auf die Kosten.

- Super günstige Länder: Indien, Laos, Kambodscha, Bolivien
  ca. 500-800 € pro Monat
- Günstige Länder: Südostasien, Sri Lanka, Nepal, Guatemala, Nicaragua, El Salvador, Honduras, Ecuador, Peru, Kolumbien
  ca. 700-1.000 € pro Monat
- Mittlere Länder: Süd- & Osteuropa, Naher Osten, China, Mexiko, Costa Rica, Panama, Argentinien, Chile
  ca. 900-1.500 € pro Monat
- Teure Länder: Mittel- & Nordeuropa, Island, Russland, Mongolei, Nordamerika, Belize, Brasilien, Uruguay, Australien, Neuseeland
  ca. 1.500-2.100 € pro Monat
- Sehr teure Länder: Karibik, Japan, Grönland, Hawaii, Bhutan, Antarktis
  ca. 2.100-9.000 € pro Monat

+++Tipp: Im Kapitel „Reiseziele“ findest du ab Seite 73 eine Übersicht der beliebtesten Backpacking-Länder, mit Angaben zum Tagesbudget. Ansonsten schau auf *www.budgetyourtrip.com*

Weitere Einflussfaktoren: Wo du in der Preisspanne liegst, hängt von folgenden Punkten ab.

- Haupt- oder Nebensaison: In der Nebensaison sinken die Preise.
- Reisetempo: Je langsamer du reist, desto günstiger.
- Stadt vs. Land: In Städten gibst du oft mehr Geld aus.
- Beliebte Touristen-Region vs. „Off-the-beaten-Path": Wo viele Touristen sind, steigen die Preise.
- Zu zweit oder alleine reisen: Oft sparst du Geld, wenn du mit jemandem gemeinsam reist.
- Schlag etwa 10 bis 20% drauf, wenn du gerne etwas mehr Komfort hast.

Ganz grob kannst du die Reisekosten auf vier Kategorien aufteilen: Transport, Unterkunft, Essen und Sightseeing (Fun). Jede macht etwa ein Viertel der Gesamtausgaben aus. So kannst du anhand von zum Beispiel Preisen für Unterkünfte aus Reiseführern oder dem Internet (Hostelworld oder booking.com), ein grobes Gefühl für dein Reisebudget je Land bekommen.

Transportkosten: Wenn du bereits eine grobe Route im Kopf hast, solltest du auch die Transportkosten für lange Distanzen, besonders für Langstreckenflüge mit einkalkulieren. Denk auch an den Rückflug. Hierfür kannst du Flugsuchmaschinen wie Skyscanner nutzen.

+++Link-Tipp: Auf *www.rome2rio.com* kannst du schnell herausfinden, wie du am einfachsten von A nach B kommst. Dabei zeigt er dir die unterschiedlichen Transportoptionen an und wie teuer sie etwa sind.

Visagebühren: In einigen Ländern entstehen Kosten durch das Visum. Mehr Informationen mit konkreten Angaben zu den Visakosten findest du im vorherigen Kapitel unter beliebte Reiseziele.

Zusätzliche Ausgaben: Berücksichtige direkt Extra-Kosten, die nicht mit den Durchschnittsausgaben abgedeckt sind. Wenn du zum Beispiel in Australien ein Auto kaufen willst oder einen Tauchschein machen willst, dann rechne ein Budget dafür ein.
Autokauf, Sprachschule, Retreat, Fortbildung, Sport (Tauchschein), etc.

Reservebudget: Auf einer Weltreise kann immer etwas Unvorhergesehenes passieren. Im Positiven, weil du teure Aktivitäten machen willst und durch andere Länder reist. Aber auch im Negativen, weil du bestohlen wirst und im Notfall zusätzliches Geld brauchst. Ein Reservebudget von 10 bis 20% kann diese Dinge abfangen. Mindestens Eintausend Euro würde ich einplanen, damit du jederzeit im Notfall nach Hause fliegen kannst.

Heimkehr: Von einer langen Reise nach Hause zu kommen und sich wieder einzuleben, braucht Zeit. Mit einem finanziellen Puffer für die ersten ein bis drei Monate, kannst du ganz in Ruhe ankommen und musst dich nicht direkt stressen, weil du Geld verdienen musst. Vielleicht hast du außerdem die Möglichkeit bei deinen Eltern oder Freunden die erste Zeit zu wohnen. So ist der Neustart in der Heimat etwas entspannter.

Zusammenfassung Weltreise-Budget

Erstelle eine Tabelle, dafür kannst du Google Docs oder Microsoft Excel nutzen. Trage jetzt die für dich relevanten Punkte ein.

1. Teil - Zu Hause
// Fixkosten zu Hause: Wohnung, Lagerkosten, Versicherung, etc.

// Ausgaben vor Weltreise: Umzugs- & Renovierungskosten Wohnung, Auslandskrankenversicherung, Impfungen, Reisedokumente, Ausrüstung, Reisekosten (Flüge), etc.

2. Teil - Auf Reisen
// Tagesbudget & Visakosten je Land findest du im Kapitel Reiseziele

// Als Anhaltspunkt für die Reisekosten:
1.000 Euro pro Monat als Durchschnitt (ohne Plan)
500-1.000 Euro pro Monat in super günstigen bis günstigen Ländern
1.000-2.000 Euro pro Monat in mittleren bis teuren Ländern

// Flashpacker: Wenn du mehr Komfort willst, schlag 10-20% drauf
// Extras: Langstrecken-Flüge, Mietwagen, Sprachschule, Tauchkurs, teure Tour, etc.
// Reserve: 10-20% für Unvorhergesehenes und Notfälle (mind. 1.000 Euro)

3. Teil – Heimkehr
// Budget für die ersten ein bis drei Monate

2.3 - TIPPS ZUM GELD SPAREN

Jetzt weißt du auch, wie viel Geld du sparen musst oder ob du deine Pläne ändern musst. Bevor es losgehen kann. Kommen wir daher zum nächsten Thema, dem Geld sparen.

Jeder geht anders mit Geld um. Es gibt Leute, die sowieso sparsam leben und nicht viel Geld im Leben brauchen. Ihnen fällt es leichter Geld beiseite zu legen. Vielleicht bist du einer der Glücklichen und hast bereits genug Geld gespart oder dir fehlt nicht mehr viel. Dann herzlichen Glückwunsch, du kannst weiter zum nächsten Kapitel springen.

Für alle Anderen: Viel zu oft scheitern Reiseträume am fehlenden Geld, es wird Zeit, dass zu ändern.

Wenn es dir schwer fällt Geld zu sparen und dein Konto am Monatsende immer leer ist, musst du aktiv werden. Du kannst lernen bewusster Geld auszugeben und somit Geld zu sparen. Darüber hinaus kannst du für mehr Einnahmen sorgen, indem du dir einen Nebenjob suchst und unnützen Besitz verkaufst. Mehr dazu unter Punkt 8.

Nun aber zu ein paar konkreten Tipps:

1. Mach einen Kassensturz
Wie viel Geld hast du auf dem Sparbuch? Hast du noch weitere Geldanlagen, über die du frei verfügen kannst? Wie viel Geld fehlt noch für die Weltreise?

2. Verschaff dir einen Überblick von deinen Einnahmen und Ausgaben
Dafür erstellst du eine Liste. Trage auf der einen Seite alle deine Einnahmen und auf der anderen Seite alle deine regelmäßigen großen Ausgaben wie Wohnung (Miete, Strom, Internet), Verträge (Mobilfunk, Versicherungen, Sport, Abos), Transportkosten (Bus & Bahn), Auto (Sprit, Kfz-Steuer, Versicherung) und ergänze weitere Punkte bei Bedarf. Nutze hierfür deine Kontoauszüge. Wie viel Geld bleibt jeden Monat übrig?

3. Wo kannst du Geld sparen?
Gerade bei den großen Ausgaben gibt es ein gutes Sparpotential. Entscheide selber, wo du dich einschränken kannst.

- Wohnung: Wie viel Miete zahlst du? Kannst du in eine kleinere Wohnung oder WG ziehen? Mit deinem Freund zusammen ziehen oder dir einen Untermieter suchen? Wieder bei deinen Eltern einziehen?
- Nebenkosten Wohnung: Langfristig kannst du auch bei den Heiz-, Gas-, Wasser- und Stromkosten sparen. Schränk deinen Verbrauch ein. Heize weniger im Winter. Wechsle zu einem günstigeren Stromanbieter. Schalte passive Stromsauger aus (Stand-by Modus, Ladegeräte ausstecken).
- Versicherungen: Was für Versicherungen hast du? Brauchst du alle? Kannst du welche kündigen oder zu einem günstigeren Anbieter wechseln?
- Verträge: Wie sieht es mit deinem Handyvertrag aus? Gibt es günstigere Verträge? Was für Abos und Mitgliedschaften hast du? Brauchst du alle?
- Auto: Hast du ein Auto? Kannst du darauf verzichten? - Dann verkauf es und spar dir die laufenden Kosten. Nutze stattdessen Carsharing-Angebote, Bus und Bahn oder das Fahrrad. Wenn du nicht auf dein Auto verzichten kannst. Versuch es öfter stehen zu lassen. Bilde eine Fahrgemeinschaft für den Weg zur Arbeit.
- Wofür gibst du noch dein Geld aus? Welche teuren Hobbies hast du?

4. Schreib deine täglichen Ausgaben auf
Dafür kannst du Apps wie Financisto (Android) oder Trail Wallet (iPhone) nutzen. Richte dir Kategorien ein wie Lebensmittel, Essen gehen, Haushalt, Freizeit, Shopping, Auto, Transport, Ausgehen und so weiter ein. Trage am besten alles direkt ein, damit du nichts vergisst.

Mach dir bewusst, wofür du dein Geld ausgibst. Welche Ausgaben überraschen dich?

5. Wo sind Sparpotentiale im Alltag?

Im Alltag gibt es unheimlich viele Möglichkeiten Geld zu sparen, es sind vielleicht nur kleine Beträge, aber in Summe machen sie doch einen Unterschied. Frag dich immer, ob du es notwendig ist oder es dir wert ist. Und mach dir bewusst, dass du für 20 Euro einen Tag durch Südostasien reisen kannst. Das hilft zur Motivation.

Hier sind ein paar Inspirationen:

Essen & Lebensmittel

- Überlege dir jede Woche, was du brauchst und schreibe eine Einkaufsliste. Versuche nur einmal in der Woche einkaufen zu gehen. Gerade bei Spontankäufen gibst du eher mehr Geld aus.
- Vergleiche Preise. Geh zum Discounter. Achte auf Angebote.
- Zum Mittagessen sich ein belegtes Brötchen beim Bäcker holen oder essen gehen: Das macht schnell 3 bis 10 Euro á 220 Arbeitstage = 660 bis 2.200 Euro im Jahr. Dafür kannst du ein bis vier Monate reisen. Schmier dir lieber ein Butterbrot oder pack dir die Reste vom Abendessen ein. Es gibt so viele einfache und leckere Gerichte, die du schnell zu Hause kochen kannst.
- Kaffee: Ein Latte Macchiato ist schon lecker und erst recht der Milchschaum. Aber jeden Tag? 365 Tage á 3 bis 4 Euro = 1.100 bis 1.500€ im Jahr. Das ist das Reisebudget für ein bis zwei Monate.
- Trink Leitungswasser. In den meisten Städten ist die Wasserqualität super. Noch dazu sparst du dir die Schlepperei der Wasserkästen.

Freizeit

- Am Wochenende feiern gehen. Besser selber eine Party schmeißen oder im Park grillen gehen.
- Zigaretten & Alkohol: Aufhören oder Konsum reduzieren.
- Versuch seltener Essen zu gehen. Lade stattdessen deine Freunde zum gemeinsamen Kochen ein.
- Ins Kino gehen oder die besten Freunde zum Netflix-Abend einladen.

6. Inspirationen für ein sparsames Leben

Kauf dir nichts Neues. Schon bald wirst du auf Reisen gehen und deine Wohnung auflösen, brauchst du da wirklich noch neuen Kram?

- Keine Klamotten - Dein Kleiderschrank ist voll.
- Elektronische Geräte - Nimm deine alten Sachen mit.
- Bücher - Leih dir Reiseführer aus der Bücherei aus.
- Auch nichts für deine Wohnung - Du bist doch sowieso bald unterwegs.

Kostenlose Freizeitaktivitäten

- Halt dich fit für lau. Geh Rad fahren. Im Wald joggen. Mach ein Workout im Park.
- Wo kommst du in deiner Stadt kostenlos rein? Museum, Park, Events
- Chillen mit Freunden. Genieße es, bevor ihr euch eine Zeit lang nicht mehr seht.

7. Sparplan: Setze dir klare Ziele

Gute Vorsätze zum Sparen sind schön und gut, aber konkrete Ziele sind besser. Daher hilft es, wenn du dir ein Budget für die täglichen Ausgaben gibst und ein Sparziel für jeden Monat festlegst. So weißt du auch, wie lange du fürs Sparen brauchst und wann die Reise losgehen kann. Was super wichtig für die Reiseplanung ist.

Für eine Weltreise wirst du viele Monate oder Jahre sparen. Bleib dran!

Hänge dir ein Foto an den Badezimmerspiegel oder an den Kühlschrank. Das Foto symbolisiert deine Reisen, auf die du hinarbeitest. Es soll dich immer wieder daran erinnern und motivieren dranzubleiben. Klebe ein Post-It daneben, wo du jeden Monat neu drauf schreibst, wie viel du schon gespart hast. Mach es zu deinem persönlichen Countdown.

+++Noch ein Tipp: Eröffne ein separates Sparkonto für die Reise. Richte eine Dauerüberweisung ein, wo du monatlich einen festen Betrag von deinem Gehaltskonto aus überweist. Das Geld bleibt unangetastet und du darfst nur einzahlen.

8. Zusätzliche Einnahmen
Finde weitere Einnahmequellen, damit du schneller losreisen kannst.

- Such dir einen Nebenjob: Geh am Wochenende kellnern. Arbeite abends im Fitnessstudio.
- Geldgeschenke: Lass dir zum Geburtstag und zu Weihnachten Geld schenken.
- Mach deine Steuererklärung: Sicher kein Spaß, aber es bringt bares. Bitte um Hilfe, falls du keine Ahnung hast. Du kannst auch rückwirkend noch deinen Antrag für die vergangenen vier Jahre abgeben. Die Arbeit lohnt sich.
- Verkauf unnütze Kram: Was hast du schon ewig nicht mehr gebraucht? Was versteckt sich noch alles in deinem Keller? Bücher, DVDs, Möbel, Fernseher, DVD-Player, ... und so viel mehr!!! Tipps zum Ausmisten findest du im Kapitel Reiseorganisation.
- Verkauf dein Auto.

2.4 - AUF REISEN JOBBEN

Viele würden am liebsten direkt losreisen und nicht jahrelang warten bis sie genug gespart haben. Dann kannst du versuchen unterwegs durch Gelegenheitsjobs Geld zu verdienen. Aber Achtung mit einem Touristenvisum darfst du in den wenigsten Ländern offiziell arbeiten. Erkundige dich vorher, was für Optionen du hast. Am einfachsten ist es mit einem Working Holiday Visum oder unentgeltlich zu arbeiten.

Schon für ein paar Stunden Arbeit am Tag bekommst du eine kostenlose Unterkunft und manchmal sogar Verpflegung. Erkundige dich vor Ort oder schau online auf workaway, HelpX oder Wwoof.

Bei vielen Angebote hilfst du in einem Hostel oder Hotel mit, auf einer Farm oder sozialen Projekt, wohnst bei eine Familie auf dem Land oder unterstützt ein Volunteering-Projekt.

- Hol dir ein Working Holiday Visum, mit ihm darfst du als Deutscher in elf Ländern arbeiten.
- Als Au-pair in den USA, Australien oder vielen anderen Ländern bei einer anderen Familie leben und sich um die Kinder kümmern.
- Als Lehrer arbeiten, um anderen Leuten Deutsch, Yoga, ein Musikinstrument oder das Surfen beizubringen.
- Eine Saison in einem Hotel, Resort oder Restaurant als Kellner, Koch, Animateur oder Hausmädchen arbeiten.
- Werde kreativ, was hast du zu bieten? Kannst du Haare schneiden. Menükarten übersetzen. Fotos und Videos für Hotels machen.
- „Hippie-Style" - Verdiene dir Geld als Straßenkünstler oder verkaufe Armbänder.

2.5 - DAS WORKING HOLIDAY VISUM

Das Visum ist für junge Leute. Im Gegensatz zum Touristenvisum darfst du damit ganz legal arbeiten gehen, um deine Reise zu finanzieren. Die drei bekanntesten Work-and-Travel Länder sind: Australien, Neuseeland und Kanada. Jedes Jahr nutzen viele Tausende Backpacker dieses Angebot. Als Deutscher kannst du das Visum auch in Japan, Südkorea, Hongkong, Taiwan, Singapur, Israel, Chile und Brasilien beantragen.

Jedes Land hat etwas abweichende Anforderungen. Als Bewerber musst du zwischen 18 und 30 Jahren alt sein. Ausnahmen sind Singapur bis 25 Jahre und Kanada bis 35 Jahre. Meist darfst du für ein Jahr im Land bleiben, in Singapur sind es nur sechs Monate. Teilweise musst du auch finanzielle Sicherheiten, eine Krankenversicherung oder ein Rückflugticket nachweisen.

Selbst planen oder mit einer Agentur?

Die Frage ist jetzt, ob du alles selber organisiert bekommst oder ob du die Hilfe einer Agentur in Anspruch nehmen willst. Solche Organisationen helfen dir bei der Planung der Reise, unterstützen dich bei der Flugbuchung und der Beantragung des Visums. So startest du direkt mit Gleichgesinnten ins Abenteuer.

Vor Ort gibt es meist in den ersten Tagen Info-Veranstaltungen, wo du mehr zu den Arbeitsbedingungen und Reiseoptionen im Land erfährst. Sie helfen dir dabei, eine Steuernummer zu beantragen und ein Bankkonto zu eröffnen. Danach bist frei, zu machen, was du willst.

Für eine Agentur spricht, dass du immer einen Ansprechpartner vor Ort hast, falls mal etwas passieren sollte. Mit ihrer Unterstützung sind die organisatorischen Dinge am Anfang schnell erledigt. Und meist lernst du viele interessante Leute kennen, so dass ihr euch gemeinsam ins Abenteuer stürzt. Wenn du gerade erst dein Abitur gemacht hast und noch nie alleine gelebt hast, mag das die einfachste Lösung für dich sein.

Aber in der heutigen Zeit findest du alle wichtigen Informationen auch online und brauchst nicht unbedingt die Unterstützung einer Agentur. Es gibt fertige Informationspakete, die du für ein paar Euro kaufen kannst. Was deutlich günstiger ist, als die Servicegebühr der Agentur.

Die Beantragung des Visums für Australien und Neuseeland sind schnell erledigt. Bei Kanada brauchst du zusätzlich etwas Glück, da es ein Losverfahren gibt. Sobald du das Visum hast, ist der Flug schnell gebucht. Und auch den Rest bekommst du vor Ort organisiert. Einzige Bedingung ist, dass du dich vorab informierst und vorbereitet bist.

Falls du noch Angst hast, dass du ganz alleine am Anfang der Reise bist und total überfordert von all den neuen Eindrücken bist, kann ich dir beruhigen. Übernachte in einem Hostel und im Nu wirst du andere Backpacker kennenlernen.

Es ist absolut okay sich am Anfang an andere Leute dranzuhängen, um von ihnen zu lernen, wie du als Backpacker überlebst. So helft ihr euch gegenseitig.

Du siehst, du brauchst nicht unbedingt, die Unterstützung einer Organisation.

Hilfreiche Ressourcen

www.workandtravel.reisebine.de
www.working-holiday-visum.de
www.backpackerpack.de
neuseeland.backpackerpack.de

10 LÄNDERN MIT WORKING HOLIDAY VISUM FÜR DEUTSCHE

(Stand: März 2017)

Die beliebtesten Work-and-Travel Länder sind Australien, Neuseeland und Kanada. Dabei liegen die Vorteile klar auf der Hand: Alle drei sind einfach zu bereisen, du findest leicht einen Job, es sind viele andere Backpacker unterwegs und überall wird Englisch gesprochen. Einzige Ausnahme ist die französische Region in Nordost-Kanada.

Darüber hinaus gibt es noch sieben weitere Länder, in denen du ein Working Holiday Visum beantragen kannst. Wenn du Spanisch sprichst, sind Argentinien und Chile etwas für dich. Etwas herausfordernder sind die asiatischen Länder.

Hier sind die einzelnen Bedingungen:

Australien
Alter: 18 bis 30 Jahre
Gültigkeit: 12 Monate
Kosten: 440 AUD (ca. 315 Euro)

Bezeichnung: Working Holiday Visa (Subclass 417)
Beantragung: online auf Webseite des Australian Government

Besonderheit: Beantragung zweites Jahr möglich
Hinweis: Ab dem 1. Januar 2017 musst du 15% Steuern auf jeden verdienten Dollar bezahlen, bisher waren die meisten steuerbefreit.
Info: Seit einiger Zeit wird diskutiert die Altersbegrenzung auf 35 Jahre anzuheben, aber es ist noch nichts beschlossen.

Neuseeland
Alter: 18 bis 30 Jahre
Gültigkeit: 12 Monate
Kosten: 165 NZD (ca. 100 Euro)

Bezeichnung: Working Holiday Visa
Beantragung: online auf Webseite des Immigration New Zealand
Besonderheit: Verlängerung um drei Monate möglich

Kanada
Alter: 18 bis 35 Jahre
Gültigkeit: 12 Monate
Kosten: 250 CAD (ca. 165 Euro)

Bezeichnung: International Experience Canada (IEC)
Beantragung: online auf Webseite des Government of Canada
Verfahren: Fragebogen ausfüllen und Online-Profil erstellen. Wenn du ausgelost wirst, kannst du anschließend das IEC-Visum beantragen.

Besonderheit: Es gibt nur ein begrenztes Kontingent. Ab 2016 wird per Losverfahren ermittelt, wer ein Visum bekommt.

Israel
Alter: 18 bis 30 Jahre
Gültigkeit: 12 Monate
Kosten: 42 Euro

Bezeichnung: Working Holiday Visa (Antragsformular A)
Beantragung: per Post oder persönlich bei der Botschaft

Argentinien
Alter: 18 bis 30 Jahre
Gültigkeit: 12 Monate
Kosten: 50 Euro

Bezeichnung: Working Holiday Program (Antragsformular FSV)
Beantragung: persönlich im zuständigen Konsulat / Botschaft

Chile
Alter: 18 bis 30 Jahre
Gültigkeit: 12 Monate
Kosten: keine

Bezeichnung: Working Holiday Visa (Antragsformular Working Holidays)
Beantragung: per Post bei der Botschaft

Japan
Alter: 18 bis 30 Jahre
Gültigkeit: 12 Monate
Kosten: keine

Bezeichnung: Working Holiday Visa
Beantragung: persönlich bei der Botschaft

Singapur
Voraussetzungen: 18 bis 25 Jahre alt, Student oder Absolvent
Gültigkeit: 6 Monate
Kosten: 150 USD (ca. 135 Euro)

Bezeichnung: Working Holiday Pass
Beantragung: online auf Webseite des Ministry of Manpower

Hong Kong & Taiwan
Alter: 18 bis 30 Jahre
Gültigkeit: 12 Monate
Kosten: 50 Euro (Hong Kong), 75 Euro (Taiwan)
Bezeichnung: Working Holiday Visa
Beantragung: persönlich bei der Botschaft für Hong Kong oder der Taipeh-Vertretung für Taiwan

Südkorea
Alter: 18 bis 30 Jahre
Gültigkeit: 12 Monate
Kosten: 60 Euro
Bezeichnung: Working Holiday Visa (Information)
Beantragung: per Post oder persönlich bei der Botschaft

2.6 - DIGITALER NOMADE WERDEN

Natürlich kannst du auch online dein Geld verdienen und ortsunabhängig arbeiten, wo du willst. Jeden Tag wächst die Gemeinschaft der Digitalen Nomaden weiter. Es ist ein Lifestyle, der viele Freiheitssuchenden und Reiselustigen anzieht.

Der schnelle Einstieg ist, wenn du als Freelancer startest. Was für Fähigkeiten hast du zu bieten? Grafik- oder Web-Design, Programmierung, SEO-Experte, Übersetzungen, Virtual Assistant, Social Media Manager oder Texter.

- Freelance Jobs findest du auf Upwork, Fiverr, Behance, people per hour, DNX Jobs oder klassischen Online Jobbörsen, als Designer auch auf das Auge oder 99designs.
- Als Texter auf textbroker oder texter jobs.
- Als Virtual Assistant auf Fernarbeit oder my-VPA.

Langfristig kannst du dein eigenes Business aufbauen, als Coach oder Berater. Produkte verkaufen, digital oder über Amazon FBA. Bau deine Reichweite als Blogger, Youtuber oder auf Instagram aus, um als Influencer bezahlt zu werden. Es gibt noch so viel mehr Möglichkeiten.

Dann gibt es wiederum Leute, die zwar angestellt sind, aber frei wählen können, wo sie arbeiten wollen. Sie können ihren Job von überall aus erledigen, sind aber an ein paar Absprachen gebunden, die individuell variieren.

Wer Digitaler Nomade werden will, sollte sich eins bewusst machen. Es ist nicht immer alles so rosig, wie es auf den Fotos vieler Digitaler Nomaden scheint. Gerade am Anfang musst du dich vollkommen auf die Arbeit konzentrieren um deinen Weg in die Selbstständigkeit zu finden. Das Reisen ist am Anfang daher Nebensache.

Nur wer langfristig ortsunabhängig arbeiten will, sollte diesen Schritt gehen. Wer damit eine einjährige Weltreise finanzieren will, sollte sich lieber einen Nebenjob suchen.

+++Link-Tipps:
Die wichtigsten Infos für den Start
www.digitalenomaden.net
64 Ways Location Independent People Earn a Living
fizzle.co/sparkline/64-ways-location-independent-people-earn-a-living

LOHNT ES SICH AUF REISEN ZU ARBEITEN?

Stell dir immer die Frage, was du überhaupt willst. Zwischendurch ein wenig zu jobben mag eine nette Abwechslung sein. Jedoch als Freelancer durchzustarten oder ein Online Business aufzubauen, braucht gerade am Anfang viel Zeit und Energie.

Reisen ist (eigentlich) ein Fulltime-Job: Wenn du dich dafür entscheidest zwischendurch zu arbeiten, verschiebst du deine Prioritäten. Denn eine gute Arbeitsumgebung oder eine Möglichkeiten einen Job zu finden, überschneiden sich nicht unbedingt mit deinen Reiseplänen. Auch fehlt dir die Energie Vollgas in deinem Job zu geben, wenn du ständig unterwegs bist. Nebenbei einen erfolgreichen Reiseblog oder ein Online-Business aufzubauen, ist gar nicht so leicht. Um aus der großen Masse herauszustechen und neue Kunden zu gewinnen, musst du am Anfang sehr viel Arbeit reinstecken.

Phasenweise arbeiten und reisen: Eine Lösung könnte sein, wenn du die beiden Sachen zeitlich trennst. Bleib für ein paar Wochen an einem Ort, wo du einen guten Platz zum Arbeiten mit einer schnellen Internetverbindung hast, um dich voll und ganz auf die Arbeit zu konzentrieren. Im Anschluss kannst du für ein paar Tage oder Wochen reisen, ohne ein schlechtes Gewissen zu haben.

Das Geld besser vor der Reise sparen: Wenn es dir hauptsächlich ums Reisen geht, gilt die Devise: Erst sparen, dann reisen. Denn oftmals verdienst du Zuhause mehr Geld als im Ausland. Arbeite lieber wie verrückt in einem überschaubaren Zeitraum, damit du auf Reisen dir keine Gedanken ums Geldverdienen machen musst. Einzige Ausnahme sind die typischen Work-and-Travel Länder wie Australien, Neuseeland und Kanada. Dort sind die Reisekosten oft sehr hoch und du kannst vor Ort mehr verdienen. Gerade wenn du noch jung bist und kaum Arbeitserfahrung hast, kannst du dort mehr Geld machen, als in der Heimat.

2.7 - SPARTIPPS FÜR UNTERWEGS: SO REIST DU GÜNSTIG

Wenn du weniger Geld auf Reisen ausgibst, kannst du länger reisen oder früher losreisen. Hier sind ein paar Spartipps, wie du günstig um die Welt reisen kannst. Denn auf einer Weltreise hast du meist viel Zeit, aber nur begrenzte Geldmittel.

Die Liste besteht aus vielen Inspirationen, wovon du dir sicher nur ein paar aussuchst und die anderen wieder vergisst. Denn deine Weltreise soll vor allem Spaß machen, nimm die Punkte also nicht zu ernst.

Wie ein Budget Backpacker denken

- Schraube deinen Lebensstandard runter. Sei mit weniger zufrieden und investiere dein Geld lieber in Erlebnisse. Du wirst überrascht sein, wie wenig du tatsächlich brauchst.
- Reise durch günstige Länder, wo du mehr für dein Geld bekommst.
- Meide die Hauptsaison
- Reise langsam. Wenn du alle ein bis zwei Nächte den Ort wechselst, gibst du automatisch mehr Geld aus.
- Feilsche. In vielen Ländern gehört es zum Alltag, da Preise verhandelbar sind.

- Sei ein Improvisationskünstler. Versuch die Dinge so zu nehmen wie sie kommen und flexibel zu bleiben. Fliege drei Tage später, wenn es dann günstiger ist.
- Teile mit Anderen. Es macht mehr Spaß und ist oft günstiger.

Bei den Transportkosten sparen

- Per Anhalter fahren. Gerade in ländlichen Gegenden sind die Menschen sehr hilfsbereit und nehmen gerne Leute mit. In ärmeren Ländern erwarten sie jedoch, dass du dich an den Kosten beteiligst.
- Auf einem Segelschiff oder einer Yacht anheuern. Wenn du Erfahrung hast und mit anpackst, kannst du kostenlos mitfahren.
- In der Stadt den Nahverkehr nutzt oder zu Fuß gehst, so sparst du dir das Taxi.
- Über Land reist. Das ist oft günstiger, als zu fliegen und du erlebst viel mehr.
- Den „Chicken Bus" nimmst, mit dem die Einheimischen fahren. Sie sind oft älter, langsamer und halten öfter. Doch so wird Reisen zum Erlebnis.
- Günstige Flüge buchst. Reise mit Billig-Airlines. Nimm Umwege und mehrere Stopover in Kauf.
- Versuch möglichst alle Zusatzkosten beim Fliegen zu vermeiden, wie Gebühren fürs Gepäck, Sitzplatzreservierung, Check-in am Flughafen oder Essen an Bord.
- Mitfahrgelegenheiten (Carpooling) nutzt, die du auf BlaBlaCar (weltweit), Carpool (USA, Europa), Compartir (Europa) oder eRideShare (Nordamerika) findest.
- // Einen Mietwagen oder Camper überführst. Viele Autovermietungen sind auf der Suche nach freiwilligen Fahrern, die ein Fahrzeug nach einer One-Way-Vermietung wieder an den Ursprungsort zurückbringen.
- Einen Zug- oder Bus-Pass für große Distanzen kaufst.

- Mit leichtem Gepäck reist. So bist du mobiler und brauchst seltener ein Taxi. Außerdem sparst du beim Fliegen, wenn du nur mit Handgepäck reist.

Umsonst übernachten

- Couchsurfing: Schlaf auf der Couch von Freunden oder Freunden von Freunden oder ganz fremden Leuten.
- Housesitting: Kümmere dich um das Haus, den Garten und vor allem die Haustiere deines Gastgebers während dieser im Urlaub ist.
- Kostenlose Campingplätze und Wildcampen. Übernachte an den schönsten Ecken mitten in der Natur.
- Im Hostel oder auf einer Farm mitarbeitest. Schon für ein paar Stunden Arbeit bieten dir viele eine kostenlose Unterkunft und Essen an.
- Den Nachtbus oder Nachtzug nimmst. So sparst du dir eine Übernachtung.
- Hostel: Es ist nicht umsonst, aber günstiger. Ein gutes Hostel gibt dir darüber hinaus eine Gemeinschaft von Gleichgesinnten, einen Platz zum Entspannen und eine Küche zum Kochen.
- Zimmer oder Appartement mieten. Wenn du länger an einem Ort bleibst, ist das günstiger und du bekommst mehr für dein Geld geboten.

+++Noch mehr Tipps
www.backpackinghacks.de/kostenlos-uebernachten

Beim Essen sparen

- Streetfood: Es ist preiswert und lecker.
- Selber kochen: Gerade in teuren Ländern kannst du es dir nicht leisten, jeden Tag essen zu gehen. Dann übernachte in einem Hostel mit Küche, damit du selber kochen kannst.
- Geh auf dem Markt oder im Supermarkt einkaufen. Achte auf Angebote, besonders kurz vor Ladenschluss und zum Wochenende werden die Preise oft heruntergesetzt.

Beim Sightseeing sparen

- Kostenlose Aktivitäten: Indem du zu Fuß die Stadt entdeckst, wandern gehst, im Park chillst, Free City Walks machst, Märkte besuchst, kostenlose Eintritte in Museen und Events nutzt, ...höre dich einfach um, was es für Angebote vor Ort gibt.
- Ausflüge auf eigene Faust machst. Spar dir die teure Tour.
- Du musst nicht alles gesehen haben, lass Sehenswürdigkeiten weg.

Bewusst Geld ausgeben

- Ausgaben aufschreiben: So bekommst du ein Gefühl, wie viel Geld du brauchst und wo du möglicherweise sparen kannst.
- Tages- oder Wochenbudget festlegen, falls du immer zu viel Geld ausgibst.
- Prioritäten setzen: Verzichte nicht auf alles, schließlich soll die Reise Spaß machen, aber vielleicht kannst du ein paar Sachen weglassen.
- Nach Angeboten suchen und Preise vergleichen. Im Internet kannst du schnell die Preise vergleichen oder du erkundigst dich bei den einzelnen Anbietern vor Ort.

3
REISEORGANISATION

3.1 - HAUSHALT & BESITZ

WAS MACHST DU MIT DEINER WOHNUNG?

1. Wohnung leer stehen lassen
Diese Variante ist die bequemste und teuerste. Die wenigsten werden es sich leisten können, und wenn nur sehr kurz. Wenn du darüber nachdenkst, solltest du deinen Vermieter ansprechen, ob er in der Zeit die Miete reduziert.

Vorteile
- Die bequemste Lösung: Kein Stress mit dem leer räumen und auflösen der Wohnung. Keine Suche nach einem Untermieter.
- Bei der Rückkehr kannst du direkt wieder in deine eigenen vier Wände ziehen und findest alles so vor, wie du es verlassen hast.
- Perfekt für ein kurzes Sabbatical.

Nachteile
- Du hast enorm hohe Fixkosten.

2. Wohnung untervermieten
Da ist Option Nummer zwei schon besser. Besonders wenn du es nicht übers Herz bringst, deine Traumwohnung aufzugeben. In vielen Städten musst du lange nach einer schönen Wohnung suchen. Keine Panik, du kannst sie behalten. Während deiner Weltreise gibst du sie einfach in die treuen Hände eines Untermieters, am besten für die gesamt Zeit.

Vorteile

- Du behältst deine Traumwohnung und hast ein Zuhause, wenn du von der Weltreise zurückkommst.
- Trotzdem lässt du dir alle Optionen offen, nach deiner Rückkehr kannst du immer noch die Wohnung kündigen.

Nachteile

- Dein Untermieter kann Probleme machen, weil er die Miete nicht zahlt, es Ärger mit Nachbarn gibt, er Schäden anrichtet oder dich beklaut.
- Du bist nicht flexibel. Wenn du früher zurückkommst, stehst du erst mal ohne Wohnung da.

3. Wohnung kündigen

Wenn du noch keine klare Vorstellung hast: Wie lange du reisen willst und wie es im Anschluss weiter geht, ist die Kündigung deine beste Option. So bist du absolut frei und hast keinen Klotz am Bein. Dafür hast du einen höheren Organisationsaufwand vor der Abreise. Denn du musst deine komplette Wohnung auflösen, deine Möbel und deinen Besitz verkaufen oder einlagern. Das kann so kurz vor der Weltreise stressig werden. Aber ich verspreche dir, danach wirst du dich befreit fühlen.

Vorteile

- Es ist die unkomplizierteste Lösung, gerade wenn noch vieles offen ist.
- Nach der Wohnungsübergabe musst du dich um nichts mehr kümmern.
- Du fühlst dich unglaublich frei.

Nachteile

- Es ist viel Arbeit eine ganze Wohnung aufzulösen.
- Nach deiner Rückkehr stehst du erst mal ohne Bleibe da.
- Die Wohnungssuche ohne Job und regelmäßiges Einkommen kann gerade in beliebten Städten eine Herausforderung sein.

Zusammenfassung: Wohnung

1. Wohnung leer stehen lassen: bequem, teuer
2. Wohnung untervermieten: Traumwohnung nicht aufgeben
3. Wohnung kündigen: frei sein

WOHNUNG UNTERVERMIETEN

Sehr viele Backpacker suchen sich daher einen Untermieter für die Zeit der Reise. Dabei hast du grundsätzlich zwei Möglichkeiten.

Möglichkeit 1:
Kurzfristig mit wechselnden Nutzern
Wenn du deine Wohnung auf Online-Portalen wie Airbnb oder 9flats anbietest, kannst du während der Reise sogar zusätzliches Geld verdienen. Aber einiges spricht gegen diese Variante.

Zuerst musst du deinen Vermieter von der Idee überzeugen, außer es ist deine Eigentumswohnung. Dein Vermieter wird wahrscheinlich Bedenken haben, da bei wechselnden Mietern ein höheres Risiko besteht.

Dann brauchst du eine Vertrauensperson vor Ort, die sich um die komplette Abwicklung kümmert und immer schaut, dass alles in Ordnung ist. Da dies mit einiger Arbeit verbunden ist, wirst du sie am Gewinn beteiligen müssen.

Noch ein Hinweis: In vielen Städten musst du deine Wohnung als Ferienwohnung anmelden, wenn du auch Touristen unterbringst. In Berlin ist es sogar verboten. Ab Ende April 2016 gilt in der Hauptstadt das sogenannte Zweckentfremdungsverbot, das der Nutzung normaler Wohnungen als Ferienwohnungen entgegenwirken soll. Bei Verstoß droht ein hohes Bußgeld. Alle Mieteinnahmen müssen natürlich versteuert werden.

Möglichkeit 2: Langfristig über gesamte Reisedauer mit nur einem Mieter

Viel besser ist, wenn du einen Untermieter für die gesamt Zeit findest. Folgendes musst du jetzt tun:

1. Erlaubnis vom Vermieter einholen: Der Deutsche Mieterbund empfiehlt etwa drei Monate vorher den Vermieter anzusprechen. Wenn du es versäumst und auffliegst, ist dies ein Kündigungsgrund. Wenn du bisher ein guter Mieter warst und nicht jahrelang wegbleiben willst, hast du eine reelle Chance.

Der Vermieter kann sich nicht weigern, solange du ein „berechtigtes Interesse" hast. Dazu gibt es ein aktuelles Urteil des Bundesgerichtshof (Az.: VIII ZR 349/13). In dem das Interesse zwar nicht genauer definiert ist, aber Beispiele genannt werden. Desweiteren muss der Vermieter „vernünftige Gründe" nennen, wenn er sich weigert. Zum Beispiel wenn er bereits schlechte Erfahrungen mit dir gemacht hat oder du unverhältnismäßig viele Personen in der Wohnung unterbringen willst.

Besteht er auf seiner Weigerung, hast du Anspruch auf Schadensersatz. Auch gibt es dir die Möglichkeit aus einem Zeitmietvertrag oder Vertrag mit langer Kündigungsfrist herauszukommen.

2. Untermieter finden: Am besten startest du in deinem Bekanntenkreis. Hör dich also bei Freunden, Familie und Kollegen um, die es dann weiter in ihrem eigenen Netzwerk streuen. Gerade in beliebten Städten mit großer Wohnungsnot findest du so sehr schnell einen Interessenten. Wenn ein Familienangehöriger deine Wohnung übernehmen will, brauchst du deinen Vermieter noch nicht einmal um Erlaubnis fragen.

Ansonsten kannst du im Internet dein Wohnungsangebot auf Plattformen wie WG-gesucht, Studenten-WG oder ebay Kleinanzeigen einstellen. Präsentiere deine Wohnung mit schönen Fotos und einer detaillierten Beschreibung. Wenn du in einer Uni-Stadt wohnst, ist die Nachfrage besonders zu Semesterbeginn groß.

Nimm dir viel Zeit bei der Auswahl deines Untermieters, denn du willst keinen Chaos-Mieter, der deine Wohnung verwüstet. Hinterfrage seine Motivation, warum er nur eine zeitlich begrenzte Wohnung sucht. Lass dir Sicherheiten (fester Job, Bürge) zeigen, dass er für die Miete aufkommen kann.

3. Miete vereinbaren: Du darfst vom Untermieter eine höhere Miete verlangen. Schließlich hast du noch Nebenkosten wie Heizung, Wasser, Strom, Internet und GEZ. Wenn du die Wohnung möbliert vermietest, kannst du auch einen Möblierungszuschlag für die Abnutzung nehmen.

Du kannst natürlich auch alles sauber trennen, indem du alle deine Verträge kündigst und dein Untermieter sich neu anmelden muss. Die sonstigen Nebenkosten vom Haus kannst du nach der Jahresabrechnung deines Vermieters an deinen Untermieter weiterreichen.

Überlege dir einfach, was dir lieber ist. Ihr könnt euch auch auf eine Pauschal-Miete einigen, dann hast du nur das Risiko, wenn es eine Erhöhung der Nebenkosten gibt.

Auf einmal sind die Rollen vertauscht, da du selber zum Vermieter wirst. Von daher solltest du ein paar Sicherheiten einbehalten, nur keine Scheu dein Vermieter hat das auch gemacht. Verlange eine Kaution für den Notfall. Irgendetwas geht immer zu Bruch oder nimmt Schaden. Bestehe auf der Zahlung der ersten Miete bei Vertragsunterzeichnung, das ist durchaus üblich. Die kommenden Monate sollte dein Untermieter die Miete bis zu einem vereinbarten Zeitpunkt auf dein Konto zahlen und du überweist das Geld dann weiter an den Vermieter.

4. Untermietvertrag abschließen: Der Vertrag wird zwischen dir und deinem Untermieter abgeschlossen. Er sollte für eine befristete Laufzeit gelten und der Grund für die Befristung muss angegeben werden. Ansonsten gilt das Mietverhältnis für unbestimmte Zeit und es gilt die gesetzliche Kündigungsfrist von drei Monaten.

Du haftest auch weiterhin für deine Wohnung und alle anfallenden Schäden (laut BGB § 540 Absatz 2). Von daher solltest du unbedingt eine Hausratsversicherung haben, die alle Schäden innerhalb der Wohnung abdeckt.

Die Haftpflichtversicherung deines Untermieters übernimmt alle Kosten für Schäden, die durch ihn verursacht werden. Diesen Punkt nimmst du am besten in den Vertrag mit auf, damit alles klar geregelt ist. Gegebenenfalls solltest du auch einen Passus zur Nutzung des WLANS aus Haftungsgründen mit einbauen.

Musterverträge findest du auf den Webseiten von Immobilienscout 24 und Tempoflat (Links s. Buch-Links auf Blog). Frag auch deinen Vermieter, meistens haben sie einen Untermietervertrag in der Schublade liegen.

Im Standard-Vertrag kannst du noch ein paar zusätzliche Grundregeln festlegen. Wie sieht es mit der Nutzung der Möbel, der Reinigung der Wohnung, dem Rauchen drinnen und so weiter aus. Wen soll dein Untermieter bei Schäden an der Wohnung oder dem Inventar informieren. Desweiteren würde ich noch eine detaillierte Inventarliste und ein Übergabeprotokoll dem Vertrag anhängen. Hier kannst du alles dokumentieren, welches Inventar vorhanden ist und in welchen Zustand du die Wohnung übergibst. Damit klar ist, was für Mängel es bereits gab und welche neu hinzugekommen sind. Mach auch gleich ein paar Fotos oder ein Video.

Weitere Tipps für die Untervermietung

- Halte deinen Vermieter während dem ganzen Prozess schriftlich auf dem Laufenden und gebe ihm die Kontaktdaten für deinen Untermieter.
- Organisiere einen Ansprechpartner vor Ort, der sich im Notfall um Dinge kümmern kann und mal bei der Wohnung vorbeischauen kann. Gib ihm alle wichtigen Dokumente und einen Ersatzschlüssel.

- Schreibe deinen Namen und den deines Untermieters auf das Klingelschild und den Briefkasten.
- Informiere deine Hausratsversicherung über deine Abwesenheit, meistens gilt der Schutz auch weiterhin.
- Wenn du Gewinn mit den Mieteinnahmen machst, musst du diese bei der Steuererklärung angeben.
- Entferne alles aus der Wohnung, wo dein Herz dran hängt oder es wertvoll ist. Denn nicht jeder geht sorgsam mit deinen Sachen um.
- Halte Kontakt zum Untermieter. Dann meldet er sich direkt, falls etwas vorgefallen ist. Auch bist du dann nicht länger irgendein Fremder und er behandelt hoffentlich deinen Besitz gut.

Zusammenfassung: Wohnung untervermieten

1. Kurzfristig mit wechselnden Nutzern: Geld verdienen, höheres Risiko
2. Langfristig über gesamte Reisedauer: weniger Risiko & Arbeit

Folgendes musst du nun tun:
// Hole dir die Erlaubnis deines Vermieters ein.
// Suche dir einen vertrauenswürdigen Untermieter, wenn es geht aus dem Freundes- oder Bekanntenkreis.
// Schließ einen zeitlich begrenzten Untermietvertrag mit ihm ab, wo du alle Details regelst.
// Pack deine Sachen und mach eine Wohnungsübergabe.

SCHRITT FÜR SCHRITT DIE WOHNUNG AUSMISTEN

Sobald klar ist, dass du eine Weltreise machst, kannst du anfangen auszumisten. Das entspannt die ganze Situation, weil du dich so stückchenweise durch die Wohnung vorarbeiten kannst. Es ist ein idealer Zeitpunkt, um unnützen Kram loszuwerden. Du kannst ihn verkaufen, umso deine Reisekasse auszubessern, einfach an Freunde verschenken oder einer sozialen Einrichtung spenden.

Hier sind ein paar Tipps fürs Ausmisten

- Hab ein klares Ziel vor Augen: Je mehr du deinen Besitz reduzierst, desto weniger musst du einpacken und einlagern. So sparst du Lagerkosten und kannst noch Gewinn durch den Verkauf machen.
- Besorg dir Kartons: Am besten direkt am Anfang, damit du beim Aussortieren alles in Kategorien sammeln kannst. Eine Box für den Verkauf, zum Verschenken, Spenden oder Wegschmeißen. Manchmal macht es Sinn, noch kleinteiliger zu sortieren: für Sarah, Verkauf Amazon und so weiter. Lass die „vielleicht-Box" ruhig ein paar Wochen stehen, bevor du dich final entscheidest.
- Fang einfach an: Such dir eine Ecke aus, wo du schnell erste Erfolge erzielen kannst. Vielleicht ist der Keller eine gute Idee, wo sowieso noch die gepackten Kartons vom letzten Umzug stehen. So motivierst du dich, weiter zu machen.
- Geh systematisch vor: Nimm dir jede Woche einen anderen Bereich vor: Kleiderschrank, Schuhe, Bücher, DVD-Sammlung, Schlafzimmer, Arbeitstisch, Küche, Keller, Arzneischrank, Badezimmer und so weiter.
- Mach jede Woche weiter: Such dir einen Tag in der Woche aus, wo du eine Stunde lang ausmistest. Vielleicht jeden Sonntagmorgen, dann wird es schnell zur Gewohnheit. So bleibt die Arbeit überschaubar und du bleibst dran. Nach ein paar Wochen wirst du die Veränderungen in der Wohnung sehen.
- Lass dir Zeit: Manchmal braucht es auch zwei bis drei Durchgänge, um sich von lieb gewonnen Sachen zu trennen und Entscheidungen zu treffen. Gerade am Anfang wird es dir schwerer fallen, aber mit der Zeit wird es leichter werden. Freu dich, wie viel du schon aussortiert hast. Es geht nicht darum alles loszuwerden, sondern auf die Dinge zu reduzieren, die dir wichtig und die nützlich sind.

- Kauf nichts Neues: Überleg dir bei jeder Neuanschaffung, ob es wirklich notwendig ist. Schließlich wirst du schon in ein paar Monaten auf Weltreise gehen. Investiere das Geld lieber in deine Reise. Verfall nicht in alte Verhaltensmuster und kaufe dir Kram, den du im Moment gar nicht gebrauchen kannst.

Diese Fragen helfen beim Aussortieren

- Warum besitzt du es? Ist es ein Gebrauchsgegenstand? Ist es Dekoration? Ist es ein Erinnerungsstück?
- Wann hast du es zuletzt genutzt? Brauchst du es immer noch? Wenn du es nur selten nutzt, lohnt es sich trotzdem, es aufzuheben?
- Ist es nützlich? Wie oft brauchst du es? Hast du Sachen mehrfach? Behalte es nicht, weil du es eventuell noch nutzen kannst.
- Wirst du es vermissen? Für viele Dinge fehlt dir einfach die Zeit, sie zu nutzen, zu lesen oder zu tragen. Wahrscheinlich wirst du gar nicht merken, wenn sie weg sind.
- Funktioniert es noch? Ist es veraltet?
- Wegschmeißen oder behalten? Bei alten Sachen und gerade bei sperrigen Möbeln sind die Lagerkosten oft höher, als sie nach der Rückkehr wieder neu oder gebraucht zu kaufen. Jedes Teil was du abgibst, bedeutet weniger Stress beim Umzug.
- Kleidung, Schuhe und Taschen: Oft nutzen wir nur 10 bis 20% aus unserem Kleiderschrank. Wie oft trägst du die Teile wirklich? Welche sind aus der Mode? Was ist kaputt oder abgenutzt?
- Wie sieht es mit der Bücher- oder DVD-Sammlung aus?
- Erinnerungsstücke sind wohl am schwierigsten. Frage dich, warum du sie behalten willst? Machen sie dich glücklich? Haben sie noch eine große Bedeutung für dich oder hast du dich nur an sie gewöhnt? Hättest du ein schlechtes Gewissen, wenn du sie wegschmeißt? Auch ohne den Gegenstand, behältst du deine Erinnerungen.

- Dokumente aussortieren: Was kann weg? Was ist nicht mehr aktuell (alte Verträge)? Achtung, für einige Unterlagen gibt es Aufbewahrungsfristen. Für das Finanzamt musst du die Dokumente zehn Jahre bewahren. Welche Dokumente kannst du einscannen?

Wohin mit dem Zeug?

Verkaufen: Im Internet gibt es viele Plattformen, auf denen du deine Sachen verkaufen kannst: Amazon, ebay Kleinanzeigen, Quoka oder Kalaydo. Kleinere Sachen kannst du problemlos verschicken. Bei größeren Sachen ist es praktischer die Option für Selbstabholer zu wählen.

Aber nicht immer lohnt sich die Arbeit, da du kaum Geld dafür bekommst. Falls du es nicht übers Herz bringst deine Bücher, DVDs und CDs wegzuschmeißen, kannst du sie gesammelt online verkaufen oder spenden. Hier sind ein paar Anbieter: Momox, Cashfix, Rebuy oder Medifanten.

Auf Kleiderkreisel kannst du deine Klamotten verkaufen oder verschenken. Ansonsten kannst du natürlich auch auf den Flohmarkt gehen oder Aushänge an schwarzen Brettern machen.

Verschenken: Fang bei deinen Freunden, der Familie und im Bekanntenkreis an, vielleicht kannst du jemanden mit deinen Sachen eine Freude machen. Ansonsten gibt es viele karitative Organisationen, die gerne Möbel oder Kleiderspenden entgegen nehmen. Informiere dich vorab genau, was sie gebrauchen können.

In vielen Städten findest du mittlerweile öffentliche Bücherschränke, in denen sich jeder frei bedienen kann. Dort finden deine Bücher schnell einen Abnehmer. Was auch immer gut in der Stadt funktioniert, ist eine Box rauszustellen und mit „Zu verschenken" zu beschriften. Stell sie an eine Stelle, wo viele Leute vorbeikommen, und sammle abends die Reste wieder ein.

Entsorgen: Alles was übrig bleibt, wird weggeschmissen. Viele Städte haben einen vierteljährlichen Sperrmüll-Abholservice, der oft sogar kostenlos ist. Wenn du ihn gerade verpasst hast, kannst du die Sachen auch selber zum Wertstoffhof fahren. Hausrat, Sperrmüll und Elektrogeräte kannst du dort kostenlos abgeben. Für Sondermüll wie Farben werden teilweise Gebühren erhoben.

Zusammenfassung: Wohnung ausmisten

- Fang früh genug an.
- Arbeite dich Stück für Stück durch die Wohnung. Geh systematisch vor.
- Sortiere alles direkt nach Verwendungszweck: Verkauf, Verschenken, Spenden, Entsorgen
- Verkaufen: Im Internet, Flohmarkt
- Verschenken oder Spenden: Freunden, Familie, Bekannte, karitative Organisationen
- Entsorgen: Sperrmüll anmelden oder zum Wertstoffhof fahren

VOR DER WELTREISE DIE WOHNUNG AUFLÖSEN

Woran musst du alles denken?

Alle Verträge kündigen

Sobald du weißt, wann es los gehst, kannst du theoretisch alles kündigen. Erledige das am besten in einem Schub, dann vergisst du nichts und kannst einen Haken an das Thema machen. Achte auf die Kündigungsfristen, meist sind das drei Monate.

Wenn du deine Wohnung kündigst, solltest du direkt mit deinem Vermieter klären, wie das mit den anderen Verträgen ist (Strom, Gas, etc.). Was musst du selber kündigen und was kann auf den Nachmieter übertragen werden. Denk auch an die Verträge fürs Internet, Kabelfernsehen, Telefon, Stellplatz und so weiter.

+++Tipp: Wenn du dich aus Deutschland abmeldest, kannst du das außerordentliche Kündigungsrecht nutzen. Es erlaubt dir bei Vorlage deiner Abmeldebestätigung früher aus vielen Verträgen zu kommen.

Möbel und Umzugskisten einlagern

Wenn du dich früh genug ums Ausmisten gekümmert hast, bleiben zum Schluss nur noch die großen Sachen übrig. Falls du noch Möbel verkaufen willst, ist jetzt der Zeitpunkt gekommen.

Für die restlichen Sachen, die du behalten willst, musst du einen Lagerplatz finden. Vielleicht kannst du es im Keller oder auf dem Dachboden deiner Familie oder Freunden abstellen. So weißt du, dass alles gut aufgehoben ist und sparst dir die Lagerkosten. Falls der Platz nicht reicht, kannst du es auf mehrere Orte aufteilen.

Ansonsten kannst du dir einem Lagerraum oder eine Lagerbox bei einer Spedition mieten. Vergleiche die Preise von den einzelnen Anbietern, in Großstädten ist es oft deutlich teurer, als im Umland. Erkundige dich wie die Sachen gelagert werden und ob sie gut geschützt gegen Feuchtigkeit, Staub und Nagetiere sind. Achte darauf, dass der Vertrag flexibel ist und du ihn jederzeit kündigen kannst.

In Zeitungsannoncen (besonders in lokalen Blättchen) findest du sehr günstige Lagerräume, die von Privatleuten angeboten werden. Nur leider sind es oft keine guten Lagerbedingungen. Gerade Kellerräume und Garagen sind meist zu feucht. Falls du nichts anderes findest, solltest du nichts direkt an die Wände oder auf den Boden stellen. An so Stellen sammelt sich gerne Kondesationswasser. Für den Boden kannst du zum Beispiel eine Holzpalette verwenden, so kann die Luft zirkulieren.

Aus der Wohnung ausziehen

Versuch nicht auf den letzten Drücker auszuziehen, denn vor der Abreise hast du noch so viel zu erledigen.

Schlaf die letzten Tage oder Wochen lieber auf der Couch von Freunden oder der Familie, so kannst du extra viel Zeit mit ihnen verbringen.

Wenn du Glück hast, ist gar nicht mehr so viel übrig geblieben und der Auszug ist schnell erledigt. Achte bei der Möbeldemontage darauf alle Bauteile zu beschriften und durchzunummerieren. Mach am besten Fotos, wenn du keine Montageanleitung mehr hast. Nach einem Jahr wirst du dich nicht mehr erinnern können. Lagere alles zusammen und sammle die Schrauben in einem kleinen Plastikbeutel, die du an einem Bauteil festklebst.

Verpacke alles sorgfältig, da du es länger lagerst. Beschrifte alle Kartons oder nummeriere sie durch. Mach dir eine Liste, was in jeder Box drin ist. Sonst musst du stundenlang suchen, wenn du nach deiner Rückkehr etwas brauchst.

Die letzten Dinge erledigen

- Alles was übrig geblieben ist und keiner haben will, zum Wertstoffhof bringen.
- Falls nötig Renovierungsarbeiten in der Wohnung machen.
- Die Wohnungsübergabe.
- Nachsendeauftrag bei der Post stellen und alles zu einer Vertrauensperson schicken lassen.
- Alternativ kannst du einen Service wie Dropscan nutzen, der deine gesamte Post entgegen nimmt, für dich digitalisiert und per Email zuschickt.
- Informiere alle über deine neue Postanschrift.
- Bei der Stadt ummelden oder abmelden - mehr Infos später.
- Beim Beitragsservice ARD ZDF Deutschlandradio abmelden.
- Bezahl die letzten noch offenen Rechnungen.
- Kündige alle Daueraufträge und Lastschrifteinzüge, die in Zukunft nicht mehr nötig sind.
- Kontrolliere die Schlussabrechnungen (Wasser, Strom, etc.) und ob dir die Kaution für die Wohnung überwiesen wurde.

Zusammenfassung: Wohnung auflösen

- Verträge kündigen: alles auf einmal erledigen, spätestens 3 Monate vorher (Kündigungsfristen?)
- Lagerplatz finden bei Familie, Freunden oder miete eine Lagerbox bei einer Spedition
- Wohnungsauszug: Beschrifte alles sauber, verpack es ordentlich, mach Fotos bei der Möbeldemontage
- Zieh möglichst ein paar Wochen vor der Abreise aus, dass entspannt die Zeit kurz vorher.
- Renovierungsarbeiten, Wohnungsübergabe, Nachsendeauftrag Post, GEZ, offene Rechnungen, Daueraufträge kündigen, etc.

AUTO ABMELDEN ODER VERKAUFEN?

Grundsätzlich hast du sogar drei Optionen, was du mit deinem Auto während der Weltreise machen kannst.

1. Auto verleihen

Wenn du eine vertrauenswürdige Person kennst, die das Auto in deiner Abwesenheit gut gebrauchen kann, schlägst du gleich zwei Fliegen mit einer Klappe. Du machst jemanden glücklich und sparst dir viel Organisationskram. Die Person könnte außerdem die laufenden Kosten übernehmen, vielleicht sogar eine geringe Miete zahlen.

Achtung: Da die Kfz-Versicherung weiterhin über dich läuft, musst du einen Wohnsitz in Deutschland haben und den neuen Fahrer in die Versicherung mit aufnehmen lassen.

Vorteile

- Du sparst Geld.
- Es ist besser fürs Auto, da eine Stilllegung keinem Wagen gut tut.
- Nach der Rückkehr hast du direkt ein Auto zur Verfügung.

Nachteile

- Je nachdem wem du dein Auto anvertraust, hast du ein Risiko, dass er nicht gut damit umgeht.
- Bei einem Unfall kann es passieren, dass du dich aus der Ferne darum kümmern musst.

2. Auto abmelden

Natürlich kannst du dein Auto einfach für die Dauer deiner Weltreise abmelden. So kannst du es behalten, dir laufende Kosten sparen und hast direkt einen fahrbaren Untersatz bei deiner Rückkehr. Dafür meldest du es bei der Kfz-Stelle ab, die automatisch eine Meldung an deine Versicherung rausschicken, wodurch diese endet und du auch keine Kfz-Steuer mehr zahlen musst.

Etwas schwieriger dürfte die Suche nach einem geeigneten Stellplatz sein. Denn du darfst das Auto nicht einfach an der Straße stehen lassen, dann wird es kostenpflichtig abgeschleppt und du musst ein Bußgeld zahlen. Ein abgemeldetes Auto muss immer auf privatem Grund stehen, das kann bei deinen Eltern sein oder du mietest dir eine Garage.

Vorteile

- Ein Auto abzumelden ist schnell erledigt.
- In der Abwesenheit fallen wahrscheinlich keine Kosten an.
- Nach der Weltreise hast du direkt ein Auto.

Nachteile

- Du musst einen geeigneten Stellplatz finden, wodurch zusätzliche Kosten entstehen können.
- Es ist nicht gut für ein Auto, es längere Zeit draußen stehen zu lassen.

3. Auto verkaufen

Die letzte Option ist zwar mit etwas mehr Aufwand verbunden, befreit dich dafür komplett vom Auto. Das mag besonders attraktiv klingen, wenn du nicht genau weißt, wie lange du reist und was du danach machen willst.

Je nachdem was für ein Auto du besitzt und in welchem Zustand es ist, dauert die Suche. Fang mindestens drei Monate vor deiner Abreise an.

Vorteile

- Durch den Autoverkauf besserst du deine Reisekasse aus.
- Dann bist du alle Sorgen um dein Auto los.

Nachteile

- Ein Auto zu verkaufen, kostet oft viel Zeit (Angebote online einstellen, Besichtigungstermine, etc.).
- Wenn du Pech hast, bekommst du weniger Geld für den Wagen, als du dir vorgestellt hast.

Zusammenfassung: Auto

1. Auto verleihen: besser fürs Auto, Versicherung informieren
2. Auto abmelden: Stellplatz finden, abmelden
3. Auto verkaufen: Käufer suchen, Einnahmen für Reisekasse

3.2 - GESUNDHEITSVORSORGE

ARZTGESPRÄCH

Vor der Reise solltest du ein ausführliches Gespräch mit deinem Hausarzt führen, in dem du ihm von deinen Reiseplänen erzählst. Er kann dich entsprechend beraten, welche Impfungen noch aufgefrischt werden müssen und welche noch fehlen. Ob du dir Gedanken über vorbeugende Maßnahmen gegen Malaria machen solltest, falls du durch Risikogebiete reist. Und welche Medikamente sinnvoll für die Reiseapotheke sind, auch unter Berücksichtigung deiner bisherigen Erkrankungen.

Ausführliche Informationen zu Impfungen und Tropenkrankheiten findest du auf den nachfolgenden Seiten. Tipps für die Reiseapotheke sind im Kapitel Packen.

Verschreibungspflichtige Dauermedikamente

Falls du regelmäßig Medikamente einnimmst, solltest du dies auch mit deinem Arzt besprechen. Grundsätzlich hast du drei Optionen:

1. Lass dir von deinem Arzt ein privates Rezept für das Medikament ausstellen, so dass es für die komplette Reise reicht. Das Rezept und die Kosten fürs Medikament musst du selber zahlen. Pack alle Medikamente ein, die du für die Reise benötigst.
2. Nimm nicht den ganzen Vorrat mit, vielleicht bist du mit einem Freund verabredet und er kann dir Nachschub mitbringen. Alternativ kannst du dir den Rest per Post schicken lassen, aber das könnte Probleme mit dem Zoll geben.
3. Natürlich kannst du im Ausland zum Arzt gehen und dir die Medikamente verschreiben lassen. Oft sind das andere Hersteller, aber mit etwas Glück findest du ein Medikament mit den gleichen Wirkstoffen. Im Notfall muss es erst bestellt werden.
   Erkundige dich vor der Reise, welche Medikamente du im Ausland bekommst. Die Kosten für das Medikament werden nicht von der Auslandskrankenversicherung übernommen, da es sich um eine Vorerkrankung handelt, die nicht versichert sind.

Achtung: Jedes Land hat andere Bestimmungen, welche Medikamente eingeführt werden dürfen. Du solltest auf jeden Fall eine ärztliche Bescheinigung dabei haben. Wenn du mit vielen lebenswichtigen Medikamenten unterwegs bist, solltest du vorab abklären, ob du mit ihnen einreisen darfst.

Um Probleme mit dem Zoll zu vermeiden, listest du am besten alle Medikamente (Bezeichnung, Dosierung, Gesamtmenge) auf und lässt diese von deinem Arzt mit Stempel und Unterschrift bestätigen. Idealerweise ist die Bescheinigung auf Deutsch, Englisch, Spanisch und Französisch. Eine Vorlage findest du auf der Link-Seite.

Internationaler Notfallausweis
Bei chronischen Krankheiten und Allergien macht es Sinn, dass du dir einen internationalen Notfallausweis vom Arzt ausstellen lässt. Im Ausweis stehen alle wichtigen Informationen, die ein Arzt im Notfall für die Behandlung benötigt.

Gesundheits-Check-Up & Vorsorgeuntersuchungen

Solange du noch eine Krankenversicherung in Deutschland hast, solltest du dich noch einmal komplett durchchecken lassen. Warte damit nicht bis kurz vor der Abreise, falls eine weitere Behandlung erforderlich ist, hast du so noch genug Zeit. Außerdem wartest du bei Fachärzten teilweise mehrere Monate bis du einen Termin bekommst.

Welche Vorsorgeuntersuchungen (Zahn-, Frauen-, Augenarzt) stehen sonst noch an?

Zusammenfassung: Gesundheitsvorsorge

// Lass dich bei deinem Hausarzt beraten
// Verschreibungspflichtige Dauermedikamente (Kosten für Rezept und Medikamente selber übernehmen)
1. Gesamten Vorrat mitnehmen.
2. Teil-Vorrat mitnehmen + Rest mitbringen lassen, wenn du Freund triffst.
3. Im Ausland kaufen, Verfügbarkeit prüfen.
Achtung: Nimm eine ärztliche Bescheinigung mit, sonst gibt's Probleme mit dem Zoll.
// Vorsorgeuntersuchungen: Vereinbare Termine früh genug.
// Noch ein Tipp: Lass dir vom Arzt ein Tauchattest ausstellen, falls du auf Reisen einen Tauchschein machen willst. Viele Tauchschulen verlangen eine Bescheinigung, aber auch sonst ist es gut zu wissen, dass du fit fürs Unterwasser-Abenteuer bist.

WELCHE IMPFUNGEN BRAUCHST DU?

Vor der Weltreise solltest du auf jeden Fall einen Arzt aufsuchen, um dich umfassend beraten zu lassen. Oft ist ein Tropenmediziner besser geeignet dich zu beraten, als dein Hausarzt. Dieser gibt dir Empfehlungen für Impfungen und klärt dich über mögliche Risiken, die Nebenwirkungen und die beste Vorgehensweise auf. Nachdem du entschieden hast, welche Impfungen du haben willst, wird er mit dir einen entsprechenden Impfzeitplan erarbeiten.

Es gibt ein paar Standard-Impfungen für Reisende und der Rest ist abhängig davon, wohin du reist und wie du reisen willst. Als Abenteurer, der gerne durch entlegene Gebiete mit schlechter medizinischer Versorgung reist, solltest du dich besser absichern. Genauso wenn du planst als Volunteer mit Tieren oder in gefährdeten Gebieten zu arbeiten.

Noch ein Hinweis: Ich bin kein Arzt, die nachfolgenden Informationen sind sorgfältig recherchiert oder sind meine persönlichen Erfahrungen. Auf jeden Fall solltest du dich durch einen Arzt beraten lassen.

Der Impfzeitplan

Wenn du nur ein paar Auffrischungen benötigst, musst du dir um diesen Punkt keine Gedanken machen. Dann reicht es oftmals einen Monat vorher die Impfung zu erhalten. Alle anderen sollten früh genug, am besten sechs bis acht Monate vorher zur Impfberatung gehen. Um einen langwirksamen Impfschutz zu erhalten, musst du früh genug anfangen, da du teilweise drei Spritzen in bestimmten Zeitintervallen erhalten musst.

Damit dein Körper nicht überfordert ist, wird dein Arzt einen Impfzeitplan erstellen, um alles aufeinander abzustimmen. Am besten ist er nicht zu knapp kalkuliert, und hat ein wenig Puffer. So könnt ihr eine Pause machen, falls du etwas nicht gut verträgst oder zwischendurch krank wirst. Außerdem kam es in letzter Zeit öfters zu Lieferengpässen bei Impfstoffen, besonders kurz vor der Hauptreisezeit im Sommer.

Jetzt keine Panik, falls du nur noch ein paar Monate bis zur Abreise hast. In den meisten Fällen reichen zwei Impfungen aus, um einen Impfschutz zu haben. Dieser hält zwar nicht so lange, aber für eine Weltreise reicht es meistens.

Impfbuch: Lass alle Impfungen in dein gelbes internationales Impfbuch eintragen und nimm es mit auf Weltreise. Noch ein Tipp: Erkundige dich beim Impfen, wann die nächste Auffrischung fällig ist und trage dir das Datum mit Bleistift daneben ein. So behältst du den Überblick für spätere Reisen.

Wer übernimmt die Impfkosten?

Die Ständige Impfkommission (STIKO) veröffentlicht jedes Jahr eine Liste mit Standardimpfungen, die von allen Krankenkassen übernommen werden. Darüber hinaus bezahlen viele Kassen noch typische Reiseimpfungen, was aber sehr unterschiedlich ist. Eine Übersicht findest du hier, welche Impfkosten von welcher Krankenkasse übernommen werden, findest du auf der Link-Seite. Ansonsten kannst du dich auch direkt bei deiner Kasse erkundigen.

Kostenerstattung

Meistens musst du die Kosten für die Reiseimpfungen vorstrecken und im Anschluss bei deiner Krankenkasse einreichen. Hierfür schickst du alle Belege, Arztrechnung und Quittung Impfstoff, per Post an die Krankenversicherung. Nach der Prüfung werden dir die Kosten erstattet, wenn alles korrekt ist.

Standardimpfungen: Tetanus, Diphtherie und Polio
Folgende Standardimpfungen sind weltweit empfohlen: Tetanus, Diphtherie und Polio. Wahrscheinlich bist du bereits gegen sie geimpft und brauchst vielleicht eine Auffrischung. Das gute ist, dass es einen Kombi-Impfstoff gibt, so dass du nur eine Spritze bekommst.

Auffrischung: nach 10 Jahren

Hepatitis A+B
Für die beiden gibt es ebenfalls einen Kombi-Impfstoff. Die meisten Reisenden lassen sich gegen Hepatitis impfen.

Hepatitis A
- Übertragung: verunreinigtes Wasser und Nahrungsmittel
- Impfung: 2 Impfungen, zweite nach ca. 6 Monaten
- Impfschutz nach 10 Tagen
- Auffrischung: nach 10 Jahren

Hepatitis B
- Übertragung: Körperflüssigkeiten
- Impfung: 3 Impfungen, zweite nach 28 Tagen, dritte nach ca. 6 Monaten
- Bei Zeitdruck können die Impfintervalle verkürzt werden: zweite nach 7 Tagen, dritte nach weiteren zwei Wochen; vierte nach 12 Monaten (empfohlen)
- Impfschutz nach vier bis acht Wochen

Auffrischung: Meistens ist keine Auffrischung mehr erforderlich. Über einen Bluttest wird kontrolliert, ob sich ausreichend viele Antikörper gebildet haben. Falls nicht erhältst du eine Auffrischungsimpfung.

Typhus
Bei Reisen in Länder mit unzureichender Hygiene und Trinkwasserversorgung, besonders wenn du durch entlegene Gebiete reisen und in diesen als Volunteer arbeiten willst.

- Übertragung: verunreinigtes Wasser und Nahrungsmittel
- Impfung: per Spritze oder Schluckimpfung
- Spritze: einmalige Injektion
- Schluckimpfung: 3 Mal am ersten, dritten und fünften Tag
- Impfschutz nach 10 Tagen
- Auffrischung: nach 3 Jahren

Gelbfieber

Bei Reisen durch ein Gelbfieber-Gebiet, die es in den tropischen Teilen von Afrika und in Lateinamerika gibt. Zusätzlich verlangen einige Länder (u.a. in Zentral- und Südamerika, Zentralafrika) bei der Einreise einen Nachweis für einen Impfschutz, wenn du vorab durch ein Gelbfieber-Gebiet gereist bist. Auf der Karte siehst du, für welche Länder es zutrifft:

- Übertragung: Mücken
- Impfung: einmalige Spritze
- mindestens 10 Tage vor Einreise
- Auffrischung: nicht erforderlich

"Die Weltgesundheitsorganisation hat der Änderung hinsichtlich der Gelbfieber-Impfschutzdauer im Mai 2014 zugestimmt. Demnach ist eine einmalige Gelbfieber-Impfung erforderlich um einen lebenslangen Schutz zu gewährleisten. Eine Auffrischimpfung wird demnach nicht mehr erforderlich sein. Bis 11. Juli 2016 sollte die Internationale Gesundheitsvorschrift (IGV) welche eine einmalige Gelbfieber-Impfung vorsieht, in Kraft treten. Allerdings sind die Bestimmungen noch in vielen Ländern nicht umgestellt worden. Daher ist es sinnvoll bei Reisen in Länder mit Gelbfieber-Impfvorschriften (auch Transit), sich über die jeweiligen aktuellen Vorschriften bei einer autorisierten Gelbfieber-Impfstelle oder der Botschaft des Einreiselandes zu informieren." - Quelle: fit for travel

Tollwut

Die Krankheit ist weltweit verbreitet und kommt auch in typischen Backpacking-Ländern in Südostasien vor. Bei einer Bisswunde in einem Tollwut-Risikogebiet solltest du immer die Wunde gründlich reinigen und umgehend zum Arzt gehen. Wenn du nicht geimpft bist, wird der Arzt eine aktive und eine passive Immunisierung gegen Tollwut vornehmen. Bei einer vorhandenen Schutzimpfung, wird er nur die aktive Impfung erneuern.

Die Impfung alleine schützt dich jedoch nicht vorm Ausbruch der Krankheit. Warum also überhaupt vorab impfen lassen? Damit erhöhst du deine Überlebenschancen und verschaffst dir etwas Zeit. Nicht geimpft ist es enorm wichtig, dass du zeitnah geimpft wirst, am besten innerhalb von Stunden. Je früher das passiert desto höher sind deine Chancen. Was gelegentlich ein Problem sein kann, weil du auf die Schnelle einen Arzt finden musst, der den Impfstoff vorrätig hat.

Ohne rechtzeitige Behandlung stirbst du an Tollwut.

- Übertragung: Tierbiss oder Hautverletzung, die mit infiziertem Speichel in Berührung kommt durch Straßenhunde (über 90%), Fledermäuse, Waschbären, Füchse, etc.
- Impfung: 3 Impfungen, zweite nach 7 Tagen, dritte nach weiteren zwei bis drei Wochen; einige Hersteller empfehlen eine vierte Impfung nach einem Jahr
- Auffrischung: alle 2 bis 5 Jahre (Empfehlung variieren je nach Hersteller)

Japanische Enzephalitis

Bei Reisen durch ländliche Risikogebiete in Süd-, Ost- und Südostasien, besonders während der Regenzeit.

- Übertragung: Mücken
- Impfung: 2 Impfungen, zweite nach 28 Tagen
- Impfschutz nach 10 Tagen
- Auffrischung: nach 1 bis 2 Jahren

Cholera

- Bei Reisen durch Cholera-Risikogebiete.
- Übertragung: verunreinigtes Wasser
- Impfung: 2 Schluckimpfungen, zweite nach 1 bis 6 Wochen
- Auffrischung: nach 2 Jahren

Zusammenfassung: Impfungen

- Lass dich auf jeden Fall von einem Arzt beraten, am besten von einem Tropenmediziner.
- Geh früh genug zum Arzt, besonders wenn du mehrere Impfungen brauchst.
- Lass alle Impfungen in dein gelbes internationales Impfbuch eintragen.
- Standardimpfungen (Tetanus, Diphtherie & Polio) werden von KV übernommen
- Reiseimpfungen teilweise, das ist bei jeder Krankenkasse anders.
- Erkundige dich bei deiner KV.

Link-Tipps
www.fit-for-travel.de/impfungen
tropeninstitut.de/impfungen-a-z

SO SCHÜTZT DU DICH VOR TROPENKRANKHEITEN

In den Tropen können Mücken gefährliche Krankheiten übertragen. Ein Mückenstich reicht schon aus, um dich anzustecken. Mit dem richtigen Mückenschutz kannst du das Risiko einer Erkrankung minimieren, einen 100-prozentigen Schutz gibt es nicht. Darüber hinaus gibt es kaum Impfungen, lediglich für Gelbfieber und die Japanische Enzephalitis.

Nachdem du infiziert wurdest, kann es Tage oder Wochen dauern bevor die Krankheit ausbricht. Je nach Erreger und körperlichen Zustand verläuft die Krankheit wie eine Grippe, es kann aber zu lebensgefährlichen Komplikationen kommen. Gerade wenn du alleine unterwegs bist, brauchst du dann Hilfe. Von daher ist es wichtig, dass du früh genug zum Arzt gehst, wenn du grippeähnliche Symptome über mehrere Tage hast und durch ein betroffenes Gebiet gereist bist.

Tropenkrankheiten gibt es in tropischen und subtropischen Gebieten, wobei jede Krankheit ein anderes Ausbreitungsgebiet hat. Da sich diese auch ständig ändern, schaust du am besten online nach aktuellen Informationen.

Hilfreich finde ich die Webseite des Auswärtigen Amtes, da es hier immer aktuelle medizinische Hinweise für jedes Land gibt. Generell ist es eine gute Idee, vorab mit deinem Arzt oder einem Tropenmediziner zu sprechen und dich beraten zu lassen.

Malaria

Malaria ist ein Sonderfall, da du vorbeugend eine Chemoprophylaxe einnehmen kannst. Das ist ratsam, wenn du durch ein Gebiet mit einer hohen Malariagefahr reist und es keine gute medizinische Versorgung vor Ort gibt. Jedoch bist du damit nicht komplett geschützt, da es mittlerweile resistent Mückenstämme gibt.

Alternativ kannst du ein Stand-By-Medikament mitnehmen, was du bei einem Verdachtsfall einnimmst. So gewinnst du etwas Zeit, um einen Arzt aufzusuchen, aber es ersetzt nicht die Behandlung. Denn es gibt mehrere Malaria-Formen, die unterschiedlich behandelt werden. Nur ein Arzt kann das mit einer Blutuntersuchung feststellen und eine entsprechende Behandlung festlegen.

Informiere dich vorab bei einem Arzt über das Risiko und wäge deine Optionen ab, denn das Malaria-Mittel ist belastend für den Körper. Du kannst dir das Medikament bereits in Deutschland besorgen. Alternativ erhältst du es auch unterwegs in den betroffenen Ländern, wo es meisten deutlich günstiger ist.

So vermeidest du Mückenstiche

Die kleinen Biester sind Profis im Aufspüren ihrer Opfer, einige haben sich komplett auf Menschen spezialisiert. Durch das ausgeatmete Kohlendioxid und Körperdüfte finden sie uns. Es gibt mehrere Mückenarten, die uns gefährlich werden können.

Wobei man sie in zwei Gruppen einteilen kann: die nachtaktiven Moskitos, die sauberes Wasser benötigen und in ländlichen Gebieten leben. Und die tagaktiven Mücken, die sich perfekt an urbane Regionen angepasst haben.

Dort nutzen sie jede kleine Pfützen zur Eiablage. Sie sind Überträger vom Dengue Fieber und dem Zika-Virus.

Nachts ist es viel einfacher sich mit einem Moskitonetz zu schützen. Dagegen kannst du dich tagsüber nur durch das regelmäßige Auftragen von Mückenspray schützen. Was gerade in den heißen Tropen lästig ist, da du durchs Schwitzen es ständig neu auftragen musst.

Wenn du durch Gebiete mit einer erhöhten Ansteckungsgefahr reist, empfiehlt es sich besonders auf einen sorgsamen Mückenschutz zu achten. Bei akuten Vorfällen solltest du besser nicht in diese Region reisen. Falls doch, solltest du langärmelige Kleidung tragen und regelmäßig Mückenspray auftragen. Überall wo sich Mücken wohlfühlen, würde ich das auch machen, um Mückenstiche zu vermeiden. Das sind vor allem Feuchtgebiete und der Dschungel.

Mückenspray

Mückenschutzmittel gibt es als Spray und Lotion. Hier empfehle ich dir das Mückenspray, da du es auch auf deine Kleidung sprühen kannst. Es gibt Mückenschutzmittel auf Pflanzenbasis und chemische Mittel. In den Tropen kannst du in größeren Städten immer Mückensprays kaufen, nur Mittel mit einer hohen DEET-Konzentration sind schwer zu bekommen.

Der chemische Mückenschutz enthält Diethyltoluamid (DEET). Je höher die DEET-Konzentration ist, desto länger der Schutz. Bei 95% hast du einen Schutz von etwa zehn Stunden. Diese Mittel sind sehr teuer und oft nur in Apotheken erhältlich. Zudem können sie allergische Hautreaktionen hervorrufen. Viele Mittel haben einen DEET-Anteil von 10 bis 30%, was für drei bis fünf Stunden vorhält.

Kleidung

Zieh vor allem abends etwas Langärmeliges an, um dich vor Mückenstichen zu schützen. Reist du durch ein Gebiet mit hoher Denguefieber Ansteckungsgefahr, solltest du auch tagsüber lange Sachen tragen.

Wer auf Nummer sicher gehen will kann Kleidung mit einem festgewebten Stoff tragen, da diese stichfester sind. Gerade in den Tropen ist das jedoch unangenehm, da sie viel zu heiß und nicht luftdurchlässig ist. Als zusätzlichen Schutz kannst du die Kleidung mit einem Insektizid (z.B. Permethrin) imprägnieren oder sprühst einfach etwas Mückenspray auf deine Klamotten.

Mückenschutz bei nachtaktiven Moskitos
Besonders während der Dämmerung musst du aufpassen, weil dann die Mücken am aktivsten sind. Entweder hältst du dich in dieser Zeit nicht draußen auf oder triffst entsprechende Schutzmaßnahmen.

Am besten ziehst du dir langärmlige weite Kleidung an. Wenn du abends irgendwo sitzt, kannst du zusätzlich Zitronella-Kerzen, Räucherspiralen oder elektrische Geräte nutzen. Oder du setzt dich an eine windige Stelle, denn Mücken mögen keinen Wind.

Nachts im Zimmer bist du durch das Moskitonetz über dem Bett geschützt. Achte schon bei der Zimmerauswahl darauf, dass es eins gibt. Natürlich kannst du auch selber eins mitbringen, aber das ist meistens nicht notwendig. Mit einem Klebeband kannst du kleine Löcher im Moskitonetz flicken.

Wenn du ohne Moskitonetz schläfst, versuch möglichst alle Mücken im Zimmer vorm Schlafengehen zu töten und die Badezimmertür zu schließen. Ein weiterer Trick ist den Ventilator einzuschalten, da Mücken den Luftzug nicht mögen.

Mückenschutz bei tagaktiven Moskitos
In Gebieten mit einer erhöhten Dengue-Fieber-Gefahr solltest du auch tagsüber eher längere Kleidung tragen und regelmäßig Mückenspray nutzen. Was bei der Hitze der Tropen nicht unbedingt so umsetzbar ist, da es viel zu heiß ist. Wenn du viel schwitzt, musst du öfter das Mückenspray neu auftragen. Gerade in Städten bin ich schon oft in Häusern gestochen worden, da Mücken kühle dunkle Ecken mögen.

Zusammenfassung: Tropenkrankheiten

- Viele Krankheiten werden in den Tropen durch Mücken übertragen.
- Es gibt nur Impfungen gegen Gelbfieber & Japanische Enzephalitis.
- Für Malaria kannst du vorbeugend Medikamente einnehmen.
- Malaria kann behandelt werden, bei anderen nur Symptombehandlung.
- Geh bei einem Verdacht zum Arzt, wenn du grippeähnliche Symptome über mehrere Tage hast.
- Mückenschutz: tagsüber Mückenspray, abends lange Kleidung, nachts Moskitonetz
- Tipp: aktuelle medizinische Hinweise für Länder weltweit erhältst du beim Auswärtigen Amt

KRANKENVERSICHERUNG IN DEUTSCHLAND

Wenn du bei einer gesetzlichen Krankenversicherung in Deutschland versichert bist, hast du auch einen Anspruch auf eine medizinische Versorgung in vielen europäischen Ländern. Das sind die Länder im Schengen-Raum, die ein Sozialabkommen mit Deutschland haben. Eine Übersicht zum Versicherungsschutz im Ausland findest du auf der Webseite vom Bundesministerium für Gesundheit.

Für diese Länder brauchst du eine Europäische Krankenversicherungskarte (EHIC). Informiere dich vorab, was die jeweiligen Regelungen für das Land sind und wie lange der Versicherungsschutz gilt. Teilweise haben Krankenkassen zusätzliche Vereinbarungen mit bestimmten Vertragskliniken, in denen du oft mehr Leistungen erhältst.

Wenn du planst nur durch Europa zu reisen, musst du nicht unbedingt eine zusätzliche Auslandskrankenversicherung abschließen. Aber im Vergleich zur deutschen Krankenversicherung ist diese deutlich günstiger. Nur wenn du vorhast ebenfalls durch Deutschland zu reisen, würde ich dir raten deine Krankenversicherung in Deutschland zu behalten.

Kündigung der deutschen Krankenversicherung

Bei der gesetzlichen Krankenkasse musst du als Angestellter gar nichts tun, da die Versicherung automatisch mit der Kündigung deines Jobs endet. Du brauchst auch keine Anwartschaft bei der Krankenversicherung abschließen, weil diese verpflichtet ist, dich nach deiner Rückkehr wiederaufzunehmen.

Wenn du deinen Wohnsitz in Deutschland nicht abmeldest, bist du verpflichtet eine Krankenversicherung zu haben. Falls deine Versicherung einen Nachweis für deine Reise verlangt, reicht es meistens aus ihnen die Auslandskrankenversicherung vorzulegen.

Nach der Weltreise bist du automatisch krankenversichert, wenn du dich bei der Agentur für Arbeit arbeitslos meldest oder einen neuen Job als Angestellter antrittst.

Brauchst du bei der gesetzlichen Krankenversicherung eine Anwartschaft?

Seit der Gesundheitsreform im April 2007 ist das nicht mehr notwendig, solange du vor der Reise bei einer GKV pflichtversichert warst. Deine vorherige Krankenkasse ist verpflichtet dich wieder aufzunehmen. Das nennt sich "Kontrahierungszwang", unabhängig von deinem Gesundheitszustand müssen sie dich wieder versichern.

Als Freiwilliger in der gesetzlichen Krankenkasse musst du fristgerecht kündigen (meist zwei Monate zum Monatsende). Ich war vor und nach meiner Weltreise selbstständig und hatte keinerlei Probleme wieder bei meiner alten Versicherung aufgenommen zu werden. Aber das ist von Fall zu Fall verschieden, daher solltest du Kontakt zu deiner Versicherung aufnehmen, um alles zu klären. Gegebenenfalls musst du für die Zeit der Reise eine Anwartschaft abschließen.

Etwas anderes ist es bei Privatversicherten, diese sollten eine Anwartschaft abschließen, um nach der Rückkehr zu den gleichen Konditionen und Beiträgen krankenversichert zu sein. Die Anwartschaft kostet meist zwischen 50 bis 150 Euro pro Monat. Kündige fristgerecht und erkundige dich nach den Konditionen einer Anwartschaft.

+++Tipp: Falls du noch Zusatzversicherungen für die Zähne oder Brille hast, solltest du diese ebenfalls kündigen.

AUSLANDSKRANKENVERSICHERUNG

Alle anderen benötigen eine Langzeit-Auslandskrankenversicherung, die für die gesamte Reisedauer gilt. Du musst keine zwingend abschließen, aber ich rate dir dazu. Denn es kann immer etwas auf Reisen passieren und mit einer guten Auslandskrankenversicherung bist du im Notfall abgesichert.

Wenn du einen Unfall hast oder an Malaria erkrankst, willst du eine gute medizinische Versorgung haben, ohne dir Gedanken über die Kosten zu machen. In diesen Momenten sollte deine Gesundheit immer Vorrang haben und Geld keine Rolle spielen. Durch Rettungseinsätze, Krankenaufenthalte und Operationen entstehen schnell hohe Kosten. Ohne eine Versicherung kannst du dir das gar nicht leisten oder verschuldest dich.

Bei den meisten Anbietern kannst du nachträglich den Versicherungszeitraum verlängern oder zu viel gezahlte Prämien erstattet bekommen, falls du früher zurück kommst. Was ideal ist, wenn du noch nicht weißt, wie lange du reisen wirst. Außerdem gibt es spezielle Angebote für junge Leute, die als Au-Pair oder mit einem Working Holiday Visum im Ausland arbeiten wollen.

Welche Leistungen sind mit eingeschlossen?

Eine Auslandskrankenversicherung ist so viel günstiger als jede Krankenversicherung in Deutschland, weil sie keinen so umfangreichen Schutz bietet. Sie ist nur für Notfälle gedacht. Sobald du ernsthaft erkrankst oder eine Reha nach einer schweren Verletzung benötigst, wirst du nach Deutschland zurückkehren. Dann übernimmt die deutsche Krankenversicherung wieder deinen Versicherungsschutz und muss für die hohen Kosten aufkommen.

Eine Auslandskrankenversicherung erstattet nur die Kosten für „medizinisch notwendige" Behandlung von Krankheiten und Unfallverletzungen, die während der Reise passieren. Darüber hinaus übernimmt sie die Kosten für den Rücktransport in die Heimat.

- Work-and-Travel, Volunteering, Wwoofing & Co. sind abgedeckt, meist aber nicht reguläre Arbeit
- Alle Sportarten sind versichert, mit Ausnahme von Berufssportlern und Wettkampfteilnahme
- Arzt- und Krankenhauskosten für ambulante und stationäre Behandlung inkl. Operationen
- Krankentransport zur stationären Behandlung
- Ärztlich verordnete Arznei-, Verband- und Hilfsmittel
- Schmerzstillende Zahnbehandlung und unfallbedingter Zahnersatz (provisorisch)
- Rettungs- und Bergungskosten bei Unfällen
- Medizinisch sinnvoller Rücktransport
- Im Todesfall: Überführungskosten und Bestattungskosten vor Ort

Achtung: Nicht immer werden jedoch alle Kosten übernommen, sondern sind durch Deckungssummen begrenzt.

Folgende Punkte sind meist nicht mit eingeschlossen:

- Kein Versicherungsschutz besteht in Deutschland und im Land, wo dein ständiger Wohnsitz ist. Einzige Ausnahme ist der teilweise angebotene Heimaturlaub.
- Kein Versicherungsschutz in Ländern mit Reisewarnung vom Auswärtigen Amt.
- Vorerkrankungen und chronische Erkrankungen sind nicht abgedeckt.
- Absehbare Folgen von Krankheiten und Verletzungen, die vor der Reise passiert sind.
- Schäden, die von dir vorsätzlich herbeigeführt wurden.
- Impfungen, Zahnersatz, vorbeugende Untersuchungen (Check-Ups, Sportuntersuchungen), Vorsorgeuntersuchungen (Krebsfrüherkennung), Psychotherapie, Reha- & Kuraufenthalte, Entziehungskur, Selbstmord, Behandlung von HIV-Infektion, etc.
- Durch Streik, innere Unruhen, Kriege, Kernenergie, Eingriffe von hoher Hand, Teilnahme an Expeditionen und Vorsatz entstandene Erkrankungen oder Unfälle.

Noch ein paar Hinweise:

Selbstbeteiligung (Selbstbehalt)

Viele Versicherer bieten günstigere Tarife mit Selbstbeteiligung an. Das bedeutet, dass du bei jedem Arztbesuch pauschal einen Betrag mittragen musst, egal wie hoch die tatsächliche Summe ist. Wie hoch die Selbstbeteiligung ist, variiert dabei. Schnell zahlst du bei einer Versicherung mit Selbstbeteiligung am Ende mehr. Nur in Ländern mit geringen medizinischen Kosten, wirst du Geld sparen können.

Heimaturlaub
Einige Versicherer bieten einen 4- bzw. 6-wöchigen Heimaturlaub bei längeren Reisen an. So bist du während der Reiseunterbrechung in Deutschland krankenversichert. Wenn du sowieso vorhast zwischendurch vorbeizuschauen, solltest du darauf achten, dass deine Versicherung einen Heimaturlaub anbietet. Auch für alle Anderen ist es interessant, da auf einer Weltreise immer etwas passieren kann, dass einen Zwischenstopp in der Heimat notwendig macht.

USA und Kanada
Eine Sonderrolle spielen die USA und Kanada, weil die Kosten des Gesundheitssystems dort extrem hoch sind, deshalb verlangen Versicherer höhere Prämien für Reisen nach Nordamerika. Im Grunde wäre das nicht weiter schlimm, wenn du diese entsprechend nur für die Zeit deines Aufenthaltes zahlen müsstest. Aber da du eine Versicherung immer für die gesamte Reise abschließen musst und die Tarife nicht wechseln darfst, zahlst du die höhere Prämie inkl. USA/Kanada für die gesamte Reise. Und das ist viel Geld.

Im Moment kenne ich eine Versicherung, die dir erlaubt mehrere Tarife miteinander zu kombinieren. Dafür musst du vor der Reise festlegen, wann du dich in Nordamerika aufhältst. Dann musst du die hohe Prämie nur für einen überschaubaren Zeitraum zahlen. Alternativ bieten einige Versicherer einen 14-tägigen Aufenthalt in Nordamerika bei einer langen Reisen mit an.

Wie schließt du die Versicherung ab?
Vor der Abreise musst du die Versicherung noch in Deutschland abschließen. Hierfür füllst du ein Formular online aus mit deinen persönlichen Daten, Reisezeitraum und Versicherungsbeginn. Den Versicherungsschein erhältst du direkt per Email oder Post. Die Versicherung beginnt mit der Abreise und endet mit der Rückkehr nach Deutschland.

Was passiert im Schadensfall?

Wenn große Ausgaben anfallen, wie Krankenhausaufenthalte und Operationen, musst du die Versicherung umgehend informieren. Nach Rücksprache werden dann die Kosten direkt übernommen.

Bei kleineren Ausgaben gehst du in Vorleistungen und bekommst die Kosten im Anschluss erstattet. Hierfür musst du die Originalbelege einreichen, die folgende Angaben enthalten müssen: Name vom Patienten und behandelnden Arzt, Krankheitsbezeichnung, Behandlungszeitraum und erbrachte Leistungen.

Bei den meisten Versicherern reicht es, diese gesammelt nach der Reise einzureichen. Bei Verdachtsmomenten kann der Versicherer Reisebelege einfordern.

Zusammenfassung: Auslandskrankenversicherung

- Gültigkeit: akute Erkrankungen & Verletzungen auf Reisen; außerhalb der Heimat / Deutschland
- Leistungen: Kranken- und Rücktransporte, Krankenaufenthalte, Medikamente, etc.
- Nicht versichert: Vorerkrankungen, vorbeugende Untersuchungen, Impfungen, Zahnersatz, etc.
- Selbstbeteiligung: je Behandlung muss Summe X selber bezahlt warden
- Heimaturlaub: für Unvorhergesehenes (Tod, Notfall), Feiern (Weihnachten, Hochzeit, Geburt)
- USA & Kanada: AKV deutlich teurer
- Die AKV muss vor Abreise in Deutschland abgeschlossen werden.
- Link-Tipp: Eine aktuelle Übersicht der besten Auslandsreisekrankenversicherungen findest du auf dem Blog: *www.backpackinghacks.de/auslandskrankenversicherungen-weltreise/*

3.3 - GELDSACHEN REGELN

ZAHLUNGSMITTEL AUF REISEN

Ohne Geld läuft nichts auf Reisen, aber welche Zahlungsmittel sind praktisch unterwegs? Gibt es noch eine Alternative zum Plastikgeld?

Reiseschecks (Travelers Cheques)
Nicht wirklich, Reiseschecks sind ein Relikt aus alten Zeiten. Sie werden nur noch von wenigen Banken eingelöst, die Prozedur ist aufwendig und es werden hohe Gebühren verlangt, sowohl beim Kauf, als auch bei der Einlösung. Nimm sie nicht mit.

Geldtauschen
Nur selten wirst du Bargeld tauschen, da es viel sicherer und bequemer ist, die lokale Währung am Geldautomaten zu ziehen. Falls du doch mal Geld tauschen willst, solltest du das nicht auf dem Schwarzmarkt tun. Die Wechselkurse mögen verlockend klingen, aber die Chance abgezockt zu werden, sind relativ hoch. Als Laie merkst du gar nicht, dass sie dir weniger oder wertlose Scheine untergejubelt haben. Viel sicherer sind Wechselstuben oder Banken, wo du zu etwas schlechteren Kursen Geld wechseln kannst.

+++Tipp: Versuch vorm Verlassen eines Landes, dein letztes Bargeld in der Landeswährung auszugeben oder einzutauschen. An den Grenzen ist das meist einfach, später wird es schwieriger Abnehmer zu finden.

Notfall-Bargeld
Für den Notfall solltest du 100 US-Dollar in kleinen Scheinen mitnehmen, in teuren Länder bis zu 200 US-Dollar. In den meisten Ländern kannst du US-Dollar ohne Problem eintauschen. Sie sind für Notfälle gedacht, falls du bestohlen wirst oder du Probleme bei der Bargeldbeschaffung hast. So kannst du ein paar Tage überbrücken. Außerdem kannst du damit das Visum bei der Einreise bezahlen, wenn du noch nicht die Landeswährung hast.

Bargeldbeschaffung
Am einfachsten und auch günstigstes zieht du dir Bargeld am Geldautomaten, die es mittlerweile (fast) überall gibt. Es gibt Kreditkarten mit denen du kostenlos Geld abheben kannst, mehr dazu später. Bargeld ist in vielen Ländern das wichtigste Zahlungsmittel im Alltag, um Essen, Transportmittel und die Unterkunft zu bezahlen. Ausnahmen sind die USA, Kanada, Australien, Neuseeland und viele Länder in Europa, wo es normal ist alles mit der Karte zu bezahlen.

EC-Karte
Bei Reisen in Europa kannst du deine EC-Karte natürlich mitnehmen. Oft fallen jedoch hohe Gebühren für Geldabhebungen an. Wenn deine Karte ein "V-Pay"-Zeichen hat, ist sie außerhalb von Europa nutzlos. Diese Karten bieten mehr Sicherheit und werden deshalb von vielen Banken ausgegeben. Eine EC-Karte mit einem "Maestro"-Zeichen hingegen gilt weltweit. Trotzdem würde ich sie auf einer Weltreise nicht mitnehmen, da sie nur fürs Geldabheben zu gebrauchen ist, und dann fallen hohe Gebühren an. Dabei gibt es genug Kreditkarten, mit denen du kostenlos Geld abheben kannst.

Kreditkarte
Auf Reisen ist die Kreditkarte daher unentbehrlich. Es fängt schon bei der Flugbuchung oder Hotelreservierung an, für die du eine Kreditkarte brauchst. Aber auch unterwegs sind Reise-Kreditkarten ideal, um kostenlos Geld am Automaten abheben zu können. So entfallen die teuren Gebühren pro Abhebung. Gerade auf einer Weltreise kannst du mit der richtigen Kreditkarte viel Geld sparen.

Wie sieht es mit einer zweiten Kreditkarte aus?
Generell solltest du dich nicht nur auf eine Kreditkarte verlassen. Denn es kann immer etwas passieren. Du kannst überfallen oder bestohlen werden. Deine Daten wurden ausspioniert und deine Bank sperrt daraufhin deine Karte.

Manchmal akzeptieren Banken auch nicht alle Karten und du stehst plötzlich ohne Bargeld da. Mit zwei Kreditkarten bist du besser abgesichert. Bewahre sie getrennt auf, so stehst du nach einem Überfall nicht ohne alles da.

Hast du bereits eine Kreditkarte?

Dann überprüfe, ob du alle wichtigen Informationen hast. Kannst du mit ihr kostenlos Geld am Automaten abheben? Wie lange ist die Karte noch gültig? Hast du den PIN, die Zugangsdaten fürs Online Banking und TAN-Verfahren? Wie hoch ist der Verfügungsrahmen?

Zusammenfassung: Zahlungsmittel

- Nimm 100 bis 200 US-Dollar in bar für den Notfall mit. Versteck sie irgendwo.
- Ansonsten brauchst du eine Kreditkarte, mit der du kostenlos Geld abheben kannst.
- Und eine zweite Kreditkarte zur Absicherung, die du getrennt voneinander aufbewahrst.
- Reiseschecks und EC-Karten sind auf einer Weltreise wenig zu gebrauchen.

WIE FINDEST DU EINE GUTE REISE-KREDITKARTE?

Was für Kreditkarten-Arten gibt es?

- Charge-Karte: Alle Umsätze werden einmal im Monat komplett per Lastschrift vom Konto eingezogen.
- Teilzahlungs-Karte (Revolving Credit): Nur ein Teilbetrag der Kreditkartenumsätze wird vom Konto eingezogen. Für den restlichen Betrag erhältst du einen Kredit, wenn du den Betrag nicht fristgerecht begleichst, fallen Zinsen an.
- Debit-Karte: Der Betrag wird sofort nach dem Zahlungsvorgang vom Konto abgezogen.
- Prepaid-Karte: Vorab muss ein Guthaben auf die Karte überwiesen werden, was du dann ausgeben kannst. Alle Beträge werden sofort abgezogen.

Was zeichnet eine gute Reise-Kreditkarte aus?

- Die Kreditkarte ist kostenlos und es gibt keine Jahresgebühr.
- Es gibt keine Kontoführungsgebühren.
- Es ist eine VISA oder Mastercard. American Express oder Diners Club werden nicht überall akzeptiert.
- Es gibt keine Gebühr für das Bezahlen in einer Fremdwährung.
- Du kannst damit weltweit kostenlos Bargeld am Geldautomaten abheben.

Achtung: Das schließt mittlerweile nicht mehr die Fremdgebühren der ausländischen Banken ein. Früher wurden diese noch erstattet, aber nur noch sehr wenige Banken bieten das an.

Ob es überhaupt Gebühren gibt, entscheidet jede Bank selber. Am Geldautomaten wirst du darüber informiert und du musst die Gebühren bestätigen. Wenn du dich länger in einem Land aufhältst, macht es Sinn mehrere Banken zu testen. Manchmal hast du Glück und findest eine, die dir keine Gebühren berechnet. Erkundige dich auch bei anderen Backpackern, ob sie einen Tipp für dich haben.

In vielen Ländern musst du gar keine Gebühr bezahlen. Bisher habe ich mitbekommen, dass zusätzliche Gebühren in den USA, Mexiko, Costa Rica, Kuba, Brasilien, Thailand, Vietnam und Myanmar verlangt werden. Diese Liste ist natürlich nicht vollständig und abhängig von der jeweiligen Bank. Zusätzlich haben einige Banken niedrige Abhebe-Limits pro Transaktion, so dass du teils zwei Mal Geld ziehen musst. Und entsprechend auch zwei Mal Gebühren zahlen musst.

Lies dir das Kleingedruckte durch
Zu den bereits genannten Punkten, solltest du noch auf folgende Details achten.

- Was für Voraussetzungen werden gefordert? Mindestgeldeingang, Wohnsitz in Deutschland, etc.
- Gilt das Angebot auch für Studenten?
- Fallen dauerhaft keine Kontoführungs- oder Jahresgebühren an oder gilt das Angebot nur für Neukunden und einen begrenzten Zeitraum?
- Wie hoch ist der Sollzins?
- Wie hoch ist das Tageslimit für Bargeldabhebungen am Automaten?
- Wie hoch ist der Verfügungsrahmen? Kann er erhöht werden?

Wenn du zum Beispiel einen Verfügungsrahmen von 500 Euro hast, kannst du nicht ohne weiteres einen Flug für 700 Euro damit bezahlen. Bei vielen Banken kannst du per Telefon einmalig den Verfügungsrahmen für eine Transaktion oder einen Tag erhöhen. Klär das vorher mit deiner Bank ab.

Du kannst den Verfügungsrahmen natürlich auch direkt auf 1.000 Euro anheben, wenn du über entsprechende Bonität verfügst. Noch höher würde ich ihn nicht legen, bei Missbrauch oder Diebstahl ist ein Limit wichtig.

- Was für TAN-Verfahren werden angeboten? (siehe Sicherheitshinweise im nächsten Kapitel)
- Wie ist der Kundenservice?

+++Noch ein Tipp: Beantrage eine neue Kreditkarte nicht zu spät Es kann zwei bis sechs Wochen dauern bis du sie erhältst. Pass auf, dass es nicht in die Zeit deines Umzuges fällt, damit die Post nicht verloren geht. Wenn du dir nicht sicher bist, ob du eine Kreditkarte ohne Probleme bekommst, würde ich mich entsprechend früher darum bemühen. Damit du im Notfall noch einen weiteren Antrag, vielleicht auch mit der Unterstützung deiner Eltern stellen kannst.

Zusammenfassung: Reise-Kreditkarte

- kostenlos, keine Jahres- oder Kontogebühr, Visa oder Mastercard, kein Aufschlag bei nicht Euro-Zahlungen, kostenlose Geldabhebung
- Achtung: Vereinzelt verlangen Banken im Ausland Gebühren fürs Abheben, diese werden nicht mehr erstattet.
- Beantrage Kreditkarte min. 1-2 Monate vor Abreise
- Verwende am besten die TAN per App.
- Richte dir ein separates Reiskonto ein, damit du den Überblick behältst.

+++Link-Tipp: Aktueller Reisekreditkarten Vergleich: *www.backpackinghacks.de/reise-kreditkarten-vergleich*

ONLINE BANKING

Die unterschiedlichen TAN-Verfahren

Jede Bank bietet unterschiedliche TAN-Verfahren an.

- TAN-Liste: Von der Bank erhältst du eine TAN-Liste in Papierform. Jede Nummer kann nur einmal verwendet werden, du erhältst automatisch Ersatz, wenn sie aufgebrauchst ist. Passiert das auf Reisen, musst du die Liste von deiner Familie einscannen und verschlüsselt schicken lassen. Bewahre sie auf Reisen sicher auf.
- TAN-Generator: Das ist ein kleines Gerät, das in Kombination mit deiner Bankkarte funktioniert. Für jede Transaktion wird ein individueller Code generiert. Das Verfahren ist sicherer als die einfache TAN-Liste, da ein Dieb deinen TAN-Generator und Bankkarte braucht, um sie zu nutzen.
- TAN per SMS: Bei jeder Transaktion bekommst du einen Code per SMS geschickt, was auf Reisen mit wechselnden SIM-Karten nicht möglich ist.
- TAN per App: Besonders praktisch auf Reisen sind Apps, mit denen du eine TAN generieren kannst. So musst du keine TAN-Liste oder TAN-Generator mit dir rumschleppen.

Sicherheitstipps für das Online Banking

- Kontrolliere regelmäßig die Kontoumsätze. So bekommst du direkt mit, falls deine Kreditkarte missbraucht wurde und kannst schnell reagieren.
- Minimiere die Anzahl der Banktransaktionen, indem du vorher Daueraufträge und Lastschrifteinzüge für laufende Verträge einrichtest. Überweise monatlich einen fixen Betrag auf dein Reisekonto, damit du immer flüssig bist. Bei Bedarf kannst du den Betrag erhöhen oder runter setzen.
- Bewahre deine Zugangsdaten und TAN-Liste sicher und getrennt auf.
- Nur an einem ruhigen Ort Online Banking machen, wo dir keiner über die Schulter schauen kann.
- Nutze keine öffentlichen Computer in Internetcafés oder im Hostel fürs Online Banking. Die Gefahr, dass sie keinen ausreichenden Schutz haben und mit Viren und Malware verseucht sind, ist einfach zu hoch. Falls es nicht anders geht, ändere sobald wie möglich dein Passwort auf einem sicheren Gerät.
- Nutze besser deinen eigenen Laptop oder eine Online Banking App auf dem Smartphone. Lösche regelmäßig deine Caches und installiere ein Anti-Viren-Programm.
- Ändere regelmäßig dein Passwort.

Separates Reisekonto: Um den Überblick zu behalten, richtest du dir am besten ein getrenntes Reisekonto ein. So kannst du schneller überprüfen, wie viel Geld du unterwegs ausgibst und ob alle Transaktionen in Ordnung sind. Außerdem weißt du so immer auf einen Blick wie es um deine Finanzen steht.

WEITERE TIPPS FÜR UNTERWEGS

Geld am Geldautomaten abheben

Geld abheben kannst du an jedem Geldautomaten (ATM), der ein VISA- bzw. Mastercard-Zeichen hat. Je nachdem welche Karte du verwendest.

Hier sind die einzelnen Schritte am Geldautomaten:

1. Karte einführen
2. Sprache auswählen
3. PIN eingeben & bestätigen
4. Service auswählen: „Cash" oder „Withdrawal" (Kontoabhebung)
5. Konto wählen: „Checking Account" (Girokonto), „Saving Account" (Sparkonto), du musst „Credit Account" wählen
6. ggf. Währung auswählen
7. Betrag eingeben & bestätigen
8. Quittung („Receipt") ausdrucken
9. Geld & Karte entnehmen
10. Alles gut wegpacken. Fertig.

- Bei der Einreise in ein neues Land brauchst du kein Geld wechseln oder nur eine kleine Summe. Besorg dir die lokale Währung am ersten Geldautomaten, hier bekommst du einen besseren Wechselkurs.
- Zieh dir am Flughafen nur einen kleinen Betrag, da hier die Wechselkurse oft schlechter sind.
- // Heb lieber öfter kleine Beträge ab, wenn du komplett kostenlos Geld abheben kannst. Dann kann dir auch weniger gestohlen werden.
- Außer du musst hohe Gebühren beim Abheben zahlen oder wirst längere Zeit keinen Zugang zu einem Automaten haben.
- Merk dir an welcher Bank, du keine Gebühren zahlen musst oder wo die niedrigsten sind. Bereits beim Geldabheben musst du die Abhebegebühr bestätigen. Spätestens auf dem Kontoauszug siehst du die Höhe der Gebühren.
- Warte nicht bis zum letzten Cent, bevor du dir neues Geld holst. Es kann immer passieren, dass du kein Geld bekommst, weil deine Karte nicht akzeptiert wird oder der Automat leer ist. Besonders in ländlichen Regionen, würde ich immer etwas in Reserve haben. Da der nächste Automat Hundert Kilometer entfernt sein kann.

+++Spar-Tipp: Wenn du auswählen kannst in welcher Währung dein Konto belastet werden soll, dann nimm immer die Landeswährung. In den meisten Fällen erhältst du einen besseren Wechselkurs bei deiner Bank.

Sicherheitstipps fürs Geldabheben

- Nutze einen Automaten in der Bank zum Geldabheben, die sind meistens sicherer und besser vor Manipulation geschützt.
- Bleibt deine Karte im Automaten stecken, informiere sofort das Personal in der Bank und lass die Karte im Notfall sperren. Vermeide es den Automaten mit deiner Karte alleine zu lassen. Bitte einen Freund oder andere Wartenden um Hilfe.
- Wenn du mehr als eine Bankkarte hast, nimm eine andere Karte, um die Tür der Bank zu öffnen. Falls das Lesegerät außen manipuliert ist, können sie nicht die Daten von der Karte ausspähen mit der du Geld abhebst.
- Um die Tür einer Bank zu öffnen, musst du nur deine Bankkarte einlesen, aber gibt niemals außen deinen PIN ein.
- An vielen Geldautomaten kannst du eine andere Sprache einstellen, meist wird dir Englisch oder sogar Deutsch angeboten.
- Decke das Eingabefeld mit der Hand oder dem Portemonnaie ab, wenn du die PIN eintippst. So verhinderst du, dass du von einer fremden Person oder versteckten Kamera ausgespäht wirst.
- Noch mehr Tipps gegen Skimming findest du hier: http://www.polizei-beratung.de/themen-und-tipps/betrug/betrug-an-geldautomaten/skimming/

Für den Notfall

- Schreib dir alle Kreditkarten-Nummer auf oder mach ein Foto von der Vorder- und Rückseite. Verschlüssle die Daten und speichere sie an einem sicheren Ort ab.
- Unter dieser Notfallnummer kannst du jede Bankkarte sperren lassen (+49)116116

- Wenn dir alles gestohlen wurde und du mittellos bist, kannst du über Western Union schnell an Bargeld kommen. Melde dich online an und überweise dir einen Betrag, der deiner Kreditkarte oder deinem Bankkonto belastet wird. Falls das nicht geht, kannst du immer noch deine Bank per Telefon oder deine Familie bitten dir Geld zu überweisen. Jetzt kannst du dir das Geld an einer der vielen Western Union Filialen oder deren Partnern abholen.
- Alternativ kannst du einen anderen Backpacker oder das Hostel um Hilfe bitten. Transferiere Geld per PayPal oder in einer Kryptowährung auf ihren Account, dafür geben sie dir Bargeld.
- Eine Ersatz-Kreditkarte wird innerhalb von ein bis zwei Wochen an deine Adresse in Deutschland geschickt. Bitte deine Familie oder einen Freund dir diese per Kurierdienst an eine vertrauenswürdige Adresse zu schicken. Das könnte ein Bekannter sein, das Hostel in dem du wohnst oder die deutsche Botschaft. Kläre jedoch vorher ab, ob dies möglich ist. Setze vorher alle Limits auf 0 Euro.

Informier deine Bank über deine Reisepläne, damit sie dir nicht ausversehen dein Konto sperren. Wie kannst du dein Geld, Dokumente und Wertsachen sicher aufbewahren? - Ausführliche Tipps findest du im Kapitel „Sicherheit Wertsachen".

3.4 - PAPIERKRAM

DEUTSCHER REISEPASS

Hast du schon einen Reisepass? Wie lange ist er noch gültig? Er sollte mindestens sechs Monate länger gültig sein als deine geplante Weltreise. In vielen Ländern muss der Reisepass noch sechs Monate gültig sein, damit du einreisen darfst. Mit neun hast du einen zeitlichen Puffer, falls die Reise länger dauert.

Wie viele freie Seiten hast du noch? In visumsfreien Ländern bekommst du einen Ein- und Ausreisestempel in den Pass. Wenn du jedoch ein Visum benötigst, wird dir zusätzlich ein Aufkleber rein geklebt, für den du eine weitere Seite benötigst. Überschlage grob, wie viele Seiten du bei der Reiseroute brauchen wirst.

- mit Visum 1,5 Seiten pro Land
- nur Stempel 1/3 Seite pro Land

Noch ein paar Tipps

- Mach zwei bis drei Kopien von der Hauptseite des Reisepass. So kannst du dich ausweisen auch ohne deinen Pass immer dabei zu haben. Das ist nützlich, wenn du im Hotel eincheckst, einen Roller ausleihst und vielen anderen Situationen.
- Scan deinen Pass ein und leg ihn dir online verschlüsselt in der Cloud ab. Wenn du bestohlen wirst, kannst du dir so schneller einen neuen Reisepass ausstellen lassen.
- Nimm ein paar Passfotos mit, um weitere Visa von unterwegs beantragen zu können, auch digitale für eVisa.
- Fotografiere jedes Visum, das du neu in den Pass geklebt bekommst. Bei Problemen oder Diebstahl, kannst du über die Visa-Nummer nachweisen, wann du legal eingereist bist.
- Pass gut auf deinen Reisepass auf. In einem Zipp-Beutel ist er wasserdicht verpackt.
- Bitte den Beamten bei der Ein- und Ausreise, den Stempel auf eine bereits benutzte Seite zu machen. Ansonsten nehmen sie oft eine neue Seite, so wird dein Reisepass schnell voll.

Was passiert beim Verlust oder Diebstahl?

Versuch Ruhe zu bewahren. Und überlege, wann du ihn zuletzt in der Hand hattest. Check alle deine Sachen gründlich. Frag in deiner Unterkunft, ob er vielleicht gefunden wurde. Wenn du keinen Erfolg hast, solltest du zur nächsten Polizeistelle gehen und den Verlust anzeigen. Denn du brauchst diese Meldung, um einen neuen beantragen zu können.

Schau im Internet, wo die nächste deutsche Botschaft oder Konsulat ist. Ganz wichtig: Bring eine ausgedruckte Kopie der Hauptseite deines verlorenen Reisepasses, den du zur Sicherheit online aufbewahrst. So kannst du dich identifizieren und alles geht schneller vonstatten. Außerdem brauchst du noch biometrische Passfotos.

Jetzt hast du zwei Optionen:

1. Du beantragst einen vorläufigen Reisepass. Das geht relativ einfach und du erhältst ihn schon in ein paar Tagen. Der große Nachteil ist, dass er nur kurze Zeit gilt und dich nur für die direkte Rückreise nach Deutschland berechtigt. Somit kannst du nicht in andere Länder weiterreisen.
2. Du beantragst einen neuen Reisepass. Das kann mehrere Wochen dauern und solange musst du warten. Aber immerhin besser, als nach Hause zu fliegen.

Zusammenfassung: Deutscher Reisepass

- Gültigkeit: Weltreise-Zeitraum + 6 Monate + Reserve = solange sollte er noch gültig sein
- Anzahl freie Seite: für Länder mit Visum 1,5 Seiten einplanen und für Länder ohne Visum 1/3 Seite + Reserve
- Beantragung: im Bürgerbüro deiner Heimatstadt, dauert 4-8 Wochen

Ausführung: Standard-Reisepass mit 32 Seiten oder für Vielreiser mit 48 Seiten
Kosten: 40 bis 90 Euro

+++Tipps: wasserdichte Hülle zum Schutz, Hauptseite einscannen & online ablegen, 2-3 Kopien von Hauptseite

- Bei Verlust & Diebstahl: bei Polizei anzeigen, mit Kopie des Passes und biometrischen Passfotos zur nächsten dt. Botschaft oder Konsulat gehen, entweder vorläufigen oder neuen Reisepass beantragen

WEITERE WICHTIGE REISEDOKUMENTE

Internationaler Impfausweis
Falls du noch nicht das kleine gelbe Heft, den internationalen Impfausweis hast, kannst du ihn dir bei deinem Hausarzt ausstellen und alle weiteren Impfungen eintragen lassen. So kann ein Arzt im Ausland direkt sehen, was für Impfungen du bekommen hast.

Für ein paar Länder musst du bestimmte Impfungen, wie Gelbfieber nachweisen, um überhaupt einreisen zu können. Alle Infos zu den Einreisebedingungen findest du zu jedem einzelnen Land auf der Webseite des Auswärtigen Amts.

Internationaler Führerschein
Im nicht-europäischen Ausland brauchst du zusätzlich einen internationalen Führerschein. Den grauen Führerschein erhältst du im Straßenverkehrsamt deiner Stadt, wo er dir direkt ausgestellt wird. Bring deinen Führerschein, ein Passbild und etwa 15 Euro mit. Vergiss auch nicht deinen EU-Führerschein einzustecken, denn ohne ihn ist der internationale nicht gültig.

Weitere Reisedokumente
- Reiseunterlagen wie Flugtickets, Hotelreservierungen, Mietwagen, etc.
- Internationaler Studentenausweis (für Ermäßigungen bei Eintritten & Co)
- PADI-Tauchausweis
- etc.

WELCHE VERSICHERUNGEN BRAUCHST DU?

Versuch möglichst viele Versicherungen Zuhause zu kündigen oder stillzulegen, um die Fixkosten niedrig zu halten. Am wichtigsten ist der Abschluss einer Auslandskrankenversicherung, damit du im Notfall eine gute medizinische Versorgung hast. Ansonsten brauchst du noch eine Private Haftpflichtversicherungen und mehr eigentlich nicht.

Auslandsrankenversicherung
Für die Weltreise musst du eine Langzeit-Auslandskrankenversicherung abschließen. Alle weiteren Informationen findest du im vorherigen Kapitel „Gesundheitsvorsorge".

Private Haftpflichtversicherung
Auch auf Reisen kann dir mal ein Missgeschick geschehen, wodurch eine Person oder deren Besitz zu Schaden kommen. Von daher ist es wichtig, eine Private Haftpflichtversicherung zu haben. Erkundige dich bei deinem aktuellen Anbieter, ob deine Police weltweit Schäden abdeckt und ob es zeitliche Grenzen für den Auslandsaufenthalt gibt. Einige Anbieter versichern keine Reisen, die länger als ein Jahr dauern. Dann müsstest du eine neue mit weltweitem Schutz abschließen.

Gesetzliche Rentenversicherung
Als Angestellter, der gekündigt hat, musst du rein theoretisch gar nichts bezüglich deiner gesetzlichen Rentenversicherung unternehmen. Da du automatisch mit dem Ende deiner Anstellung keine Beiträge mehr einzahlst. Du musst ihnen lediglich deine neue Adresse mitteilen, wenn du umziehst.

Bei einem Sabbatical-Vertrag kann es sein, dass der Arbeitgeber weiterhin deine Sozialbeiträge zahlt und du somit abgesichert bist. Wenn du während deiner Weltreise nicht sozialversicherungspflichtig beschäftigt bist, werden auch keine Beiträge für dich bezahlt.

Durch die beitragsfreie Zeit kann sich dein Rentenanspruch reduzieren. Dieser wird durch die Beitragsjahre und die eingezahlten Beträge berechnet, was ein super kompliziertes System ist (das sich wahrscheinlich noch viele Male ändern wird, bevor du in Rente gehst). Rein theoretisch kannst du auch freiwillig einzahlen, was aber nicht immer Sinn macht. Da jeder Fall anders liegt, lässt du dich am besten vorab bei der Rentenversicherungskasse beraten.

Private Rentenversicherung
Die Beiträge für die private Rentenversicherung sind meistens deutlich geringer und du kannst überlegen, ob du sie einfach während der Reise weiterlaufen lässt. Wenn du knapp bei Kasse bist, kannst du sie natürlich auch temporär stilllegen. Anstatt in die gesetzliche Rentenversicherung freiwillig einzuzahlen, kannst du überlegen das Geld in die Private zu stecken (wo es meistens besser angelegt ist). Auch hier macht es Sinn, sich beraten zu lassen.

Was hast du sonst noch für Versicherungen?

Kfz-Versicherung
Wenn du dein Auto oder Motorrad stilllegst, wird automatisch auch deine Versicherung gekündigt. Ansonsten musst du deiner Versicherung einen weiteren Fahrer melden, falls dieser das Fahrzeug in deiner Abwesenheit nutzt. Wenn du selber mit einem Fahrzeug auf Weltreise gehst, brauchst du natürlich eine Versicherung.

Hausrats-, Rechtschutzversicherung, etc.
Bei allen weiteren Versicherungen solltest du prüfen, ob du sie während der Reise brauchst und gegebenenfalls kündigen.

Weitere Versicherungen fürs Reisen
Natürlich kannst du noch diverse Reise-Versicherungen abschließen: Reiseunfall-, Reisehaftpflicht-, Reiserücktritts-, Reisegepäckversicherung, etc. Stell dir aber immer die Frage, ob du sie wirklich brauchst. Als Backpacker wirst du keine wertvollen Dinge mitnehmen, die es lohnt zu versichern. Auch wirst du vorab wahrscheinlich nicht viel buchen (Flüge, Hotels, Touren), wofür sich eine Reiserücktrittsversicherung lohnt.

Zusammenfassung: Versicherungen

- Krankenversicherung in Deutschland: kündigen, als Privatversicherter Anwartschaft abschließen
- Auslandskrankenversicherung: vor Abreise abschließen
- Private Haftpflichtversicherung: erkundigen, ob sie weltweit für Weltreise gilt
- gesetzlichen Rentenversicherung: ruht während Reise, nur bei Sabbatical teils nicht
- Versuch möglichst viele Versicherungen Zuhause zu kündigen oder stillzulegen.
- sonstige Reiseversicherungen sind meist nicht notwendig

MUSST DU DEINEN WOHNSITZ IN DEUTSCHLAND ABMELDEN?

(Noch ein Hinweis, ich bin kein Experte in dem Thema. Alle Informationen habe ich recherchiert oder es sind meine eigenen Erfahrungen.)

Das Deutsche Bundesmeldegesetz (BMG)

Das Meldegesetz ist in diesem Punkt ganz klar. Sobald du aus deiner Wohnung ausziehst und keinen festen Wohnsitz mehr hast, musst du dich aus Deutschland abmelden. Hier kannst du den vollständigen Text für das Bundesmeldegesetzt (BMG) lesen.

BMG §17 (2) Wer aus einer Wohnung auszieht und keine neue Wohnung im Inland bezieht, hat sich innerhalb von zwei Wochen nach dem Auszug bei der Meldebehörde abzumelden. Eine Abmeldung ist frühestens eine Woche vor Auszug möglich; die Fortschreibung des Melderegisters erfolgt zum Datum des Auszugs.

Neues Meldegesetz ab November 2015

Seitdem ist der Vermieter verpflichtet dir eine Bescheinigung ausstellen, die du bei der Anmeldung im Meldebüro vorlegen musst.

Wenn du dich bei deinen Eltern oder Freunden anmeldest, reicht es, wenn sie dir diese Bescheinigung ausstellen. Selbst wenn sie nicht Besitzer der Wohnung sind. Aber Achtung: Bei Falschangaben oder Verstößen kann ein Bußgeld von bis zu 1.000 Euro von dir und bis zu 50.000 Euro vom Wohnungsgeber verlangt werden. (BMB §54 Bußgeldvorschriften)

Wenn du deine Wohnung untervermietest

Auch dann musst du dich laut Meldegesetz aus Deutschland abmelden. Aber du könntest im Problemfall besser argumentieren, dass du nur vorrübergehend abwesend bist und feste Rückkehrpläne hast. Dafür spricht, dass dein Mietvertrag weiterläuft und sich deine Möbel noch in der Wohnung befinden. Vielleicht fallen dir noch weitere Argumente ein, wie ein Sabbatical-Vertrag.

Aus Deutschland abmelden

Um dich abzumelden, gehst du ins Bürgerbüro deines Wohnortes. Die Abmeldung ist schnell erledigt und du erhältst eine Abmeldebescheinigung. Deinen Personalausweis musst du nicht abgeben, er bekommt nur einen Aufkleber mit „Keine Hauptwohnung in Deutschland".

Was für Konsequenzen hat die Abmeldung?

Das ist gar nicht so schnell beantwortet, denn ohne festen Wohnsitz in Deutschland gibst du eine Menge Rechte und Pflichten auf.

Krankenversicherung

Wenn du einen festen Wohnsitz in Deutschland hast, bist du krankenversicherungspflichtig. Rein theoretisch auch, wenn du in Deutschland gemeldet bist, aber gerade auf Weltreise bist. Dann würdest du eine teure Krankenversicherung zahlen, ohne ihre Leistungen überhaupt in Anspruch zu nehmen, da sie im nicht-europäischen Ausland nicht gilt.

Aber wie bereits im Kapitel „Gesundheit" erklärt, kannst du die Krankenversicherung kündigen. Wenn es Probleme gibt, musst du einen Nachweis für deine Reise erbringen. Hierzu reicht es wenn du deinen Versicherungsschein für deine Auslandskrankenversicherung oder ein Flugticket vorlegst.

Laufende Verträge
In einigen Verträgen steht drin, dass du einen festen Wohnsitz in Deutschland haben musst. Schau in die Vertragsbedingungen. Wenn dies der Fall ist, solltest du Kontakt zu deinem Anbieter suchen. Ansonsten riskierst du eine Kündigung. Du kannst auch das Risiko eingehen und nur eine neue Postanschrift angeben. Das kann die Adresse eines Freundes oder deiner Familie sein, die sich bereit erklärt haben, deine Post entgegenzunehmen.

Weitere Konsequenzen
- Kein Anspruch auf Leistungen der Sozialversicherungen
- Keine KFZ-Zulassung möglich
- Fast immer muss ein bestehendes Gewerbe abgemeldet werden
- Unter Umständen nicht mehr steuerpflichtig in Deutschland
- Nicht mehr im Wahlregister aufgelistet, Stimmabgabe muss beantragt warden
- Recht auf außerordentliche Kündigung (Strom-, Telefon-, Internetverträge, Abos, etc.) - nur bei kurzfristiger Abreise wichtig, ansonsten fristgerecht kündigen
- Schneller und einfacher neuen Reisepass im Ausland erhalten bei Verlust oder Diebstahl (Abmeldebescheinigung vorlegen)
- Ohne Meldeadresse (Hauptwohnsitz) können keine behördlichen und gerichtlichen Briefe vom Finanzamt oder der Polizei zugestellt werden, die zeitnah beantwortet werden müssen (Fristen, Bußgelder)

Zusammenfassung: Abmeldung Wohnsitz

- Laut Melderecht bist du verpflichtet dich abzumelden.
- Im Bürgerbüro deines Wohnorts kannst du dich abmelden. Du behältst deinen Personalausweis, er hat nur den Vermerk „Keine Hauptwohnung in Deutschland".
- Falls du dich nur ummelden willst, brauchst du eine Bescheinigung eines Bewohners der neuen Adresse.
- Achtung: Bei Falschangaben oder Verstößen droht ein Bußgeld von bis zu 1.000 Euro für dich oder von bis zu 50.000 Euro für deinem Wohnungsgeber.
- Krankenversicherung: Bei einem festen Wohnsitz in Deutschland bist du krankenversicherungspflichtig. Die KV akzeptiert Kündigung bei Nachweis einer AKV.
- laufende Verträge: Schau in Vertragsbedingungen, ob ein fester Wohnsitz in Deutschland erforderlich ist. Bei einer Abmeldung darfst du alle Verträge fristlos kündigen.
- Weitere Konsequenzen einer Abmeldung: Du darfst kein Auto oder Gewerbe in Deutschland gemeldet haben. Im Ausland erhältst du schneller Ersatz für einen Reisepass.

VERTRAUENSPERSON & VOLLMACHTEN

Es ist wichtig, dass du eine Vertrauensperson in der Heimat hast, die sich um ein paar organisatorische Angelegenheiten Zuhause kümmern kann. Es kann ein Familienmitglied oder dein bester Freund sein, Hauptsache du vertraust ihm blind.

Gerade am Anfang der Reise sind noch nicht unbedingt alle Sachen Zuhause geregelt. Denk nur an die Rückzahlung der Kaution für die Wohnung, Probleme mit dem Untermieter, irgendwelche Post entgegen zunehmen und noch vieles mehr. Du kannst natürlich einiges von unterwegs regeln, aber du hast nicht unbedingt immer alle Unterlagen dabei.

Daher rate ich dir, gib einer Vertrauensperson alle Unterlagen in digitaler Form (und ggf. Papier). Bitte sie diese sehr sorgfältig aufzubewahren.

- Reiseunterlagen: Flüge, Reiseroute, Reisepass, Reisekranken- und Haftpflichtversicherung, etc.
- Bank: Konto- und Kartennummern (Kreditkarte), Notfall-Sperrnummer; bei Bankvollmacht auch Daten zu Online Banking
- Wohnung: noch offene Verpflichtungen oder Zahlungen, Schlussrechnungen Strom / Wasser / Heizung, Internet / Telefon, Kontaktdaten zur Hausverwaltung und Untermieter, Lager, etc.
- Job: Arbeitsamt, Krankenversicherung, Rentenkasse, etc.
- Sonstiges: laufende Verträge, Vollmachten, Auto, andere Verpflichtungen, etc.

Halte deine Vertrauensperson immer auf dem Laufenden, was du gerade geplant hast.

- Wo du gerade bist, was für Pläne du hast und welche Flüge du nimmst.
- Sag Bescheid, wenn du dich eine Zeitlang nicht melden kannst.
- So kann sie eine Such-/ Rettungsaktion starten, wenn du dich nicht mehr meldest.

Vollmachten

Ob du überhaupt und welche Vollmacht du ausstellen willst, ist eine persönliche Entscheidung. Was es auch immer ist, die Unterstützung in der Heimat ist in Notfällen sehr hilfreich. Denn ohne Vollmacht ist deine Familie in solch einer Situation hilflos, sie haben kein Recht für dich zu entscheiden.

Früher habe ich immer angenommen, dass automatisch die engsten Familienmitglieder Entscheidungen für einen treffen können, falls es notwendig ist. Aber dem ist nicht so, ohne Vollmacht entscheidet das Amtsgericht, welches Familienmitglied deine Interessen vertreten soll oder es wird ein rechtlicher Betreuer gestellt.

Konto- und Bankvollmacht
Mit der richtigen Vollmacht kann deine Vertrauensperson direkt Kontakt zur Bank aufnehmen, wenn es Probleme mit Transaktionen gibt oder du eine Ersatzkreditkarte benötigst. Wenn dir eine Kreditkarte gestohlen wurde oder gesperrt wurde. Was praktisch ist, wenn du in einem abgelegenen Gebiet mit schlechten Kommunikationsmöglichkeiten bist. Das wird hoffentlich nie vorkommen, aber im Fall der Fälle hättest du Unterstützung aus der Heimat.

Inwieweit du eine Vollmacht erteilen willst, liegt bei dir. Du hast zwei Möglichkeiten:

1. Mit der Kontovollmacht kannst du zum Beispiel nur dein Reisekonto freigeben.
2. Bei einer Bankvollmacht kann die Person weitreichende Entscheidungen für dich treffen, wie Konten auflösen oder Verträge in deinem Namen abschließen.

Nutze hierfür die entsprechenden Formulare deiner Bank, das geht am einfachsten. Informiere deine Bank, falls du Bankvollmachten in einer Vorsorge- oder Generalvollmacht geregelt hast.

Vorsorgevollmacht & Patientenverfügung
Die Vorsorgevollmacht macht generell Sinn, nicht nur für eine Weltreise, denn es kann immer etwas passieren. Sie tritt nur in Kraft, wenn du aufgrund von schweren gesundheitlichen Problemen nicht mehr handlungsfähig bist. In ihr ist geregelt, welche gesundheitliche, finanzielle, Wohnungs- oder Behördenangelegenheiten die Person für dich regeln kann. Du kannst sie vorrübergehend oder dauerhaft ausstellen.

In einer Patientenverfügung kannst du zusätzlich festlegen, welche medizinische Maßnahmen wie Untersuchungen, ärztliche Eingriffe und lebensverlängernde Maßnahmen, du erlaubst. Das nimmt deinen Angehörigen schwere Entscheidungen ab, wobei du im Voraus nur begrenzt Festlegungen treffen darfst.

Mehr Informationen findest du auf der Webseite des Bundesministeriums und weiterführende Links auf der Link-Seite.

Generalvollmacht

Die Generalvollmacht gilt übergreifend und sofort nach Ausstellung. Falls du keine Einschränkungen vorsiehst, kann die Vertrauensperson dich in allen erdenklichen Angelegenheiten vertreten. Eine Generalvollmacht solltest du nicht leichtfertig ausstellen, du musst der Person bedingungslos vertrauen.

Sie ist besonders hilfreich in Notsituationen. Wenn du einen Unfall hattest, kann deine Vertrauensperson direkt mit deiner Krankenversicherung Kontakt aufnehmen, um eine Behandlung, die Kostenübernahme und einen eventuellen Rücktransport zu besprechen. Auch im Todesfall ist es einfacher, deine Angelegenheiten zu regeln.

Aber es gibt auch weniger dramatische Situationen, wo diese Vollmacht Sinn macht. Vor ein paar Jahren habe ich auf Reisen eine Backpackerin kennengelernt, die sich um einen Studienplatz von unterwegs beworben hat. Die Bewerbung musste unterschrieben werden, was ihre Mutter für sie übernommen hat und die Vollmacht beigelegt hat.

Empfangsvollmacht

Damit ermächtigst du eine Person deine offizielle Post zum Beispiel vom Finanzamt entgegenzunehmen, aber sie muss nicht auf Anfragen oder Mahnungen reagieren. Was der Fall wäre, wenn du nur deine neue Postanschrift bekanntgeben würdest. Das kann deine Vertrauensperson sein, im Fall vom Finanzamt auch dein Steuerberater sein.

Zusammenfassung: Vollmachten

- Bankvollmacht: Damit kann die Person in deinem Namen alle Bankgeschäfte regeln, sie ist sofort gültig.
- Kontovollmacht: Es reicht aber schon aus, wenn du nur eine Vollmacht für das entsprechende Reisekonto und dein Sparkonto mit dem Reisebudget ausstellst. Auch diese ist sofort wirksam.
- Generalvollmacht: Sie gilt übergreifend und die Person kann dich in allen erdenklichen Angelegenheiten vertreten. Der Unterschied zur Vorsorgevollmacht ist, dass sie sofort gültig ist.
- Vorsorgevollmacht: Diese tritt erst in Kraft, wenn du keine eigenen Entscheidungen treffen kannst, nicht mehr handlungsfähig bist. Dann kann deine Vertrauensperson im Notfall Entscheidungen im Krankenhaus oder bei der Bank treffen.
- +++Tipp: Kläre vorher ab, ob deine Bank eine Vorsorgevollmacht akzeptiert oder ob du separat eine Konto- bzw. Bankvollmacht ausstellen musst.
- Patientenverfügung: Hierin kannst du vorab festlegen, welche medizinischen Maßnahmen wie Untersuchungen, ärztliche Eingriffe und lebensverlängernde Maßnahmen du erlaubst. Sie tritt erst in Kraft, wenn du nicht mehr deinen Willen äußern kannst.

Hinweis: Dies ist kein juristischer Rat und du solltest dich ausführlich informieren, wenn du Vollmachten ausstellen willst. Es kann sein, dass Behörden eine beglaubigte Generalvollmacht bzw. Vorsorgevollmacht verlangen. Dann müsstest du vorher noch zum Notar gehen, um in seiner Anwesenheit die Vollmacht zu unterschreiben.

ARBEITSLOSENGELD

Sicher nicht das spannendste Thema, aber nur wenn du dich vor der Abreise darum kümmerst, sicherst du dir deinen vollen Anspruch. Gerade wenn du über ein Jahr unterwegs bist, verfallen deine Ansprüche ansonsten.

Hast du Anspruch auf Arbeitslosengeld?
Folgende Bedingungen müssen erfüllt sein:

1. Du hast in den letzten zwei Jahren vor der Arbeitslosigkeit mindestens 12 Monate in einem Angestelltenverhältnis gearbeitet.
2. Du bist arbeitssuchend.

Um nun Arbeitslosengeld nach der Weltreise zu bekommen, solltest du folgende Schritte tun.

Was musst du vor der Weltreise machen?

Leider bleibt dir der ganze Papierkram nicht erspart, aber dafür sicherst du dir Unterstützung nach der Rückkehr.

1. Arbeitssuchend melden

Sobald du vom Ende des Arbeitsverhältnisses erfährst oder gekündigt hast, spätestens aber drei Monate vor Ende deines Arbeitsvertrages, solltest du dich bei der Agentur für Arbeit als arbeitssuchend melden. Das kannst du online machen oder persönlich vorbei gehen. Wichtig ist, dass es innerhalb von drei Tagen nach der Kündigung erfolgt, sonst bekommst du eine Woche Sperre fürs Arbeitslosengeld.

2. Beratungstermin

Nach ein paar Tagen erhältst du Post von der Agentur für Arbeit mit weiteren Unterlagen, die du und dein Arbeitgeber ausfüllen müssen. Jetzt musst du noch einen Beratungstermin vereinbaren.

Folgende Unterlagen brauchst du für den Termin: Personalausweis, Sozialversicherungsnummer, Lebenslauf, ausgefüllte Formulare, Kündigungsschreiben mit Bestätigung, Gehaltsnachweis (der letzten 24 Monate) und Arbeitsbescheinigung vom Arbeitgeber. Falls du in den vergangenen Monaten bereits Arbeitslosengeld, Krankengeld oder andere Unterhaltszahlungen erhalten hast, brauchst du hierzu ebenfalls Nachweise.

3. Arbeitslos melden

Nach dem Ende des Arbeitsverhältnisses solltest du dich direkt arbeitslos melden. Am besten gehst du vorab persönlich bei der Arbeitsagentur vorbei, um alle etwaigen Fragen zu klären und den Zeitpunkt für die Arbeitslosigkeit zu definieren. Jetzt werden deine Ansprüche aufs Arbeitslosengeld ermittelt.

+++Tipp: Es ist wichtig, dass du dich mindestens für einen Tag vor der Weltreise arbeitslos meldest, denn nur so sicherst du dir dein Anrecht auf vier Jahre.

4. Bei Agentur für Arbeit abmelden

Bevor du nun auf deine Reise startest, musst du dich noch schriftlich abmelden. Dann erhältst du einen Aufhebungsbescheid, den du prüfen und gut aufheben musst.

Was musst du während der Weltreise machen?

Hier kommt die gute Nachricht: nichts. Denn während der Reise hast du keinerlei Ansprüche auf Arbeitslosengeld, da du momentan gar nicht auf Jobsuche bist. Die Zeit arbeitet aber für dich. Wenn du selber gekündigt hast, bist du im Anschluss für drei Monate fürs Arbeitslosengeld gesperrt. Das Gute ist, dass die Sperrzeit ab dem Ende des Arbeitsvertrages beginnt und quasi in deiner Abwesenheit abläuft, wenn du länger als drei Monate reist.

Was passiert nach der Rückkehr?

Wenn du alles vorab ordentlich geregelt hast, kannst du direkt nach der Reise das Arbeitslosengeld erhalten. Und nicht nur dass, denn sie zahlen für dich auch die Beiträge für die Kranken- und Rentenversicherung. Weiterhin hast du Anrecht auf Arbeitsvermittlung und gegebenenfalls sogar Weiterbildungsmaßnahmen.

Hinweis: Falls du deinen Wohnsitz in Deutschland abgemeldet hast, musst du dich zuerst wieder bei der Stadt anmelden.

1. Arbeitslos melden

Dafür meldest du dich bei der Agentur für Arbeit wieder arbeitslos. Vorab wurde bereits festgestellt, was für Ansprüche du hast. Prinzipiell hat jede Person Anspruch auf 12 Monate Arbeitslosengeld, aber das kann je nach Situation und Alter variieren. Deine Bezugszeit wird lediglich um drei Monate gekürzt, wenn du selber gekündigt hast, da du für diese Zeit gesperrt warst.

2. Bei Krankenkasse anmelden

Als nächstes musst du dich wieder bei deiner alten Krankenkasse anmelden, da du in Deutschland krankenversicherungspflichtig bist. Wenn du Anspruch aufs Arbeitslosengeld hast, werden die Beiträge vom Arbeitsamt gezahlt. Somit bist du direkt wieder versichert und kannst zum Arzt gehen.

3. Bewilligungsschein und Berufsberatung

Nach der Prüfung deines Antrages erhältst du einen Bewilligungsschein von der Agentur für Arbeit. Im Anschluss musst du zum Berufsberatungstermin erscheinen.

Was passiert, wenn du dich erst nach der Weltreise arbeitslos meldest?

Das hat gleich mehrere Nachteile und es kann sein, dass...

- Du hast dein Anrecht auf Arbeitslosengeld vielleicht verloren. Denn zur Erfassung werden immer die letzten beide Jahre herangezogen, in denen du mindestens 12 Monate gearbeitet haben musst. Wenn du jetzt länger als ein Jahr unterwegs warst, erfüllst du die Kriterien nicht.
- Du hast nicht direkt Anspruch aufs Arbeitslosengeld. Wenn du selber gekündigt hast, bist du erst mal für drei Monate gesperrt. Diese Zeit wird dir zusätzlich noch von der bewilligten Gesamtdauer des Arbeitslosengeldes abgezogen.
- Du bist nicht sozialversichert. Besonders unangenehm ist, dass du nicht automatisch krankenversichert bist. Jetzt musst du dich selber versichern, was teuer ist. Ebenfalls erhältst du keinen Nachweis für die Rentenkasse.

+++Link-Tipps: Da das Thema sehr kompliziert ist, und ich nur aus zweiter Hand berichten kann (da ich selber selbstständig bin). Kann ich dir noch diesen Artikel und dieses Forum empfehlen.

Zusammenfassung: Arbeitslosengeld

Bedingungen: 1. In den letzten 2 Jahren mind. 12 Monate als Angestellter gearbeitet; 2. Arbeitssuchend 1. Arbeitssuchend melden, innerhalb von 3 Tagen nach Kündigung 2. Beratungstermin 3. Arbeitslos melden, direkt nach Ende des Arbeitsvertrages; du musst mind. 1 Tag arbeitslos vor der Reise sein, um deinen Anspruch nicht zu verlieren 4. Vor Abreise bei Agentur für Arbeit abmelden 5. Nach der Rückkehr arbeitslos melden 6. Bei Krankenkasse anmelden 7. Bewilligungsschein und Berufsberatung

4
PACKEN

4.1 - MIT LEICHTEM GEPÄCK REISEN

„Pack nicht zu viel ein!" – Diesen Rat wirst du nicht zum ersten Mal hören und doch will ich kurz mit dir darüber sprechen, weil wir alle diesen Fehler schon gemacht haben.

Ein Sprung in die Vergangenheit...

Mit schnellem Schritt hetze ich durch die Straßen von Sydney. Ich bin spät dran, in zehn Minuten fährt mein Bus nach Melbourne ab. Es ist Sommer und die Sonne brennt vom Himmel.

Schweißperlen bilden sich auf meiner Stirn und rinnen meine Schläfen runter. Die Gurte meines Rucksacks schneiden in meine Schulter und Hüfte. Meine Schritte sind schwer. Ich laufe leicht nach vorne gebeugt.

Da steht mein Bus. Mit letzter Kraft laufe ich es über die Straße und springe rein. Kraftlos lasse ich mich in den Sitz fallen. GESCHAFFT!!! Mein Herz pocht rasend schnell. Ich bin außer Atem und total verschwitzt. Was für ein Stress!?

Mein Fehler: Ich habe zu viel eingepackt

Es war meine erste große Reise und ich hatte das Gefühl alles mitnehmen zu müssen, um für alle Abenteuer gewappnet zu sein. Mein 60-Liter-Rucksack war damals randvoll und um die 18 Kilogramm schwer, manchmal sogar noch mehr.

Ich hatte einen Schlafsack dabei, zu viele Klamotten, Wanderschuhe, diverse Bücher und so viel mehr (an das ich mich schon nicht mehr erinnern kann). Mein Rucksack war ein Monster und alleine das Auf- und Absetzen war ein Kraftakt.

Ich habe aus meinen Fehlern gelernt (dachte ich zu mindestens vor meiner Weltreise) und habe doch wieder zu viel gepackt. Aber diese Mal habe ich es unterwegs gemerkt und angefangen Sachen zu verschenken. Fortan wurde mein Rucksack immer leichter und war nur noch halb gefüllt, so dass ich mir zwischendurch einen neuen Rucksack, einen kleineren, gekauft habe.

Was ich gelernt habe:

- Ich kann improvisieren.
- Ich kann neue Sachen kaufen.
- Und wieder verschenken.
- Ich kann mir Equipment ausleihen.
- Ich liebe meinen leichten Rucksack.
- Mir fehlt nichts.

Ist das dein ganzes Gepäck?!

Wie oft schauen mich Leute mit großen Augen an und dann folgen unzählige Fragen: „Das kann doch nicht alles sein? Vermisst du denn nichts? Wie oft musst du waschen? Wie schaffst du das? ..." – „Ich könnte nie mit so wenig auskommen!" ist eine Standard-Antwort.

Am Anfang mag es unmöglich erscheinen, aber es ist leichter als du denkst. Zum einen passt viel mehr in einen Handgepäckrucksack, 40 bis 45 Liter ist viel. Das ist gar nicht so viel kleiner als ein Standard- Backpack mit 60 Litern. Außerdem wirst du es zu schätzen wissen, so unbeschwert reisen zu können. Da fällt es dir leicht auf ein paar Dinge zu verzichten.

Probier es selber aus, du hast nichts zu verlieren, sondern nur zu gewinnen.

Versuch einfach mit weniger auszukommen, jedes Kilogramm macht einen großen Unterschied. Nicht jeder mag es super minimalistisch reisen, aber jeder kann reduzieren und mit einem leichteren Rucksack reisen. Gerade wenn du in warmen Gegenden unterwegs bist, wo du nicht viele Klamotten brauchst. Gib dem ganzen eine Chance. Konkrete Tipps, wie du weniger packst, findest du bei den Packtipps.

Das sind die Vorteile mit leichtem Gepäck zu reisen:

- Reisen ist unbeschwerter und leichter! Mit einem kleinen Rucksack ersparst du dir viel Stress und Schlepperei. Gerade an einem Transit-Day, wenn du mit deinem gesamten Gepäck unterwegs bist, geht alles viel einfacher. Außerdem freut sich dein Rücken.
- Du bist mobiler! Mit einem leichten Rucksack läufst du die paar Schritte bis zur Unterkunft zu Fuß. Du kannst ohne Probleme mit öffentlichen Verkehrsmitteln fahren oder hinten auf ein Motorrad-Taxi springen. Als Frau brauchst du keine Hilfe mit dem Gepäck.
- So sparst du Geld! Immer wenn du zu Fuß gehst oder mit dem Stadtbus fährst, sparst du dir das Geld fürs Taxi. Auch kaufst du dir nur noch Sachen, wenn du sie wirklich brauchst. Für mehr ist kein Platz im Rucksack, Schluss mit unnützem Kram oder Souvenirs.
- Du brauchst viel weniger Platz! Gerade in einem Hostel-Dorm ist oft kein Raum, um sich auszubreiten und groß auszupacken. Umso besser, wenn du mit wenig unterwegs bist und dein Rucksack super organisiert ist. Dann brauchst du nicht viel Platz.
- Mach dir weniger Sorgen um Diebstahl! Je weniger du dabei hast, desto weniger kann dir gestohlen werden. Ein kleiner Rucksack passt viel besser in Schließfächer im Hostel oder am Bahnhof. So musst du dir keine Sorgen machen, dass was gestohlen wird.
- Gib den Rucksack nicht aus der Hand! Außerdem kannst du unterwegs alles besser im Auge behalten, indem du ihn immer nah bei dir behältst. Wenn ich mit einem „Chicken-Bus" fahre, gebe ich den großen Rucksack oft nicht ab, sondern lege ihn unter den Sitz. So viel Platz ist da meistens und er geht in dem Chaos nicht verloren.

- Du bist bereit für Abenteuer! Je exotischer und ungewöhnlicher deine Reiseziele sind und deine Art zu reisen ist, desto herausfordernder ist es mit dem gesamten Gepäck unterwegs zu sein. Teils geht es über kleine Pfade durch den Dschungel, du musst aus Booten ans Ufer waten oder beim Trampen schnell hinten auf die Ladefläche eines Pickup-Trucks springen.
- Beim Fliegen sparst du Zeit und Geld! - Ein weiterer Bonus nur mit Handgepäck zu reisen. Kein langes Warten bei der Gepäckaufgabe und nach dem Flug am Gepäckband. Kein Bangen, ob die Sachen ankommen. Zudem sparst du Geld bei Billigfliegern, wo du für jedes aufgegebene Gepäckstück extra zur Kasse gebeten wirst.

4.2 - GEPÄCK

WELCHE TASCHE?

Du hast die Wahl zwischen einer Reisetasche, einem Rollkoffer, einem Rucksack und einer Kombi-Lösung aus Rucksack mit Rollen. Die Reisetasche und der Rollkoffer sind eher für einen Städtetrip oder für einen Roadtrip geeignet, da du die Tasche nicht viel durch die Gegend tragen musst. Denn sonst ist eine Reisetasche schnell zu schwer und dir werden die Arme lang, daher ist sie fürs Backpacken ungeeignet.

Was gegen den Rollkoffer spricht

Das Problem hast du beim Trolley nicht, da du ihn ganz komfortabel hinter dir herziehen kannst. Die kleinen Rollen funktionieren super, wenn du einen guten Untergrund hast. Sobald der Boden uneben ist, schleifst du ihn nur noch hinter dir her oder musst ihn sogar tragen. Dann wird er schnell unhandlich und schwer.

Als Backpacker bist du ihn öffentlichen Verkehrsmitteln unterwegs, übernachtest in der Bambushütte am Strand und im sechsten Stock deines Hostels, das keinen Aufzug hat.
Wenn du Work-and-Travel in Australien oder Kanada machst, kann es noch funktionieren. In Südostasien und Südamerika ist er oft fehl am Platz. Auch von der Kombilösung aus Rucksack mit Rollen kann ich dir abraten. Diese Dinger sind einfach durch das Gestell viel zu schwer und lassen sich sehr schlecht tragen.

Warum der Rucksack besser ist

Deshalb ist der Rucksack die beste Wahl für Backpacker, da er perfekt für alle Abenteuer auf Reisen geeignet ist. Du schnallst ihn dir auf den Rücken und hast deine Hände frei. Und ihn problemlos stundenlang quer durch die Stadt tragen.

Die einzigen Bedingungen sind:

1. Er muss leicht sein. Man sagt, dass er nicht mehr als 20% des eigenen Körpergewichts haben darf, damit er problemlos länger getragen werden kann. (Für kurze Strecken kann er etwas schwerer sein.)
2. Er muss gut zu tragen sein. Der Hüftgurt soll das Hauptgewicht tragen, so kommt die Kraft aus den Beinen und entlastet die Schultern. Für jeden gibt es ein passendes Modell, das zu seinem Körper passt. Mehr dazu gleich.

Vorurteile gegenüber dem Rucksack

Der Rucksack hat nicht immer den besten Ruf, weil viele schon schlechte Erfahrungen gemacht haben, aber das muss nicht sein.

Ein Rucksack ist Schlepperei. Wenn du dich oben an die beiden Anforderungen hältst, nicht zu viel einpackst und ihn richtig trägst, merkst du das Gewicht kaum.

Ein Rucksack ist chaotisch. Schon mit zwei Tricks, vermeidest du Chaos im Rucksack.

1. Kauf dir keinen klassischen Wanderrucksack, sondern einen „Traveller". Dieser hat einen umlaufenden Reißverschluss und lässt sich wie ein Koffer aufklappen. So behältst du immer den Überblick.
2. Stopf nicht alles lose in den Rucksack, sondern nutze Beutel oder „Packing Cubes" um Sachen zu organisieren. Sie sind vergleichbar mit Schubladen an einer Kommode, wo jeweils die Shirts und Unterwäsche in verschiedenen sind. Näheres erfährst du bei den Packtipps.

TIPPS FÜR DEN RUCKSACKKAUF

Wie findest du jetzt aber den perfekten Rucksack für dich, denn die Auswahl ist groß? Ich gebe dir ein paar Tipps, worauf du beim Rucksackkauf achten solltest.

Kauf keinen klassischen Wanderrucksack

Im Gebirge und beim Wandern sind die Anforderungen an einen Rucksack ganz anderes, als beim Backpacken. Daher sind klassische Wanderrucksäcke meist schlanker und höher gebaut, so hast du mehr Bewegungsfreiheit und sie lassen sich besser tragen. Außen gibt es viele Riemen, um zusätzliches Equipment zu befestigen.

Dies sind meist „Top-Loader", die sich nur von oben öffnen lassen. Was fürs Reisen unpraktisch ist, da du deinen Rucksack immer komplett auspacken musst, um unten dranzukommen. Bei einigen Rucksäcken gibt es zusätzlich seitliche Eingriffe, aber es bleibt trotzdem unübersichtlich.

Auch unter dem Aspekt der Sicherheit ist ein Wanderrucksack benachteiligt. Die meisten haben oben einen Tunnelzug, mit dem der Rucksack verschlossen wird. So hast du keine Möglichkeit den Rucksack mit einem Schloss zu sicher.

Besser ist ein „Front-Loader"

Viele Hersteller haben deshalb „Traveller" Rucksäcke entwickelt, die optimal auf die Bedürfnisse von Backpackern ausgerichtet sind. Dieser lässt sich bequem wie ein Koffer komplett aufklappen. Größere Modelle haben unten noch ein zusätzliches Fach, wo du sperrige Sachen reinpacken kannst.

Der „Traveller" vereinbart viele praktische Aspekte mit einem guten Tragekomfort. Dabei gilt, je kastenförmiger die Form ist, desto schlechter ist die Gewichtsverteilung.

Bevor du jetzt ins Geschäft rennst, solltest du dir folgende Fragen stellen:

(Ansonsten wirst du mit einem zu großen und zu teuren Rucksack das Geschäft verlassen. Am besten hast du eine klare Vorstellung, was du willst.)

1. Wohin geht die Reise und wie willst du reisen?

- Gehst du für ein Jahr nach Australien und wirst den Rucksack immer nur auf kurzen Strecken vom Hostel zum Bus tragen. Dann ist das Traveller-Modell etwas für dich.
- Planst du zwischendurch Mehrtageswanderungen in Neuseeland oder Patagonien zu machen, ist ein Tourenrucksack das passende Modell für dich.
- Reist du durch Südostasien, wird dir ein kleiner Handgepäckrucksack reichen.

2. Was nimmst du mit und wie groß muss dein Rucksack sein?

- Als Backpacker kommst du mit einem 40 bis 60 Liter Rucksack aus, Frauen brauchen sogar nur 40 bis 50 Liter.
- Wenn du nur durch warme Regionen reist, sind um die 40 bis 50 Liter ausreichend.
- Reist du jedoch auch durch kalte Regionen oder nimmst Camping-Equipment mit, solltest du eher 60 bis 70 Liter haben.
- Bist du kein Minimalist, dann wirst du etwa 10 bis 20 Liter mehr haben wollen.

Okay, jetzt weißt du, welches Modell und welche Größe dein Rucksack haben soll. Geh nun in einen Outdoor-Laden, um dich beraten zu lassen und Rucksäcke zu testen. Denn jeder Mensch hat eine andere Statur und Körperabmessungen, daher ist es wichtig, dass der Rucksack zu dir passt.

Nimm dir etwas Zeit für den Kauf deines Rucksacks.

Achte auf folgende Punkte:

- Rücklänge: Einige Hersteller bieten Rucksäcke mit unterschiedlichen Rückenlängen an. Wieder andere haben ein variables Rückensystem, was du mit ein paar Handgriffen anpassen kannst.
- Hüftgurt: Richtig eingestellt, trägt der Hüftgurt die Hauptlast. Dafür muss er stramm angezogen werden und sollte trotzdem nicht einschneiden.
- Schulterbreite: Auch hier gibt es Unterschiede bei den Rucksäcken.
  Achte darauf, dass sowohl die Schulter- als auch die Beckengurte mit einem festen Schaumstoff gepolstert sind.

Einige Hersteller haben extra Frauen-Modelle. Diese haben einen kürzeren Rücken, sind ideal für schmale Schultern und haben einen breiteren Hüftgurt. Dies ist nur ein Label, denn großen Frauen wird er nicht passen, dafür aber schlanken kleineren Männern.

Der Tragetest: Setz den Rucksack auf

Lass dir vom Verkäufer erklären, wie du den Rucksack richtig einstellst und worauf du achten musst.

- Der Hüftgurt sollte mittig auf der Hüfte sitzen, so dass er nicht den Bauch eindrückt oder an der Leiste scheuert. Zieh ihn so fest an wie du kannst, damit er nicht verrutscht. Denn der Hüftgurt soll die Hauptlast auf die Beine übertragen und so die Schultern entlasten.

- Auf welcher Höhe ist die Befestigung für die Schulterriemen? Ist sie zu tief, reicht die Rücklänge nicht aus. Sitzt sie zu hoch, ist der Rücken zu lang. Am Spiegel kannst du es von der Seite gut sehen, ob die Position stimmt. Entweder kannst du die Rückenlänge einstellen oder das Modell passt dir nicht.
- Wie fühlt er sich an? Sitzt er gut? Liegt das Gewicht auf den Hüften oder den Schultern? Scheuern die Schulterriemen? Behalt ihn eine Zeitlang auf und lauf herum.

Worauf du sonst noch achten solltest

- Fächer: Ein großer Rucksack sollte ein Haupt- und ein Bodenfach haben. Zusätzlich sind ein bis drei kleine Fächer hilfreich, um Kleinkram unterzubringen.
- Doppel-Reißverschluss: Diesen kannst du mit einem kleinen Vorhängeschloss abschließen.
- Qualität: Achte auf eine solide Verarbeitung (Doppelnähte) und ob es ein wasserabweisendes (PU-Beschichtung) und robustes Material ist.
- Kompressionsriemen: Wichtig um alles festzuziehen, damit nichts herum wackelt, wenn er nicht voll ist. Dann lässt sich der Rucksack besser tragen.
- Befestigungsmöglichkeiten außen: Um bei Bedarf Schuhe oder Sperriges (Isomatte) außen dran machen zu können.
- Regenschutz: Entweder direkt mit integriert oder separat kaufen.
- Innen (optional): Ein Netz ist praktisch, um gerollte Shirts zu lagern.
- Farbe: Dein Rucksack wird dreckig werden, daher sind helle Farben eher unvorteilhaft.

Nimm dir ruhig Zeit für die Auswahl und probiere mehrere Rucksäcke an, bevor du dich entscheidest. Dein Rucksack wird dich wahrscheinlich die nächsten Jahre begleiten, daher sollte er der Richtige sein. Außerdem sind die Dinger teuer, daher sollte es kein Fehlkauf sein.

HANDGEPÄCK RUCKSACK

Vielleicht bist du mit einem Handgepäckrucksack zufrieden. Nicht jeder mag es so minimalistisch unterwegs zu sein, aber wenn doch wirst du die Freiheiten lieben.

Die Handgepäckregeln fürs Flugzeug

Jede Fluggesellschaft bestimmt selber die Regeln fürs Handgepäck an Bord ihrer Flugzeuge, so ist es etwas unübersichtlich. Und leider kann es jederzeit zu Änderungen kommen, daher solltest du vor jeder Flugbuchung, dir die genauen Bedingungen der Airline durchlesen. Eine gute Übersicht der bekanntesten Airlines findest du hier.

Die Maximalgrößen für Taschen variieren

- Länge von 50 bis 55 cm
- Breite von 35 bis 40 cm
- Tiefe von 20 bis 25 cm
- Gewicht von 5 bis 12 kg

Zusätzlich ist bei vielen Airlines eine zweite kleine Tasche erlaubt, wie eine Hand-, Umhänge-, Laptop-, Kameratasche oder ein kleiner Tagesrucksack. Diese muss unter den Vordersitz an deine Füße passen.

Worauf solltest du beim Handgepäck-Rucksack achten?

- Maximalgröße: Als erstes sollte die Tasche natürlich nicht größer sein, als die durchschnittlichen Maximalabmessungen. Meist sind die Kontrollen sehr lax, solange du nicht total aus dem Rahmen fällst, sind die Fluggesellschaften bis jetzt noch großzügig.
- Bauform: Um die erlaubte Größe optimal auszunutzen, sind rechteckige Rucksäcke besser, als welche mit abgerundeten Formen. So haben kastenförmige Rucksäcke bis zu 45 Liter Volumen.
- Gewicht: Wenn nur fünf Kilogramm an Bord erlaubt sind, sollte das Eigengewicht des Rucksacks so leicht wie möglich sein.

Beim Chek-In am Flughafen wird das Handgepäck oft gewogen, am Gate selber nicht oder nur sehr selten. Am besten also vorher online einchecken.

- Funktionalität: Dieser Punkt ist sehr individuell und hängt stark davon ab, wie du den Rucksack nutzen willst. Er sollte mehrere Fächer haben, um Kleidung und Kleinkram aufzunehmen. Falls du mit Laptop reist, ist ein gepolstertes separates Fach praktisch. Idealerweise lässt er sich wie ein Koffer aufklappen.
- Falls du den Rucksack auch auf längeren Strecken tragen willst, ist der Tragekomfort wichtig. Achte dann auf gut gepolsterte Schulter- und Beckengurte. Kompressionsriemen außen, um alles festzurren zu können. Und aus Sicherheitsgründen sind abschließbare Reißverschlüsse und ein kleines Wertsachenfach verdeckt oder obenauf sinnvoll.

Aktuelle Handgepäck Rucksack Empfehlungen findest du auf dem Blog:
www.backpackinghacks.de/handgepaeck-rucksack/

Zusammenfassung: Tipps Rucksackkauf

- Keinen klassischen Wanderrucksack, sondern „Traveller" kaufen, den du wie einen Koffer aufklappen kannst.
- Empfehlung: warme Länder (Südostasien) 40-50 l, gemäßigtes Klima (Südamerika) 50-60 l, kalte Länder ab 60 l
- Handgepäck Größe 40-45 l: Länge 50-55 cm, Breite 35-40 cm, Tiefe 20-25 cm
- Handgepäck Form: rechteckig besser als abgerundet
- Achte beim Kauf auf Rückenlänge, Hüftgurt, Schulterbreite - Probier ihn vorher an!
- Noch ein Tipp: Mach ein Erkennungszeichen an deinen Rucksack dran, damit er nicht verwechselt wird. Dann geht es bei der Gepäckausgabe schneller.

4.3 - PACKLISTE

Jetzt hast du einen Rucksack, aber immer noch keine Ahnung, was du alles mitnehmen sollst? Hier findest du die wichtigsten Antworten: Was gehört unbedingt in deine Tasche? Was lässt du besser zurück? Nur eins vorab...

Es gibt keine ultimative Packliste!!!

Du wirst auf jedem Reiseblog eine andere Packliste finden und jede wird etwas variieren. Das ist eine Typfrage und hängt davon ab, wohin die Reise geht, wie lange sie dauert, was für Aktivitäten geplant sind, ob du eine Frau oder Mann bist, ob du alleine oder mit einem Partner reist und vieles mehr. Die Frage ist immer, was brauchst du?

Nimm die Packlisten als Orientierungshilfe und pass sie entsprechend deiner Situation an. Und keine Panik, du kannst nichts verkehrt machen. Spätestens auf der Weltreise wirst du merken, was nicht funktioniert oder fehlt. Dann kannst du einkaufen gehen, Problem gelöst.

Im Anhang findest du die gesamte Packliste und auf dem Blog mit einigen Produktempfehlungen.

PACK KLAMOTTEN FÜR 1 WOCHE EIN

Auf Reisen lebst du aus dem Rucksack und musst mit einer überschaubar großen Kleiderauswahl auskommen. Das mag sich für einige erschreckend anhören, aber du gewöhnst dich daran. Oft geht es schneller als du denkst. Dann macht es dir nichts mehr aus, andauernd dieselben Sachen zu tragen, weil das alle Backpacker um dich herum tun.

Umso wichtiger ist es, die richtigen Kleidungsstücke einzupacken. Nimm deine Lieblingsklamotten mit, die du gerne trägst und die für den Backpacker Alltag geeignet sind. Lass alles zu Hause, was du nur gelegentlich tragen würdest oder empfindlich ist. Stimme alle Stücke aufeinander ab, damit du sie miteinander kombinieren kannst.

Es reicht vollkommen aus, wenn du Kleidung für eine Woche dabei hast. Zwar musst du so regelmäßig waschen, dafür sparst du dir enorm viel Gewicht.

- 4-5 T-Shirt & Tops
- 1-2 Longsleeve, bzw. Bluse / Hemd
- 1 Pullover (Hoodie)
- + 1 warmer Pullover für kältere Regionen

T-Shirts: Wenn du die Wahl zwischen zwei Shirts hast, dann nimm das leichtere, was schneller trocknet. Am Ende addiert es sich alles auf und du wirst einen Unterschied merken. Laufe aber jetzt nicht in den Outdoor-Shop, um alles in der ultralight Ausführung zu kaufen. Versuche einfach unnötiges Gewicht zu vermeiden.

Gerade in den Tropen sind leichte und luftige Baumwoll-Shirts angenehm, da du unter enganliegenden Shirts stärker schwitzt. In kälteren Regionen wirst du mehrere Layer übereinander anziehen. Mit dem Zwiebellook bist du warm eingepackt, auch ohne Winterklamotten.

Hoodie (Kapuzenpulli): Gerade in den Tropen wirst du selten einen Pulli brauchen, vielleicht mal abends oder wenn es in die Berge geht. Dafür wirst du ihn oft in klimatisierten Bussen tragen, besonders auf Nachtfahrten.

Zweiter Pullover: Besonders in kälteren Ländern ist ein zweiter warmer Pulli notwendig. In Südamerika laufen viele mit Alpaka-Pullis herum, die du relativ günstig in Bolivien oder Peru bekommst. Sie sind schön warm. Alternativ kannst du einen Fleece-Pullover mitnehmen, diese sind schön leicht und angenehmer für Wanderungen. Wichtig ist, dass du beide Pullover übereinander anziehen kannst, falls es wirklich kalt wird.

- 1 Beutel mit Unterwäsche, BHs & Socken
- 1-2 Bikini, bzw. Badeshorts
- 1 Schlauchtuch
- 1 Beutel für Schmutzwäsche

Schlauchtuch: Das Multifunktionstuch kannst du mit ein paar Handgriffen in eine Mütze, ein Haarband, eine Schlafbrille und einen Mundschutz verwandeln. So ist es ein Schutz vor Kälte, Sonne, Wind oder Staub. Dabei ist es schön klein und nimmt kaum Platz weg.

- 2-3 Shorts
- 1 lange Hose
- + 1 zusätzliche Hose für kältere Regionen
- Leggings (Frauen) oder Wanderhose (bei Bedarf)

Leggings für Frauen: Sie ist leicht und kompakt. Dabei ist sie super bequem, so kannst du sie zum Wandern, beim Sport, abends oder nachts als Schlafanzug tragen. In kälteren Regionen kannst du sie sogar unter die Jeans anziehen, damit du nicht frierst. Vor allem in Südamerika ist sie praktisch.

- 1 Regenjacke
- 1 Flipflops
- 1 Sneaker / Sandalen / Trail-Running

Regenschirm vs. Regenjacke: Als aktiver Mensch, der gerne in der Natur unterwegs ist, passt die Regenjacke besser. Gerade in kälteren Regionen ist die Regenjacke darüber hinaus ein Schutz vor Wind und Kälte. Stadtmenschen, die vor allem durch die Tropen reisen, ist ein Schirm besser oder gar nichts. Mach es einfach wie die Einheimischen und warte die Schauer ab. Vor Ort kannst du dir immer noch einen Regenponcho kaufen, wenn du ihn brauchst.

WELCHE SCHUHE EINPACKEN?

Die perfekten Schuhe fürs Reisen, gibt es nicht! Jeder schwört auf etwas anderes, von daher musst du selber herausfinden, was du brauchst. Bei einer Weltreise kannst du sowieso nicht für alles gewappnet sein. Hier ist eine kleine Entscheidungshilfe, welche Schuhe die richtigen für dich sind.

Flip Flops: Gerade in warmen Regionen sind Flip Flops unschlagbar. Sie sind ideal für kurze Strecken. Auch sonst sind sie im Backpacker-Alltag super praktisch, da du sie als Hausschuhe und beim Duschen tragen kannst. Wenn es nass wird oder du mit einem schweren Rucksack unterwegs bist, fehlt dir jedoch der Halt. Gerade am Anfang läufst du dir leicht Blasen, was mit der Zeit besser wird, da die Haut dicker wird. Ansonsten musst du unterschiedliche Modelle austesten.

- Pro: leicht & praktisch
- Kontra: für kurze einfache Strecken
- Fazit: definitiv einpacken

Sandalen: Ebenfalls ideal für heißes Wetter sind Sandalen, die bequemer für längere Strecken sind. Gerade Trekking-Sandalen kannst du auch auf Wanderungen oder beim Wassersport (Kayaking, Cliffjumping) tragen. Nicht jeder mag die Optik, aber es gibt auch schöne Modelle.

- Pro: luftig & bequem
- Kontra: Optik
- Fazit: für aktive Leute

Sneaker: Auf Reisen sind Sneaker ideal für die Stadt und kältere Länder. Sie sind super bequem, auch für längere Distanzen. Da es sie in unterschiedlichen Designs gibt, eignen sie sich auch zum Ausgehen und fürs Arbeiten.

- Pro: alltagstauglich
- Kontra: Schweißfüße im Sommer
- Fazit: für urbane Explorer

Laufschuhe & Trail Running Schuhe: Wenn du dich unterwegs fit halten willst, bringst du am besten deine Laufschuhe mit. Sie sind multifunktional, da du sie sowohl in der Stadt, als auch in der Natur tragen kannst. Sogenannte „Trail Running" Modelle haben darüber hinaus ein besseres Profil und bieten dem Fuß mehr Halt, was sie zu einem idealen Wanderschuh-Ersatz macht.

- Pro: Tragekomfort
- Kontra: sportliche Optik
- Fazit: für Sportliche

Wanderschuhe: Hohe Wanderstiefel geben dem Fuß noch mehr Halt und schützen ihn auf unebenen Wegen, was besonders wichtig auf schwierigem Gelände und im Hochgebirge ist. Auf einer normalen Backpacking-Reise wirst du sie trotzdem nur sehr selten brauchen, daher solltest du überlegen, ob du sie wirklich mitnehmen willst. Eine gute Alternative sind Trail Running Schuhe oder kauf sie dir vor Ort.

- Pro: schützt deinen Fuß
- Kontra: schwer & seltene Nutzung
- Fazit: für Wanderer

Schickere Schuhe: Gerade wenn du viel in Städten unterwegs bist, willst du nicht auf den ersten Blick als Backpacker zu erkennen sein. Besonders wenn du abends ausgehst. Aber auch wenn du einen Bürojob hast oder in einem Cafe kellnerst. Entweder hast du dezente Sneaker dabei oder du kaufst dir vor Ort neue Schuhe, wenn du sie brauchst. Frauen haben es leichter, da Ballerinas immer in den Rucksack passen.

- Pro: akzeptabel
- Kontra: Luxus
- Fazit: für Stadt-Liebhaber (mit Bürojob)

Noch ein paar Punkte, die dir die Entscheidung erleichtern.

- Wie ist das Wetter? Warm oder kalt?
- Welche Aktivitäten hast du geplant?
- Wie schwer sind die Schuhe? leichter ist besser
- Sind sie wasserdicht? GoreTex ist schlecht für warme Länder
- Wie viel Platz brauchen sie im Rucksack? kompakter ist besser
- Wie häufig wirst du sie anziehen?
- Schön vs. praktisch

Zusammenfassung: Schuhe

- Die Schuh-Formel: Ein Paar am Fuß + eins im Rucksack + Flip Flops

Empfehlungen

- Stadt: Sandalen / Ballerinas, Sneaker + Flip Flops
- Sport: Sandalen, Laufschuhe + Flip Flops
- Outdoor: Sandalen, Trailrunning-Schuhe + Flip Flops

+++Tipp: Kauf dir Wanderschuhe unterwegs für Fernwanderungen.

DOKUMENTE & GELDSACHEN

Im Kapitel Papierkram haben wir bereits über den Reisepass und alle weiteren Reisedokumente gesprochen. Hier ist noch mal alles auf einen Blick:

- wasserdichter Zipp-Beutel
- Reisepass mit 1-2 Kopien
- Reisepolice der Auslandskrankenversicherung
- internationaler Impfpass

Weitere Reisedokumente (optional)

- Original EU-Führerschein + internationaler Führerschein (grau)
- internationaler Studentenausweis
- PADI-Tauchausweis
- Segelschein

Geldsachen

- 2 Kreditkarten
- Notfall-Bargeld: 100-200 US-Dollar (kleine Stückelung)
- Unterlagen fürs Online-Banking

Diverses

- extra Passbilder (für weitere Visa)
- kleines Portemonnaie
- Notfall-Telefonnummer
- Reiseunterlagen
- Bewerbungsunterlagen (Working Holiday Visum)

+++Tipp: Steck deine Unterlagen und vor allem deinen Reisepass in einen wasserdichten Zipp-Beutel, damit nichts dran kommt. Es gibt sie auch in kleinen Größen mit etwas dickerem Kunststoff von Loksak oder Noaks. Diese halten länger und sind ideal für den Reisepass.

REISEAPOTHEKE

Wer auf Reisen schon mal krank geworden ist oder sich verletzt hat, weiß wie wichtig eine Reiseapotheke ist. Natürlich kannst du vieles vor Ort kaufen, aber ohne eine Grundausstattung an Medikamenten und Pflastern würde ich nicht losreisen. Auf meiner Weltreise haben sich folgende Sachen in der Reiseapotheke bewährt.

Magenprobleme & Infektionen

- Schmerztabletten (Paracetamol oder Ibuprofen): schmerzlindernd, entzündungshemmend und fiebersenkend
- Fieberthermometer (digital): Gerade bei Verdacht auf tropische Krankheiten, solltest du regelmäßig deine Körpertemperatur kontrollieren. Wenn du mehr als zwei Tage hohes Fieber (über 39 Grad Celsius) hast, solltest du einen Arzt aufsuchen.

- Elektrolyte (Elotrans Pulver): Jeden erwischt es mal mit Durchfall. Gerade in den Tropen dehydrierst du zusätzlich durchs Schwitzen und schwächst deinen Körper. Dann hilft eine Elektrolytlösung.

Nicht mitnehmen

- Imodium akut oder Lopedium: Es legt den Darm still und unterdrückt den Durchfall, was schlecht ist. Der Körper will möglichst schnell die Bakterien loswerden, daher muss am Anfang erst mal alles (wortwörtlich) raus.
- Kohletabletten: Helfen bei typischem Reise-Durchfall meist nicht.
- Antibiotikum: Nur ein Arzt kann entscheiden, welches Antibiotikum du brauchst, da Bakterien unterschiedlich behandelt werden müssen.

Kleine Hautverletzungen

- Wunddesinfektion (Octenisept Spray): In den Tropen entzünden sich wegen den vielen Keimen Wunden schnell, daher immer gut reinigen.
- Antiseptikum (Betaisodona Salbe): Wenn sich die Wunde doch entzündet, hilft Betaisodona.
- Verbandszeug (Mullbinden, sterile Kompressen, Leukoplast): Für die Erstversorgung, nur das Nötigste.
- Pflaster (Blasenpflaster für Wanderungen)

Optional

- verschreibungspflichtige Medikamente
- Verhütung (Pille): Nimm Vorrat für gesamte Reise mit.
- Kondome: Für alle Singles.
- Kontaktlinsen: harte & weiche Linsen, Aufbewahrung, Flüssigkeit
- Malariamedikamente: Nur bei Reisen durch akute Malariagebiete.
- Wund- und Heilsalbe (Bepanthen): Damit Wunden schneller heilen.
- Desinfektionsgel: Um die Hände zu desinfizieren in unhygienischen Umgebungen.

- Reiseübelkeit: Falls dir schnell schlecht wird auf Bus- oder Bootsfahrten.
- Fenistil (Gel) oder bite away (Gerät): Was gegen den Juckreiz bei Insektenstichen hilft.
- Augentropfen: Besonders Leute, die oft trockene Augen haben und Kontaktlinsen tragen.
- Antihistaminika: Gegen allergische Reaktionen.

Verschreibungspflichtige Medikamente

Falls du regelmäßig Medikamente einnehmen musst, hast du mehrere Optionen. Ausführliche Informationen hierzu findest du im Kapitel Reiseorganisation unter Gesundheit. Für die Kontrolle beim Zoll solltest du verschreibungspflichtige Medikamente in der Original-Verpackung aufheben. Am besten hast du auch ein ärztliches Attest in Englisch dabei, das dir bescheinigt, dass du die Medikamente mitführen darfst.

Wenn du mit vielen Medikamenten reist, solltest du dich vorab erkundigen, ob es Einschränkungen bei der Einfuhr (Menge, Produkte) gibt.

Verhütung & Schutz beim Sex

Reist du mit deinem Partner, wirst du deine bisherige Verhütungsmethode fortsetzen wollen. Kläre mit dem Frauenarzt ab, ob er Bedenken hat. Bei Einnahme der Pille kannst du dir ein Privatrezept für einen Vorrat ausstellen lassen, der für die gesamte Reise ausreicht. Alle Singles sollten Kondome einstecken.

Was könntest du noch brauchen?

- Wohin geht die Reise? Wie ist die medizinische Grundversorgung vor Ort?
  Wenn sie nicht gut ist, solltest du entsprechend mehr mitnehmen, um für den Notfall besser vorbereitet zu sein. In westlichen Ländern, in Südostasien und Lateinamerika findest du oft eine relativ gute Grundversorgung an Krankenhäusern und Apotheken vor Ort. Daher kannst du dich auf ein Minimum in der Reiseapotheke beschränken.
- Was sind häufige Krankheiten vor Ort? Das betrifft vor allem Tropenkrankheiten. Reist du durch ein gefährdetes Malariagebiet?

Gibt es irgendwelche Impfungen, die dich schützen können? Die Antworten kann dir nur ein Arzt geben.
- Was für Aktivitäten hast du geplant? Je abenteuerlicher du reist, desto besser sollte deine Reiseapotheke ausgestattet sein. Planst du irgendwelche Expedition oder Freiwilligenarbeiten in abgelegenen Gebieten, dann solltest du dich von deinem Arzt beraten lassen, was du noch mitnehmen solltest. Ansonsten sind es vor allem die Sportler, die noch spezielle Dinge brauchen, wie das Blasenpflaster für Wanderer oder die wasserfeste Sonnenmilch für Surfer.
- Welche Medikamente benutzt du regelmäßig? Was verträgst du gut?

Noch ein paar Tipps
- Was hast du Zuhause noch vorrätig? Kontrolliere wie lange es noch haltbar ist.
- Pack keine großen Mengen ein, sondern belass es beim Nötigsten.
- Wirf die Verpackung weg und behalte nur die Blister mit dem Beipackzettel.
- In Zipp-Beuteln bleibt alles trocken und ist luftdicht verpackt.

KULTURBEUTEL: HYGIENE- & KOSMETIKARTIKEL

Hier wird jeder andere Vorlieben haben. Versuch es auf ein Minimum zu reduzieren und nicht zu große Mengen mitzunehmen. Erfahrungsgemäß brauchst du weit weniger auf Reisen als zu Hause. Oft ist es die Hitze oder der andere Lebensstil, dass Leute weniger auf ihr Äußeres achten. Männer lassen ihre Haare und Bärte wachsen. Frauen tragen selten Makeup und haben keine aufwendigen Hairstylings. Leute lassen sich nicht einfach gehen, sondern passen sich den neuen Gegebenheiten und Freiheiten an. Du wirst schon sehen.

Kulturbeutel: Wer kennt nicht das Problem, nirgendwo ist eine ordentliche Ablagefläche im Bad für den Kulturbeutel. Kein Problem, wenn du einen Haken hast. So kannst du ihn einfach an der Tür hängen. Wieder anderen reicht ein minimalistischer Kulturbeutel oder sogar nur ein Zipp-Beutel aus.

Feste Seife, statt flüssige: Flüssiges Duschgel und Shampoo nimmt viel mehr Platz weg und ist zudem schwerer, als eine Seife. Außerdem sind diese viel ergiebiger. Genau wie bei flüssigem Shampoo gibt es unterschiedliche Seifen für jeden Haartypen und auch Conditioner. Es funktioniert super, egal, ob du lange oder kurze Haare hast. Teste es einfach Zuhause vor der Reise. Ein weiterer Vorteil wenn du nur mit Handgepäck reist, hast du kein Problem bei den Flüssigkeitsbegrenzungen.

- Zahnhygiene: Zahnbürste, -pasta, -seide
- Shampoo / Conditioner
- Seife

Kosmetika und Makeup: Gerade wir Frauen neigen dazu unser gesamtes Sortiment an Cremes und Makeup mitnehmen zu wollen. Dabei brauchst du auf Reisen wirklich nur das Nötigste. In den Tropen ist es sowieso viel zu heiß für Makeup, da nutzt du allerhöchstens mal Wimperntusche oder Eyeliner abends. Vieles überlebt die Reise nicht, da es zerbricht, ausläuft oder die Hitze nicht verträgt. Reduziere dich und fülle alles in kleinere Behälter um, so sparst du Platz und Gewicht.

- Gesichtsreinigung, -creme
- Makeup, Abschminksachen, kleiner Handspiegel
- Lippenbalsam
- Deo
- Bürste, Hairstyling, Haarklammern /-gummis
- Einmalrasierer für Frauen, bzw. (Elektro-) Rasierer für Männer
- Nagelknipser & -feile, Pinzette
- Tampons, Slipeinlagen oder Menstruationstasse

Tampons: In vielen Regionen der Welt nutzen Frauen Binden, wenn sie ihre Regel haben. Daher reisen viele Frauen mit einer großen Vorratspackung Tampons los und besorge sich immer früh genug Nachschub in großen Städten. Denn hier wirst du sie am ehesten finden.

Sonstiges

- Sonnenmilch: Nicht überall bekommst du sie auf Reisen und oft ist sie teuer, halt also die Augen auf. Bei Reisen nach Australien und Neuseeland erst vor Ort kaufen, da dort die UV-Belastung höher ist und du dort entsprechende Produkte bekommst.
  +++Tipp: Kauf dir in der Drogerie eine Mini-Sonnenmilch, die ist ideal um sie immer dabei zu haben und du kannst sie unterwegs wieder auffüllen.
- Mückenspray: Spray ist besser als eine Creme, da du sie auch auf die Kleidung sprühen kannst. In den Tropen kannst du sie vielerorts kaufen.
- Ohrstöpsel: Wahre Schlafretter, wenn du dir ein Zimmer mit einem Schnarcher teilst. Im Hostel wirst du sie regelmäßig brauchen, aber auch in Unterkünften in einem Ausgehviertel.
- Toilettenpapier

Toilettenpapier: In vielen Regionen ist es ratsam eine Rolle Toilettenpapier dabei zu haben, oft reicht es einige Blätter abzumachen und in einem Zipp-Beutel dabei zu haben. Denn gerade unterwegs findest du nicht immer welches, wenn du es brauchst.

SONSTIGE AUSRÜSTUNG

- Tagesrucksack / Umhängetasche
- Drybag
- Pack Towel
- Schlafsack-Inlett
- Sarong

Tagesrucksack oder Umhängetasche: Für den Alltag ist eine zweite kleine Tasche praktisch. Ich habe meist einen 20-Liter-Tagesrucksack dabei, den ich auch für eine Tageswanderung nutzen kann. Einziger Nachteil, im Sommer und in den Tropen schwitzte ich drunter. Daher habe ich zusätzlich eine kleine Umhängetasche dabei, die ich besonders in der Stadt oder wenn ich nicht viel brauche, dabei habe.

Seit neustem nutze ich einen faltbaren Tagesrucksack. Ganz auf einen Rucksack würde ich nicht verzichten. Du wirst immer mal wieder Situationen haben, wo du mehr Sachen mitnehmen willst und es zu schwer für eine Umhängetasche wird. Und auf jeden Fall, willst du die Hände frei haben, wenn du wandern gehst oder irgendwo hochkletterst. Da ist ein Rucksack einfach besser und dein Rücken wird sich freuen.

Drybag: Ein wasserdichter Packsack schützt deine wichtigsten Wertsachen und Elektronik vor Nässe. Denn es gibt unterwegs immer mal wieder Situationen, wo du pitschnass wirst. Wenn du durch den strömendem Regen läufst, auf Bootstouren oder beim Trekking. Damit sich keine Feuchtigkeit in dem Sack bildet, habe ich immer Silicagel drin. Die Gelbeutel findest du jedem Schuhkarton, wenn du dir ein neues Paar kaufst.

Pack Towel: Das Handtuch ist super saugfähig und trocknet schnell, was ideal fürs Reisen ist. Es ist viel kleiner und leichter als ein herkömmliches Handtuch. Als Größe reicht schon ein kleines Tuch von etwa 80 x 40 cm aus. Achte beim Kauf darauf, dass es oben einen Aufhänger hat.

Schlafsack-Inlett: Das ist ein leichter Innenschlafsack aus Baumwolle oder Seide. Du kannst ihn als Bettzeug nutzen, wenn deine Unterkunft nicht sauber ist oder du nichts zum Zudecken hast. Wenn du dir einen Schlafsack ausleihst, schlüpfst du samt Inlett rein und berührst ihn so nicht direkt. Achte beim Kauf auf die richtige Größe, da es das Inlett in unterschiedlichen Längen und Breiten gibt. Als Flashpacker wirst du ein Schlafsack-Inlett weniger brauchen, aber als Budget Backpacker ist es oft sehr nützlich.

Sarong: Ein Sarong ist multifunktional einsetzbar: als Strandtuch oder Decke, als Rock am Strand oder im Tempel, wenn du keine angemessene Kleidung hast, als Schal und vielem mehr. Kauf ihn dir vor Ort, wenn du durch Südostasien reist.

Kleinkram – die kleinen Helfer

- 1 Beutel für Kleinkram
- Taschenmesser
- Wäscheleine
- Sicherheitsnadel, Nadel & Faden
- Klebeband
- Kabelbinder
- Spork

Taschenmesser: Der kleine Alleskönner hat sich schon auf vielen Reisen bewährt: beim Essen, zum Früchte schneiden, als Ersatz für eine Schere, als Flaschenöffner, beim Campen, Dosenöffner suchst du oft vergeblich in Hostels, als Schraubenzieher, für Weinflaschen, etc. Die Liste könnte ich noch ewig fortsetzen, also pack das Taschenmesser ein. Außer du fliegst nur mit Handgepäck, dann kann es leider nicht mit.

Wäscheleine: Unterwegs wirst du alle paar Tage deine Sachen waschen. Nicht immer wirst du eine Wäscheleine finden oder sie ist schon voll. Mit einer eigenen passiert dir das nicht, spann sie auf dem Balkon, zwischen zwei Bäumen oder im Zimmer.

So kannst du die Wäsche auffädeln und brauchst keine Wäscheklammern. Ein weiterer Vorteil, jetzt klaut dir so schnell keiner deine Sachen und sie werden vom Wind nicht fortgeblasen.

Sicherheitsnadel, Nadel & Faden: Wenn du als Backpacker unterwegs bist, wirst du schnell merken, dass deine Kleidung stärker beansprucht wird. Durch schlechte Waschmaschinen und die Handwäsche, scheuern Stellen schneller durch und du hast kleine Löcher in deinen Klamotten. Anstatt alles direkt wegzuschmeißen, kannst du sie schnell flicken oder einen Knopf annähen.

Klebeband: Zum Reparieren ist das Klebeband einfach unersetzlich: um Löcher im Moskitonetze zu flicken, um Dinge zusammenzuhalten, um deine Sachen zu markieren, um Kabelbruchstellen zu verhindern und vieles mehr. Einfach die Rolle platt drücken, dann nimmt sie nicht so viel Platz weg.

Kabelbinder: Mit einem Kabelbinder kannst du deinen Rucksack verschließen, Dinge reparieren, etwas am Rucksack festmachen, ein Bündel zusammenzurren, ... Aber nicht nur das, mit den kleinen Dingern habe ich schon Sachen am Auto repariert, Zelthalterungen geflickt und vieles mehr. Sie sind klein, leicht und universell einsetzbar.

Reisebesteck: Spork ist 3 in 1: Messer, Gabel und Löffel zugleich. Ich nenne ihn Göffel und habe ihn immer auf Reisen dabei, meist sogar in meinem Tagesrucksack. So kann ich unterwegs einen Joghurt oder eine Papaya essen.

Sonstiges

- Brille (bei Bedarf)
- Sonnenbrille
- Notizbuch & Stifte
- Zipp-Beutel für Kleinkram
- Vakuumbeutel Kompressionsbeutel (optional)

Über das Thema Sicherheit sprechen wir gleich noch ab Seite 212 ausführlich, folgende Utensilien sind ratsam:

- 2 kleine Zahlenschlösser (für großen Rucksack)
- 1 großes Vorhängeschloss (für Schließfächer)
- 1 Travel Safe

WELCHE KAMERA MIT AUF REISEN NEHMEN?

Die Auswahl ist groß, aber welche ist die Beste fürs Reisen? Zum einen willst du schöne Fotos machen und die besondere Momente unterwegs festhalten. Aber nicht jeder ist bereit eine große Kameraausrüstung mitzuschleppen oder weiß damit umzugehen. Daher gilt es zuerst eine grobe Richtung festzulegen, welcher Kameratyp für dich der richtige ist und was praktikabel auf Reisen ist.

Die einzelnen Kameratypen in der Übersicht

Smartphone: Immer mehr Backpacker reisen nur noch mit einem Smartphone. Die Vorteile liegen klar auf der Hand: es ist sowieso immer dabei und griffbereit, du kannst die Fotos direkt bearbeiten und mit Freunden teilen. Außerdem musst du so keine zusätzliche Kamera mitnehmen.

Natürlich kann kein Smartphone zaubern. Im Vergleich zu herkömmlichen Kameras haben alle Smartphones einen kleineren Bildsensor und eine schlechtere Linse verbaut. Das merkst du besonders bei suboptimalen Lichtverhältnissen, wenn es dämmert, in dunklen Innenräumen oder an bewölkten Tagen.

Jedoch sind gerade in den letzten Jahren Smartphone-Kameras sehr viel besser geworden und sind teilweise sogar vergleichbar mit günstigen Kompaktkameras. Darüber hinaus experimentieren einige Hersteller mit Doppellinsen, um auch Weitwinkel- und Telefaufnahmen zu ermöglichen. In Kombination mit der Software auf den Geräten entstehen so beeindruckende Aufnahmen.

Das trifft natürlich nur auf teure Premium-Smartphones zu, denn gerade bei günstigeren Modellen wird oft an der Kamera gespart.

Fazit: Wenn du nur Schnappschüsse machen willst, reicht das Smartphone vollkommen aus. Spar dir das Geld für eine Kamera und investiere es lieber in ein neues Smartphone mit einer hochwertigen Kamera. Wenn du jedoch gerne fotografierst und einen höheren Anspruch hast, reicht das Smartphone nicht aus.

Kompaktkamera: Die Kompaktkamera ist perfekt für Fotografie-Einsteiger und Pragmatiker, die lieber auf Schnickschnack verzichten, um eine handliche Reisekamera zu haben.

Die Vorteile sind, sie ist handlich und passt in die Hosentasche, sie ist preiswert und einfach zu bedienen. Zu den großen Nachteilen zählt die niedrigere Bildqualität. Vor allem bei schlechten Lichtverhältnissen, an bewölkten Tagen, in Innenräumen oder beim Zoomen, sind die Fotos oft verrauscht. Dann legt sich ein grauer Schleier auf das Bild, darunter leiden die Kontraste und die Farbwiedergabe.

Fazit: Bald wird es keine günstigen Kompaktkameras mehr geben, da sie vom Smartphone ersetzt werden. Wenn du jedoch mit einem alten Smartphone reist, ist sie trotzdem noch besser, schon alleine wegen dem Zoom und der Handhabung.

Reisezoomkamera: Normale Kompaktkameras haben einen 8 bis 12-fachen Zoom, wem das nicht reicht, der muss eine Reisezoomkamera kaufen. Diese Kameras haben teilweise einen 30 bis 40-fachen Zoom, darunter leidet aber die Bildqualität. Bei maximal ausgefahrenem Zoom sind die Bilder stark verrauscht und werden auch schnell verwackelt. Der Bildstabilisator kommt bei nicht optimalen Lichtverhältnissen schnell an seine Grenzen.

Fazit: Daher kann ich die Reisezoomkamera nicht empfehlen. Was bringt dir ein Zoom, wenn die Fotos am Ende nicht schön sind.

Outdoorkamera: Wer viel draußen bei Wind und Wetter unterwegs ist, wird eine wasserdichte Outdoorkamera schätzen. Bei diesen Modellen fährt kein Objektiv aus, stattdessen sind die Linsen im Gehäuse verbaut. Insgesamt ist sie robuster gebaut und etwas schwerer als eine normale Kompaktkamera. Die Bildqualität ist vergleichbar mit anderen Kompaktkameras.

Fazit: Die Kamera ist ideal für aktive Leute, die gerne draußen unterwegs sind.

Premium-Kompaktkamera

Eine gute Alternative zur klassischen Kompaktkamera sind Premium-Kompaktkameras, die einen größeren Bildsensor und ein lichtstärkeres Objektiv haben. So werden die praktischen Aspekte einer Kompaktkamera mit hoher Bildqualität vereint, ohne dass du eine große Kamera mitschleppen musst.

Das Geheimnis ist der 1"-Bildsensor. Im Vergleich, eine klassische Kompaktkamera hat nur einen 1/ 2,3"-Bildsensor. Ein größerer Bildsensor sorgt für eine höhere Bildqualität, so haben Fotos mehr Details und sind weniger verrauscht. Das merkst du vor allem bei schlechten Lichtverhältnissen, bei Sonnenschein ist der Unterschied viel geringer.

In Kombination mit dem lichtstarken Objektiv entstehen so tolle Aufnahmen. Dieses sorgt für kontrastreiche Fotos bei schlechtem Licht und scharfe Aufnahmen bei schnellen Bewegungen wie bei der Sport- oder Tierfotografie. Die geringe Schärfentiefe sorgt für schöne Nahaufnahmen mit einem verschwommen Hintergrund, was besonders bei Porträts gut aussieht.

Vor- und Nachteile der Premium-Kompaktkamera

Neben den Merkmalen 1"-Bildsensor und dem lichtstarken Objektiv, sind es vor allem die manuellen Einstellmöglichkeiten (Blende, Belichtungszeit, etc.), die interessant für Hobby-Fotografen sind. So hast du viel mehr kreative Gestaltungsmöglichkeiten beim Fotografieren. Dabei ist die Kamera super handlich und klein, wie eine klassische Kompaktkamera.

Der größte Nachteil der Premium-Kompaktkamera ist der geringe Zoom mit 3-fach oder 4-fach, was gerade auf Reisen oft nicht ausreicht. Vor allem, wenn du Tiere fotografierst oder ein Detail hervorheben willst. Wenn du Aufnahmen mit einer hohen Auflösung machst, kannst du sie immerhin in der Bildbearbeitung beschneiden.

Fazit: Die Premium-Kompaktkamera ist klein und handlich, was perfekt fürs Reisen ist. Trotzdem hat sie eine hohe Bildqualität und macht gute Aufnahmen, die vergleichbar mit großen Kameras sind. Sie ist sowohl für Einsteiger als auch für Hobbyfotografen geeignet, da du im Automatikmodus bleiben kannst oder manuell Einstellungen vornehmen kannst. Was fehlt ist der Zoom.

Bridge-Kamera & Spiegelreflexkamera DSLR: Kommen wir nun zu den großen Kameras. Diese lohnen sich nur für Profis und leidenschaftliche Hobby-Fotografen auf Reisen. Ja, du kannst hervorragende Aufnahmen mit ihnen machen, aber sie sind oft hinderlich unterwegs.

Die Kamera an sich reicht nicht aus, da du für jede Situation ein anderes Objektiv brauchst und wahrscheinlich noch zusätzliches Equipment, wie ein Stativ hinzukommt. So trägst du über zwei Kilogramm Ausrüstung mit dir herum, was auf Dauer sehr anstrengend ist. Wenn du es jedoch in der Unterkunft lässt, verpasst du viele schöne Momentaufnahmen. Mit einer großen Kamera fällst du außerdem mehr auf, was Diebe anzieht.

Fazit: Wer eine DSLR als Reisekamera nutzen will, nimmt mehr Risiken und Unannehmlichkeiten in Kauf. Ob es das wert ist?

Zusammenfassung: Kamera

- Smartphone: für Schnappschüsse - Kauf dir ein neues Premium-Smartphone, was eine gute Kamera hat.
- Kompaktkamera: für Fotografie-Einsteiger - Sie ist vergleichbar mit einer guten Smartphonekamera. Jedoch ist sie kleiner, hat einen besseren Zoom und die Bedienung ist komfortabler.
- Reisezoomkamera: Du hast zwar einen besseren Zoom, als bei einer Kompakten, aber mit einer schlechten Bildqualität.
- Outdoorkamera: für Aktive - Wer vor allem draußen bei jedem Wetter fotografiert, wird die wasserdichte Kamera mögen.
- Premium-Kompaktkamera: für Hobby-Fotografen - Sie macht vergleichbar gute Aufnahmen, wie die Großen, ist dabei aber schön klein. Meine Empfehlung!

+++Link-Tipp: Auf dem Blog findest du einen Vergleich der besten Premium-Kompaktkameras *www.backpackinghacks.de/kamera-weltreise*

- Bridge-Kamera & Spiegelreflexkamera DSLR: Nur Profis sollten mit einer großen Kameraausrüstung reisen.

SMARTPHONE, STATT LAPTOP

Ist ein Laptop praktisch auf einer Weltreise? Ja. Ist er auch notwendig? In den meisten Fällen nein. Wenn du nicht gerade ein Digitaler Nomade bist und ein Online Business von unterwegs betreibst. Es gibt viele gute Gründe, die gegen ihn sprechen. Denn er ist nicht nur nützlich, sondern auch eine Belastung unterwegs. Die Kunst beim Backpacken ist es sich auf das Nötigste zu reduzieren, warum also jetzt bei der Technik eine Ausnahme machen.

Klar mir fallen auch etliche gute Gründe ein ihn mitzunehmen. Du kannst darauf deine Fotos sichern und bearbeiten. Abends kannst du Musik hören oder Filme schauen. Mit Familie und Freunde skypen, bequem Emails schreiben und im Internet die nächsten Reiseziele recherchieren.

Aber kannst du das nicht auch alles mit deinem Smartphone?!

Natürlich ist es nicht ganz so komfortabel. Du musst dich mit der Miniatur-Tastatur herumquälen. Ansonsten gibt es genauso Apps zur Fotobearbeitung, zum Musik hören und skypen. Bei Bedarf findest du in jeder Stadt noch ein klassisches Internet-Cafe, wo du einen Rechner zum Arbeiten hast. Mit ein paar Kompromissen geht es also auch ganz ohne.

Wenn Technik auf Reisen zur Last wird

- Denn ein Laptop auf Reisen bedeutet Verantwortung. Es ist höchstwahrscheinlich der teuerste Gegenstand in deinem Rucksack. Du musst aufpassen, dass er beim Transport nicht zu Schaden kommt. Ihn vor Erschütterungen und Wasser schützen. Aufpassen, dass er nicht gestohlen wird. Ständig bist du in Sorge.
- Außerdem ist er schwer. Je nach Modell schleppst du anderthalb bis zwei Kilos zusätzlich mit dir herum. Und dann brauchst du noch das ganze Equipment, wie Ladekabel, Maus, Externe Festplatte und so weiter.
- Es ist verführerisch viel zu viel Zeit am Laptop zu verbringen, statt die Reise zu genießen. Klar, dass kann dir auch am Smartphone passieren, aber da macht es nach einer Zeit mit dem kleinen Display weniger Spaß.

Das Reisen ohne Laptop ist unbeschwerter, da du dir keine Sorgen machen musst und du mehr Platz im Rucksack hast. Mit ein paar Kompromissen kommst du durchaus ohne Laptop auf Weltreise aus.

DATENSICHERUNG

Unterwegs wirst du viele Fotos machen, die du natürlich sicher abspeichern willst. Es ist der Alptraum jedes Reisenden, seine Fotos zu verlieren. Daher es wichtig, die Fotos an einem sicheren Ort zu wissen und am besten ein zusätzliches Backup zu haben.

Dafür kannst du ein Laptop, externe Datenträger oder einen Cloudservice nutzen. Aber du kannst auch dein Smartphone zu eine Art Mini-Computer umfunktionieren, um deine Daten zu sichern.

Hacks fürs Reisen ohne Laptop

Hier sind ein paar Tricks, wie du ohne Tablet oder Laptop unterwegs auskommst. Die Technik hat sich in den letzten Jahren enorm weiterentwickelt. Mittlerweile kannst du dein Smartphone mit deiner Kamera, einem USB-Memory-Stick oder einer externen Festplatte verbinden. Entweder direkt per Kabel oder über eine drahtlose Verbindung. Das hängt davon ab, was für ein Smartphone du hast. Jetzt kannst du deine Fotos direkt in der Cloud sichern oder einen externen Datenträger anschließen.

(Ich bin kein Tech-Nerd, daher wirst du wahrscheinlich selber im Internet recherchieren müssen, was bei deinem Smartphone funktioniert.)

Das sind deine Möglichkeiten:

Du besitzt eine Kamera, mit der du eine drahtlose Verbindung mit deinem Smartphone herstellen kannst. Jetzt kannst du die Daten in der Cloud sichern oder mit einem der folgenden Methoden einen externen Datenträger ans Handy anschließen.

1. Und zwar mit einem USB-Memory-Stick mit Micro-USB-Stecker, den du direkt in dein Smartphone einstecken kannst. Das klappt nicht bei allen Handys, oft gibt es Probleme bei der Formatierung. Teste ob ein FAT32 funktioniert.

2. Deine zweite Option ist ein USB-OTG („On The Go") Adapterkabel zu kaufen, um externe Geräte an dein Smartphone anzuschließen. Achte darauf, was für Schnittstellen du verbinden willst. Leider unterstützen nicht alle Geräte den USB-OTG-Standard.

Wenn das nicht klappt, kannst du dir einen USB-Stick mit einem WLAN-Modul kaufen. Dieser kann drahtlos mit dem Smartphone per App verbunden werden. Jetzt kannst du Daten auf den externen Datenträger laden. Einziges Manko, der Stick muss regelmäßig geladen werden.

Alternativ kannst du auch einen SD-Kartenlesegerät mit einem WLAN-Modul kaufen, um die Daten drahtlos auf eine Festplatte zu kopieren.

Öffentliche Computer

Falls du doch mal einen Computer brauchst, kannst du in ein Internet-Cafe gehen (die gibt es noch). Es sind oft stickige Räume voller Jungs, die am Zocken sind. Umso besser, dann bist schnell wieder da raus. Oft sind es alte PCs, aber es reicht. Achtung: Viele sind verseucht mit Viren und Trojanern.

Beschränke dich daher auf das Notwendigste und nutze ihn nicht fürs Online-Banking oder Reisebuchungen, wo du sensible Daten eingibst. Schließ keine externen Geräte an. Lösche beim Schließen des Browsers alle Daten, wie Cookies und den Verlauf.

Ein weiteres Problem bei öffentlichen Computern ist, dass die Benutzeroberfläche und Tastatur oft in einer anderen Sprache ist. Dafür gibt es eine Lösung. Bring einen USB-Memory-Stick mit, auf dem du deinen Lieblingsbrowser samt Lesezeichen und Einstellungen hast. Schau mal auf Portable Apps. Darüber hinaus kannst du weitere Software auf den USB-Stick laden, ich hatte zum Beispiel ein einfaches Bildbearbeitungsprogramm drauf.

Die unterschiedlichen Datenträger
Jetzt lass uns noch kurz über die Vor- und Nachteile, der einzelnen Optionen sprechen.

Am einfachsten ist es mehrere SD-Karten oder USB-Sticks für das Speichern von Fotos zu nutzen. Bei großen Datenmengen wird das jedoch nicht reichen. Gerade wenn du Fotos als RAW-Dateien hast und gerne filmst, brauchst du mehr Speicherplatz.

Dann macht eine Festplatte mehr Sinn, entweder fest in einem Laptop verbaut oder extern. Auf Reisen werden Geräte stärker beansprucht, sei es die Hitze oder durch Stöße unterwegs. Um keinen Datenverlust zu erleiden, ist es daher wichtig hochwertige Datenträger zu benutzen und diese sicher aufzubewahren.

Der Vorteil von SSD ist, dass sie mit einem Speicherchip arbeiten und nur feste Bauteile haben, dadurch sind sie robuster und somit sicherer auf Reisen. Da HDD eine rotierende Festplatte haben, sind sie empfindlicher. Aber es gibt HDD mit einem „Shock Proof Case", die eine Reise besser überstehen.

Datenträger

- SD-Memorycard &USB-Memory-Stick: leicht, kompakt, kleine Datenmengen
- externe Festplatte (HDD): große Datenmengen, empfindlich bei Stößen & Stürzen -> besser mit Shock Proof Case
- Flash-Speicher (SSD): schneller, leichter, robuster, teuer

Datensicherung in der Cloud
Bei schnellem Internet ist ein Cloudservice eine komfortable Lösung. Viele Anbieter haben ein kostenloses Datenvolumen, was du nutzen kannst. Bitte einfach zwischendurch jemanden Zuhause, deine Fotos herunterzuladen und auf einer lokalen Festplatte zu sichern. Dann kommst du mit dem Speicherplatz aus.

Dropbox (2GB kostenlos), Google Drive (15GB kostenlos), OneDrive (5GB kostenlos), iCloud (für Mac)

Weitere Tipps für die Datensicherung

- Vor der Reise solltest du die wichtigsten Daten und Reisedokumente digital ablegen, am besten online oder auf einem externen Datenträger.
- Verschlüssle alle sensiblen Daten.
- Richte dir einen kostenlosen Account bei einem Cloudservice ein. Viele bieten extra Apps fürs Handy an.
- Entscheide dich, wie du deine Daten unterwegs sichern willst, auf Speicherkarten, USB-Sticks oder einer externe Festplatte. Kauf dir hochwertige Datenträger.
- Teste alles aus, bevor du losreist.
- Erstelle regelmäßig ein Backup von neuen Fotos.
- Bewahre das Backup am besten getrennt vom Original auf.

Es reicht natürlich nicht aus, die Daten nur an einem Ort aufzubewahren. Du brauchst noch ein Backup, damit du im Notfall nicht alles verlierst. Um ganz sicher zu gehen, sollte das Backup nicht zusammen mit dem Original aufbewahrt werden.

Auf meiner Weltreise habe ich daher regelmäßig Post nach Hause geschickt, mit entweder DVDs oder USB-Sticks. Erst wenn die Daten sicher angekommen waren, habe ich mein zusätzliches Backup im Rucksack gelöscht. Gelegentlich habe ich Daten zu Dropbox hochgeladen, aber oft war das Internet zu langsam dafür.

WEITERE ELEKTRONIK

Was fürs Laptop gilt, kannst du auf die gesamte Elektronik übertragen. Schnell ist dein Rucksack voll mit Smartphone, großen Kopfhörern, Lautsprecher, Kamera samt Equipment, Laptop, Tablet, eReader, Powerbank, Kabeln, Adapter und noch mehr Technik. Dabei brauchst du nicht unbedingt alles auf Reisen. Stell dir daher immer die Frage, kann ich ohne es unterwegs auskommen? Und versuch dich auf das Notwendigste zu reduzieren.

Laptop: Falls du dich doch für ein Laptop entscheidest, versuch ein kleines und leichtes Modell mitzunehmen. Vielleicht reicht dir auch ein 12"-Chromebook oder ein altes gebrauchtes, was nicht viel wert ist. Wenn du es zum Arbeiten brauchst, wird du andere Ansprüche haben.

Tablet: Ein iPad ist fürs Reisen gänzlich ungeeignet, da du keine externen Datenträger anschließen kannst, um deine Fotos zu sichern. Es ist nur zum Lesen und Surfen im Internet gut. Schon besser ist da ein Android Tablet. Aber willst du damit deinen Reiseblog verwalten, brauchst du zusätzlich eine Tastatur, daher ist in diesem Fall ein Laptop pratikabler.

eReader: Auf Reisen hast du endlich mehr Zeit zum Lesen, falls das eine Priorität für dich ist, macht ein eReader durchaus Sinn. Es ist angenehmer auf einem eReader zu lesen, als auf einem spiegelndem Tablet oder einem kleinen Handybildschirm. Außerdem haben die Geräte eine lange Akkulaufzeit, du musst also nicht irgendwo an einer Steckdose hängen, um zu lesen.

Grundsätzlich hast du die Wahl zwischen einem Kindle und einem Tolino. Beide Geräte sind gut. Welches Modell für dich das richtige ist, hängt davon ab, welche Bücher du lesen willst. Für mich war direkt klar, dass ich wenn einen Kindle will, da es viele Bücher nur exklusiv auf Amazon gibt.

Auf meiner Weltreise habe ich Bücher auf dem Smartphone mit der Kindle-App gelesen. Wenn ich länger an einem Ort war, auch mal ein normales Papierbuch. Das hat mir gereicht, da ich immer nur phasenweise gelesen habe. Oft war ich abends zu müde zum Lesen oder saß lieber mit anderen Backpacker zusammen. Im Bus habe ich lieber Hörbücher gehört und aus dem Fenster geschaut.

Smartphone: Jeder sollte ein Smartphone dabei haben, es macht das Leben auf Reisen so viel einfacher und ersetzt viele andere Geräte. Ich habe einfach damals mein schon etwas älteres Handy mit auf Reisen genommen.

Aber du kannst dir natürlich auch ein neues kaufen. Achte darauf, dass das Handy SIM-Lock frei ist, damit du unterwegs lokale SIM-Karten nutzen kannst. Ansonsten ist es von Vorteil ein wasserdichtes Handy zu haben.

Kamera: Falls du eine Kamera mitnimmst, brauchst du natürlich zusätzliches Equipment wie ein Ladegerät oder Ladekabel, eine extra SD-Karte und einen Ersatz-Akku, vielleicht auch ein Stativ und ein Kartenlesegerät.Bei den Memorycards ist es besser, wenn du mehrere dabei hast, als eine große.

Powerbank: Eine Powerbank ist ein externer Akku, an dem du dein Smartphone, deine Kamera oder sogar dein Laptop unterwegs laden kannst, wenn du keine Steckdose hast. Das ist super, wenn du tagelang in der Wildnis unterwegs bist oder dein Smartphone-Akku nicht den ganzen Tag hält. Für die Kamera würde ich eher einen Ersatz-Akku einstecken, das ist einfacher.

Powerbanks gibt es mit unterschiedlichen Leistungen. Mit relativ kleinen 5.000 mAh Geräten kannst du dein Handy zwei bis drei Mal aufladen. Deutlich größer sind 15.000 mAh Powerbanks, mit denen du sogar dein Laptop laden kannst.

Auswahlkriterien:

- Wie viel Leistung brauchst du?
- Größe und Gewicht
- Ladezeit

Noch ein paar Hinweise: Eine Powerbank darf im Flugzeug nur im Handgepäck transportiert werden und sie darf nicht mehr als 20.000 mAh haben. Auf Reisen darf die Powerbank nicht nass werden.

Stromadapter & Mehrfachsteckdose: Je nachdem durch welche Länder du reist, brauchst du einen Stromadapter, um deine Geräte laden zu können. Ich habe meinen internationalen Adapter auf der Weltreise umsonst mitgenommen und ihn unterwegs in Südostasien und Südamerika gar nicht gebraucht.

Erkundige dich also vorher, ob du überhaupt einen brauchst. Vor Ort kannst du immer noch einen länderspezifischen Adapter für wenig Geld kaufen.

Eine Mehrfachsteckdose ist hingegen oft Goldwert, denn es gibt immer zu wenige Steckdosen in der Unterkunft. Besonders hilfreich sind solche mit USB-Ports. Schau einfach, wie viele und was für Steckplätze du zum Laden deiner Geräte brauchst.

Diverses: Darüber hinaus wirst du noch weitere Elektronik einpacken. Das sind nur ein paar Ideen:

- Kopfhörer & Lautsprecher: Zum Musik hören.
- Stirnlampe: Wenn dir Taschenlampe-App nicht reicht und du die Hände frei brauchst.

Zusammenfassung: Elektronik-Packliste

- Kamera - meine Empfehlung: Smartphone für Schnappschüsse & Premium-Kompaktkamera für Hobbyfotografen
- Kamera-Equipment: extra Memorycard, Ersatz-Akku, Ladegerät, Kartenleser
- Brauchst du wirklich ein Laptop, Tablet oder einen eReader?
- Smartphone, Ladegerät, Kopfhörer, (Lautsprecher)
- Datensicherung: USB-Memory-Stick oder externe Festplatte + Cloudservice
- Mehrfachsteckdose mit USB-Ports, da es nie genug Steckdosen gibt
- Optional: Powerbank, Stromadapter, Stirnlampe, Uhr, etc.

++Link-Tipp: *toomanyadapters.com*

SICHERHEIT WERTSACHEN

Wie kannst du deine Dokumente und Wertsachen nun sicher auf Reisen aufbewahren? Mit der Zeit habe ich die unterschiedlichsten Sachen ausprobiert und verrate dir, was bei mir gut funktioniert.

Ein paar allgemeine Sicherheitshinweise

Je weniger Aufmerksamkeit du mit deinem Besitz erregst, desto besser. Sortier nicht in aller Öffentlichkeit dein Geld, sondern wenn du alleine im Zimmer bist. Lass nicht dein Handy auf dem Hostelbett liegen, wenn du das Zimmer verlässt. Du musst nicht paranoid werden, aber schon ein paar Vorsichtsmaßnahmen verhindert Schlimmeres. Denn Gelegenheit macht Diebe. Lass also deine Wertsachen nicht offen rumliegen und schließ sie ein, wenn du die Möglichkeit hast.

Überleg dir auch, wie du auf Andere wirkst. Durch dein Verhalten und dein Erscheinungsbild in der Öffentlichkeit bilden Leute sich schnell eine Meinung von dir. Bist du arm oder reich? All das hat Konsequenzen auf deine eigene Sicherheit auf Reisen.

Taschendiebe suchen sich einfache Ziele aus. Baumelt deine Kamera gut sichtbar am Handgelenk? Hast du ein Portemonnaie in der hinteren Hosentasche? Was für eine Tasche hast du? Kann man schnell hineingreifen? Mach dir ein paar Gedanken, was einladend auf Diebe wirkt und was du verbessern kannst.

Dokumente

Dein Reisepass ist mit das Wichtigste auf Reisen, deshalb solltest du immer gut auf ihn aufpassen. Lass ihn im Schließfach oder im Safe in deiner Unterkunft, denn dort ist er sicher. Bring ein eigenes Vorhängeschloss für das Schließfach mit, am besten ein Zahlenschloss, damit du nicht auf den Schlüssel aufpassen musst.

Bewahre all deine Reisedokumente an einem sicheren Ort im Rucksack auf. Steck sie am besten in einen Zipp-Beutel, damit sie nicht nass werden.

Wenn du mit dem gesamten Gepäck unterwegs bist, behalte deinen Reisepass und deine Wertsachen immer in deiner Nähe.

Wertsachen sicher aufbewahren

Nimm nur das Nötigste mit auf Reisen. Je mehr Wertsachen du dabei hast, auf desto mehr musst du aufpassen. Lass teure Uhren und Schmuck direkt zu Hause. Selbst Modeschmuck erregt Aufmerksamkeit, ein Dieb weiß nicht, dass er nichts wert ist.

Verteile deine Geldsachen auf das gesamte Gepäck, damit du bei einem Diebstahl nicht alles auf einmal verlierst. Pack alles so weg, dass von außen nicht ersichtlich ist, was drin ist. Anstatt deine Spiegelreflexkamera in einer separaten Tasche herumzutragen, ist sie besser in deinem Tagesrucksack aufgehoben. Das gleiche gilt für den Laptop.

Alles was du im Alltag nicht brauchst, lässt du am besten in der Unterkunft zurück oder versteckst es in deiner Tasche.

Rucksack

Wenn dein großer Rucksack einen Doppelreißverschluss hat, kannst du ihn ganz einfach mit Zahlenschlössern sichern. Sie stellen zwar kein großes Hindernis für Profis dar, schrecken aber die Mehrheit ab. Zudem braucht jeder Dieb einen unbeobachteten Moment, um sie zu knacken.

Falls du einen klassischen Wanderrucksack hast, kannst du ihn mit einem Schutzsack oder Edelstahlnetz sichern. So kann niemand direkt an deinen Rucksack dran.

Was für Versteckmöglichkeiten hat dein Rucksack? Manche haben ein unscheinbares kleines Fach im Rücken, das für die Wanderkarte gedacht ist. Kleine Fächer drinnen, in denen du gut Sachen verstauen kannst.

Nimm jetzt deinen Tagesrucksack oder Umhängetasche genauer unter die Lupe. Wie kannst du deine Tasche verschließen? Ein Reißverschluss ist immer besser als nur ein Knopf. Wie sieht es innen aus, hast du ein separates Reißverschlussfach?

Bei Rucksäcken gibt es oft oben an den Trägern ein kleines Fach, das ideal für Wertsachen des täglichen Gebrauchs ist. Ein Dieb wird sich schwer tun, dir an den Nacken zu greifen, ohne dass du es bemerkst.

Gute und schlechte Verstecke

Viele Backpacker nutzen Brustbeutel oder einen Moneybelt (Bauchtasche), um den Reisepass und das Geld aufzubewahren. Der Vorteil, die Sachen sind nah am Körper und unter Kleidung versteckt. Der Nachteil, jeder kennt diese Verstecke und man sieht sie meist, besonders bei Frauen. Außerdem stören sie schnell und du schwitzt darunter.

Interessanter finde ich individuellen Lösungen. Bei ein paar Backpackern habe ich gesehen, dass sie sich Geheimfächer in ihre Hosen haben einnähen lassen. Die Größen waren sehr unterschiedlich, ganz kleine für ein paar gefaltete Geldscheine oder in Reisepass-Größe, um alles direkt am Körper tragen zu können. Viele Frauen nutzen auch den BH, um etwas Geld und die Kreditkarte aufzubewahren.

Ein anderer Backpacker hatte seine Notfall-Kreditkarte in den Rücken seines Rucksacks eingenäht. Ein super Versteck. Im Alltag hat er die Kreditkarte nicht gebraucht, sonst hätte es nicht funktioniert.

Werde selber kreativ und überlege dir gute Verstecke in deiner Tasche oder Kleidung. Benutze Alltagsgegenstände um deine Wertsachen zu verstecken, ein leerer Lippenbalsam für gerollte Geldscheine oder ein Buch für dein Kindle. Wo würde nie jemand suchen?! Den Rest überlasse ich deiner Fantasie.

Mobiler Safe

Eine gute Alternative sind sogenannte mobile Reise-Safes, wenn du kein Schließfach oder einen Safe in der Unterkunft hast. Das sind Beutel mit einem Stahlnetz, die du oben zuziehst und mit einem Vorhängeschloss sicherst. Mit einem Edelstahlkabel kannst du sie an einem Möbelstück oder festen Bauteil im Zimmer anketten.

Oft gibt es sie in unterschiedlichen Größen. Wer mit seinem Laptop reist, kann sich ebenfalls einen großen mobilen Safe zulegen oder ein Kensington-Schloss, um das Laptop mit einem Stahlkabel irgendwo anzuschließen.

Zusammenfassung Sicherheit Wertsachen

- Nimm nur notwendige Wertsachen mit.
- Verhalte dich unauffällig und sein kein leichtes Opfer.
- Sei aufmerksam, aber nicht paranoid.
- Kauf einen Rucksack mit Doppelreißverschluss und sichere ihn mit Zahlenschlössern.
- Bring ein Vorhängeschloss für Schließfächer.
- Bewahre nicht alles an einer Stelle auf. Finde kreative Verstecke.
- Lass alles in der Unterkunft, was du nicht brauchst.
- Wenn du Wertsachen dabei hast, behalte sie in deiner Nähe.
- Optional: Brustbeutel, Moneybelt (Bauchtasche), mobiler Safe

WAS DU AUF REISEN NICHT KAUFEN KANNST

Nicht alles wirst du unterwegs auf der Weltreise bekommen, weil die Leute vor Ort solche Sachen nicht nutzen oder du aus der Norm herausfällst. Das können ganz alltägliche Sachen wie Tampons oder Wanderschuhe sein. Manchmal macht es daher Sinn, die Dinge direkt von Zuhause mitzubringen. Bei wieder anderen Sachen reicht es, sie strategisch in einer Großstadt zu kaufen.

Das sind meine Erfahrungen und Tipps für dich.

Kleidung & Schuhe

Wenn du aus der Masse durch deine Körper- oder Kleidergröße heraussticht, hast du es mitunter schwer Klamotten unterwegs zu kaufen.

Gerade in Südostasien sind Menschen kleiner und oft sehr schlank, das macht es schwer etwas Passendes zu finden. Zum Glück brauchst du in den Tropen hauptsächlich kurze Sachen, dass macht es etwas einfacher. Bei einer langen Hose wird es schwieriger. Alternativ kannst du Klamotten beim Schneider anpassen lassen, was oft nicht viel kostet.

In Asien habe ich eine Niederländerin kennengelernt, die das Problem bereits von anderen Langzeitreisen durch Südostasien kannte. Dabei ist sie nicht sonderlich groß oder dick, sondern nur etwas rundlicher um die Hüfte geformt. Auf früheren Reisen hatte sie Probleme Unterwäsche oder schöne Shorts zu finden, so musste sie hautfarbene Oma-Slips kaufen. Dieses Mal war sie vorbereitet. Zuhause warteten bereits zwei Päckchen mit allem Notwendigen, die ihre Familie ihr bei Bedarf einfach zuschicken.

Auch Schuhe werden schnell zur Herausforderung. Ich bin in Südchina mit einem Neuseeländer auf die Suche nach neuen Flip Flops gegangen - in Schuhgröße 46. Nach knapp zwei Stunden haben wir mit viel Glück ein Paar für ihn gefunden, Auswahl hatte er da keine.

Mit dem Thema haben vor allem große Leute in Südostasien Probleme. In Südamerika hängt es stark vom Land ab, wo du unterwegs bist. Viel Auswahl findest du in Brasilien, Argentinien und Chile. Etwas schwieriger wird es in Peru, Bolivien, Ecuador oder Kolumbien, da die Leute hier im Durchschnitt kleiner sind. Aber immerhin sind nicht alle so schlank wie in Asien, so findest du mehrere Kleidergrößen.

Hygiene- & Kosmetikartikel

In ärmeren Ländern bekommst du in kleinen Ortschaften oft nur das Nötigste. Ganz anders sieht es in Großstädten aus, vor allem in den großen Supermarktketten. Hier hast du meist eine große Auswahl und findest sogar Produkte, die du von Zuhause kennst.

Dann gibt es wiederum Sachen, die die Leute vor Ort nicht benutzen. Halte daher deine Augen offen und füll immer deine Vorräte auf, wenn du die Chance hast.

In Südostasien sind das zum Beispiel Gesichtscreme, Deo, Sonnencreme (teuer), Kontaktlinsenlösung, Zahnseide, Mundwasser, Mückenspray oder Tampons (viele Frauen verwenden hier Binden, die du überall bekommst).

Elektronik & weitere Ausrüstung

Unterwegs kann immer etwas kaputt gehen. Mitunter musst du warten bis du wieder in einer Großstadt bist, um Ersatz zu finden. Wenn es nicht eilt, lohnt es sich sogar länger zu warten.

Outdoor-Ausrüstung

Auf meiner Weltreise wollte ich zwischendurch Outdoor-Sachen kaufen, um sie nicht die komplette Zeit mitzuschleppen. Was gar nicht so einfach war. In vielen Ländern gehen Leute nicht Wandern oder Campen, daher habe ich kaum etwas gefunden. Und wenn ich fündig wurde, waren es oft schlecht verarbeitete Produkte.

Nach viel Sucherei habe ich Trailrunning-Schuhe in einer Shoppingmall in Bangkok gefunden, aber keine klassischen Wanderschuhe. Campingsachen hätte ich wahrscheinlich vergeblich gesucht.

Das andere Extrem sind Gegenden, wo es die Outdoor-Kultur zwar gibt, aber alles super teuer ist. In Patagonien und Neuseeland kosten Wanderschuhe so schon mal 150 bis 200% mehr als Zuhause. Also besser vorher kaufen, um den Geldbeutel zu schonen. Wenn du Glück hast findest du Campingequipment in Second-Hand-Läden oder kannst es ausleihen.

Was auch immer du auf deiner Weltreise kaufen willst, überlege dir vorher an welcher Stelle, du wohl die meiste Auswahl haben wirst. So kannst du ganz strategisch einkaufen gehen und vermeidest unnötigen Stress. Nicht immer findest du, was du willst, aber mit ein paar Kompromissen wird es gehen.

4.4 - PACKTIPPS

RUCKSACK PACKEN

Okay, kommen wir nun zum Packen. Ein leidiges Thema für viele Backpacker. Bist du auch ein Pack-Muffel?! Kein Problem, ich zeige dir wie du das Chaos im Rucksack beseitigst und schnell mit dem Packen fertig bist. Denn Rucksack packen, ist wie Tetris spielen. Alle Teile müssen möglichst platzsparend reinpassen. Am Anfang wirst du ein paar Anläufe brauchen, aber mit der Zeit wirst du routinierter werden. Alles hat seinen festen Platz und die Tasche ist schnell gepackt.

Die Pack-Strategie:

1. Schritt: Leg alles raus
Starte damit, dass du alle Sachen vor dir ausbreitest, die du mitnehmen willst. Dafür kannst du ein Bett oder einfach den Boden nutzen. Jetzt hast du einen guten Überblick, ob du an alles gedacht hast. Nimm am Ende deine Packliste zur Hand, um die Sachen abzuhacken. Am Anfang ist eine Packliste super hilfreich, später auf Reisen wirst du sie nicht mehr brauchen.

2. Schritt: Pack alles in kleine Beutel
Damit dein Rucksack nicht im Chaos versinkt, hilft es alles thematisch in Beutel oder Packing-Cubes zu packen.

Jeweils einen Beutel für: Shirts, Unterwäsche und Socken, Schmutzwäsche, Ladekabel und Adapter, Kleinkram (Stirnlampe, Taschenmesser, Flickzeug, etc.), Kulturbeutel und diverse Zipp-Beutel für Reiseapotheke, Tampons, etc.

Ich nutze schon seit Jahren einfache Nylon-Beutel in mehreren Größen, die oben einen Tunnelzug haben. Viele Backpacker schwören auf Packing-Cubes. Ich mag sie nicht so, weil sie eine fixe Größe haben und rechteckig sind.

Meine Beutel passen sich besser an, je nachdem was drin ist und ich kann damit besser alle Ecken in der Tasche ausfüllen. Wenn Sachen dreckig werden, wandern sie in den Schmutzwäschebeutel. So wächst dieser, während die anderen schrumpfen. Packing-Cubes sind nicht so anpassungsfähig.

Teste aus, was besser zu dir passt. Nur eins noch, nimm keine Kunststofftüten, damit machst du dir im Hostel keine Freunde. Gerade wenn du zur Schlafenszeit Sachen rausholst oder deinen Rucksack packst, machst du mit dem Rascheln viel zu viel Lärm.

Die einzige Ausnahme sind Schuhe, da diese doch mal dreckig sind. Für meine Flip-Flops nutze ich eine kleine schmale Tüte, die eigentlich mal eine Kotztüte war. Sie hatte die perfekte Größe, daher habe ich sie zweckentfremdet. Sei einfach kreativ beim Rucksack packen.

Die Shirts rollst du am besten, so nehmen sie weniger Platz weg und knittern nicht. Wenn dein Rucksack ein Netz im Deckel hat, kannst du sie da rein stecken oder du nutzt einen Beutel. Ich bin viele Jahre mit einem kleinen Kopfkissenbezug gereist, der perfekt für meine Shirts war.

Für den ganzen Kleinkram kannst du einen kleinen Beutel oder Zipp-Beutel nutzen, die du in jedem Supermarkt oder Drogerie bekommst. Du findest sie in unterschiedlichen Größen und Ausführungen. Achte beim Kauf auf einen dickeren Kunststoff, da die dünnen schnell Löcher bekommen. Am meisten nutze ich die kleinen 1-Liter-Beutel. Diese sind super praktisch, um Ordnung ins Chaos zu bringen. Nichts fliegt lose herum und alles ist wasserdicht verpackt.

Vakuumbeutel Kompressionsbeutel

Wenn du voluminöse Sachen hast, die du wochenlang nicht brauchst, kannst du Vakuumbeutel nutzen. So kannst du Kleidung platzsparend und wasserdicht einpacken. Dafür faltest du alles, steckst es in den Kompressionsbeutel und beim Aufrollen, drückst du die Luft heraus.

Achte beim Kauf, dass er einen Zipp-Verschluss hat und du keine Pumpen zum Absaugen der Luft brauchst.

Mittlerweile nehme ich den Beutel nur noch selten mit. Auf der Weltreise war das etwas anderes, da ich meine warmen Sachen teilweise monatelang nicht gebraucht habe. Vor allem mein Fleece-Pulli war so schön kompakt und klein.

3. Schritt: Rucksack mit System packen

Lege dafür deinen Rucksack auf den Rücken und fange mit dem unteren Fach an. Hier kommen alle sperrigen Sachen und die Ausrüstung rein, wie Schuhe, Kabel, Jacke, Reiseapotheke, Schlafsack-Inlett und so weiter. Auch der Schlafsack, falls er mitkommt.

Ins Hauptfach kommt die gesamte Kleidung. Alles was noch lose ist (Shorts, Hose, Pulli), kannst du ebenfalls rollen oder flach reinlegen. Fang unten an und stapel alles aufeinander. In die Hohlräume obenauf kannst du die Wäsche-Beutel legen. Ganz zum Schluss kommt noch der Kulturbeutel.

Bei einem Top-Loader-Rucksack rolle ich wirklich alles und stelle es auf den Zwischenboden, um mit möglichst wenigen Griffen überall dranzukommen.

Den ganzen Kleinkram kannst du in die kleinen Außentaschen packen. Die Regenhülle vom Rucksack sollte natürlich irgendwo griffbereit sein.

Du hast alles richtig gemacht, wenn du den Reißverschluss leicht zubekommst.

Idealerweise hast du sogar noch etwas Luft im Rucksack, dass macht das Leben auf Reisen entspannter. Denn es wird immer Zeiten geben, wo es chaotischer ist und du einfach alles nur reinstopfst. Vermeide möglichst Sachen immer außen dran zu hängen, diese werden leicht beschädigt, gehen verloren oder werden geklaut.

Wie gut sich ein Rucksack tragen lässt, hängt auch damit zusammen, wie er gepackt ist. Achte darauf, dass die schweren Teile nah am Körper/Rücken sind.

Der Schwerpunkt des Rucksacks muss über dem eigenen Körperschwerpunkt liegen, was etwa der Bauchnabel ist. Beide Seiten sollten ausgeglichen gepackt sein.

4. Schritt: Probetragen
Zum Schluss noch ein Test: Stell dafür den Rucksack auf den Boden. Bleibt er gerade stehen? Kippt er um? Ist er einseitig gepackt? Auch mal kurz aufsetzen. Wie fühlt er sich an? Passt alles?

Noch ein paar Tipps zum Einstellen des Rucksacks

Jetzt noch schnell den Rucksack richtig einstellen. Schließe dafür zuerst den Beckengurt. Er sollte voll auf der Hüfte liegen, ansonsten musst du den Schultergurt anpassen. Jetzt zieh ihn so stramm wie möglich fest. Du merkst schnell, ob du das Gewicht über die Hüfte oder die Schultern trägst. Denn auf der Schulter sollte er locker aufliegen, so dass du ohne Probleme einen Finger dazwischen schieben kannst. Als letztes ziehst du den Rucksack oben mit den Bändern oberhalb der Schulterriemen an dich ran, damit er nicht herum schlackert.

Die Rucksackeinstellung wirst du regelmäßig anpassen müssen, wenn sich etwas am Gewicht oder deinem Packsystem ändert. Zieh den Beckengurt extrem stramm, wenn du deinen Rucksack eine längere Strecke trägst. So liegt das meiste Gewicht auf der Hüfte und du trägst ihn mit Kraft deiner Beine, anstatt mit dem Schultern. Ansonsten bekommst du Rückenschmerzen.

TRICKS WIE DU WENIGER PACKST

Vor einer langen Reise (besonders wenn es deine erste ist) solltest du auf jeden Fall Probepacken. Dann wirst du merken, ob alles in den Rucksack passt. Gegebenenfalls musst du Sachen Aussortieren. Manchmal braucht es ein paar Anläufe bis alles sauber und ordentlich gepackt ist.

Wenn du immer noch Probleme hast, dass dein Rucksack zu schwer ist. Habe ich drei Ideen für dich, wie du weniger packen kannst.

1. Kaufe dir einen kleinen Rucksack

Es fängt schon beim Rucksack an. Je kleiner er ist, desto weniger kannst du mitnehmen. Solange dein Rucksack nicht voll ist, wirst du höchst wahrscheinlich auch mehr einpacken. Schließlich hast du noch Platz. Was wiegt schon ein Shirt und das und jenes mehr. Überliste dich selber, indem du eine kleinere Tasche nimmst.

In warmen Gegenden wirst du mit einem 40 bis 50 Liter großen Rucksack auskommen. Wenn du dich für ein Modell um die 40 Liter entscheidest, solltest du darauf achten, dass er den Handgepäckregeln im Flugzeug entspricht. Bei Reisen durch kältere Regionen wirst du etwas mehr brauchen, hier sind 50 bis 70 Liter Rucksäcke besser geeignet.

2. Packe nach dem Pareto-Prinzip

Und das bedeutet, dass du 20% der Ausrüstung mitnehmen sollst, um damit 80% der Situationen auf Reisen abzudecken.

Hier ist ein Beispiel: Du wirst Schuhe brauchen. Wähle ein Paar aus, mit dem du fast alle Aktivitäten auf Reisen machen kannst. Wenn du ein aktiver Mensch bist, sind das wahrscheinlich sportliche Schuhe, in denen du gut gehen kannst und die dir guten Halt auf den meisten Untergründen geben. Sei dir bewusst, dass es immer Extremsituationen gibt, in denen du dir Wanderstiefel oder schicke Schuhe gewünscht hättest. Aber in 80% der Fälle sind sie perfekt.

Alles klar, dann übertrage diese Denkweise auf deine gesamte Packliste: Schuhe, Kleidung, Elektronik, sonstige Ausrüstung, Kulturbeutel und so weiter. Nimm nur das Notwendigste mit. Lass die Sachen weg, die nur „Nice-to-Have" sind. Überlege dir, wie oft du es wirklich brauchst. Gibt es einen Kompromiss?

3. Nimm multifunktionale & praktische Dinge mit

Eine weitere Möglichkeit Gewicht und Platz zu sparen, ist wenn du Dinge mitnimmst, die gleich mehrere Funktionen erfüllen. Das beste Beispiel ist das Smartphone, es ist ein wahrer Alleskönner.
Es gibt unzählige Apps, die Bücher oder einen Stadtplan, eine zusätzliche Kamera oder ein Laptop, eine Taschenlampe und vieles mehr ersetzen. Überleg dir, wo du noch physische Sachen gegen digitale ersetzen kannst.

Was gibt es sonst noch für multifunktionale Gegenstände, die praktisch fürs Reisen sind. Wie zum Beispiel einen Sarong, den du zum Zudecken, als Strandtuch, Schal oder Rock nutzen kannst. Mir fällt noch das Taschenmesser, Göffel, Schlafsack-Inlett, Schlauchtuch, Kokosöl, Tiger Balm oder Seife für Haut und Haare ein.

Aber auch Kleidung kann miteinander kombiniert werden. Es macht mehr Sinn mehrere Layer einzustecken, als einen dicken Pullover. Die einzelnen Schichten kannst du zu unterschiedlichen Situationen und Temperaturen tragen. Den dicken Pulli nur wenn es kalt ist.

Stell dir immer die Fragen: Wozu kann ich es alles gebrauchen? Kann ich es mit etwas kombinieren? Ist es praktisch?

Ansonsten stell dir immer die Frage: Was kannst du weglassen?

Du kannst sowieso nicht für alle Situationen packen. Von daher verabschiede dich von der Idee und konzentriere dich auf die wesentlichen Dinge. Reduziere alles auf ein Minimum. Entscheide dich für Sachen, die du mehrfach einsetzen kannst.

Brauche ich es wirklich? Was wäre, wenn ich es nicht dabei hätte? Würde ich auch ohne zu Recht kommen?

Hier sind ein paar Ideen:

(Über einiges haben wir bereits gesprochen. Sorry, für die Wiederholungen.)

Schicke Klamotten: Belass es bei ein bis zwei Oberteilen, die du abends zum Ausgehen anziehen kannst. Aber nichts zu ausgefallenes, was du nicht im normalen Backpacking-Alltag tragen würdest. Wenn du unterwegs arbeiten willst, kannst du dir bei Bedarf immer noch extra Kleidung vor Ort kaufen. Denn für jeden Job brauchst du andere Sachen: in der Gastronomie ist es die schwarze Hose, im Büro die Bluse und auf der Baustelle die Sicherheitsschuhe.

Winterklamotten: Nur bei einem längeren Aufenthalt in kalten Regionen lohnt es sich Winterklamotten dabei zu haben. Vielleicht kannst du dir gebrauchte Klamotten für die Zeit kaufen und sie wiederverkaufen oder verschenken, wenn du in warme Regionen weiter reist. Ansonsten hilft der Zwiebellook. Zieh mehrere Layer übereinander an, um schön warm zu bleiben.

Schuhe: Darüber haben wir schon ausführlich gesprochen. Die Schuhformel: 1 Paar am Fuß, eins im Rucksack plus Flip Flops.

Bücher: Bücher sind zu schwer zum Reisen. Zum Glück gibt es heute eReader und Apps fürs Smartphone, wo du deine gesamte Bibliothek und Reiseführer mit dabei haben kannst.

Große Kamera: Wenn du mit einer Spiegelreflexkamera reist, kommen leicht mehrere Kilogramm mit dem gesamten Equipment zusammen. Aber brauchst du das wirklich? Vielen reicht eine Premium-Kompaktkamera oder sogar ein Smartphone zum Fotografieren. Mittlerweile ist die Qualität so gut geworden, dass vieles gegen eine große Kamera spricht.

Elektronik: Das gleiche gilt für die gesamte Elektronik, so vieles ist „nice to have", aber nicht wichtig. Brauchst du wirklich ein Laptop, Tablet, eReader oder reicht nicht auch das Smartphone?

Schmuck und Wertsachen: Lass möglichst alle Wertsachen direkt zu Hause, die du nicht unbedingt brauchst: Modeschmuck, fette Uhr und Elektronik-Equipment. Alles was wertvoll aussieht.

Reiseapotheke: Du willst für alles gewappnet sein, dabei reicht eine kleine Reiseapotheke für den Notfall vollkommen aus. Falls du krank wirst, kaufst du dir Medikamente.

Föhn: Es geht auch ohne Föhn, besonders wenn es warm ist. Falls du doch mal einen brauchst, kannst du dir sicher einen im Hostel, Hotel oder von anderen Reisenden leihen.

Moskitonetz: Ein Moskitonetz ist schwerer als du denkst. Noch dazu brauchst du es nur selten. In den Tropen kannst du schon bei der Auswahl der Unterkunft darauf achten, dass ein Moskitonetz vorhanden ist oder die Fenster wenigstens ein Fliegengitter haben.

Kopfkissen: So oft sehe ich Backpacker mit Kopfkissen reisen, dabei findest du in jeder Unterkunft eins und im Notfall tut es auch ein zusammengerollter Pulli. Ein Kompromiss sind die kompakten Reisekopfkissen, die viele im Bus und Flugzeug nutzen.

Schlafsack: Lass ihn Zuhause, wenn du ihn nur gelgentlich brauchst. Bei Bedarf kannst du dir vor Ort sicher einen leihen.

Sperrige Gegenstände: Campingsachen, Surf- oder Skateboard, Gitarre und so weiter... Nimm es nur mit, wenn es essentiell für dich ist und du es ständig brauchst. Sobald du es nur gelegentlich nutzt, kannst du es dir meist vor Ort ausleihen oder kaufen und im Anschluss wieder verkaufen.

Transportsack: Viele haben zusätzlich noch einen Transportsack fürs Flugzeug und den Bus, um den Rucksack vor Verschleiß und Schmutz zu schützen.

Meiner Meinung nach, brauchst du ihn nicht. Der Rucksack ist ein Gebrauchsgegenstand, dass muss er verkraften. Auch ist er super unhandlich, wenn er erst mal im Sack steckt. Das macht die ganze Gepäckabgabe /-annahme unnötig stressig.

Extra-Tipp: Miste regelmäßig aus
Wahrscheinlich wirst du trotzdem noch zu viel mitnehmen oder auf Reisen feststellen, dass du Dinge doch nicht brauchst. Daher ist es so wichtig, regelmäßig auszumisten und Sachen wegzugeben, die im Rucksack nach ganz unten gerutscht sind.

Ein guter Zeitpunkt zum Ausmisten ist, wenn du den Kontinent wechselst, in eine andere Klimazone reist oder bei einem Jahreszeitenwechsel. Mit etwas Übung wirst du bald von ganz alleine, Sachen direkt aussortieren. Nicht nur bleibt dein Rucksack schön leicht, du machst jemand anderem eine Freude mit deinen Geschenken, wahrscheinlich kann er diese viel besser gebrauchen als du.

HANDGEPÄCK PACKTIPPS

Was darf ins Handgepäck im Flugzeug?
Falls du nur mit Handgepäck reist, musst du auf ein paar zusätzliche Dinge achten.

Flüssigkeiten
- Erlaubt sind Cremes und Flüssigkeiten in Verpackungsgrößen bis 100 ml. Diese müssen alle in einen durchsichtigen 1-Liter-Zip-Beutel (wiederverschließbarer Gefrierbeutel aus Supermarkt) passen und bei der Sicherheitskontrolle vorgezeigt werden.
- Als Flüssigkeiten gelten: Creme, Mascara, Parfüm, Gel (Haare), Lotion, Öl, Paste, Schaum (Rasieren), Gelee (Marmelade), Sirup und alles was flüssig oder zähflüssig (Streichkäse) ist.
- Flüssigkeiten aus dem Duty-Free-Shop sind davon ausgeschlossen und dürfen zusätzlich mit an Bord.

+++Tipp: In jeder Drogerie kannst du Pflegeprodukte in kleinen Größen kaufen. Alternativ kannst du deine Lieblingsprodukte in kleinere Behältnisse umfüllen, leere Döschen bekommst du ansonsten auch in der Apotheke. Falls du länger reist, kannst du dir vor Ort große Packungen kaufen.
+++Tipp: Nutze Seifen statt flüssiges Shampoo und Duschgel. Statt normaler Zahnpasta kannst du Konzentrate nehmen.

Babynahrung & Medikamente

Eine Ausnahme wird bei Babynahrung gemacht, wenn du mit deinem Kind reist, sofern dies jünger als drei Jahre ist. Und bei Medikamenten, wenn du diese für den Flug brauchst. Auf Nachfrage musst du ein Rezept oder Attest vom Arzt vorlegen, dass passiert vor allem bei flüssigen Medikamenten, Spritzen oder großen Mengen.

Nicht erlaubt sind

- Verboten ist alles, was explodieren könnte, wie Sprühdosen, Gasbehälter oder Powerbanks (über 20.000 mAh).
- Dinge, die als Waffe dienen könnte, wie Pfefferspray, Wanderstöcke, Sportschläger oder Kamerastative.
- Spitze und scharfe Gegenstände, wie (Nagel-) Schere, Messer, Rasierklinge, Nagelpfeile oder Korkenzieher.
- Streichhölzer und Feuerzeuge.

Ausnahmen

- Taschenmesser mit einer Klinge kleiner als 6 Zentimeter sind teilweise erlaubt. In Südostasien zum Beispiel sind sie komplett verboten.
- Für den persönlichen Gebrauch darf ein Feuerzeug am Körper getragen werden. Jedoch nicht in den USA.
- Einmalrasierer sind erlaubt.

Sonderregelungen für die USA & Großbritannien

Vorm Flug kannst du aufgefordert werden, deine elektronischen Geräte im Handgepäck einzuschalten. Ist dein Akku leer und du hast kein Ladekabel zur Hand, darf das Gerät nicht mit an Bord.

Noch ein paar Tipps

Die Kontrollen sind (bis jetzt zu mindestens) harmlos. Nur beim Check-In musst du aufpassen. Hier achtet das Personal auf Anzahl und Größe des Handgepäcks, bei einem Verdacht wird es auch gewogen. Wenn du nur mit Handgepäck reist und vorab online eincheckst, umgehst du so die erste Kontrolle.

Achte besonders bei Billigairlines auf die Handgepäckregeln. Hier sind oft die Regeln und Kontrollen viel strenger. Wenn sie beim Boarding deine Tasche bemängeln, musst du viel Geld bezahlen, um sie trotzdem mitnehmen zu können.

Bei strengen Kontrollen am Flughafen helfen diese Tipps

- Erkundige dich, wie die Handgepäckbestimmung der jeweiligen Airline sind, damit du notfalls bei strengen Regeln dein Gepäck anpassen kannst.
- Achtet darauf, dass alles gleichmäßig verteilt ist, wenn ihr zu zweit reist.
- Sei nicht der Erste beim Boarding, sondern beobachte, ob andere Handgepäckstücke beanstandet werden. Im Notfall kannst du immer noch tricksen, solange dir keiner dabei zuschaut.
- Zieh einfach ein paar Klamotten mehr an. Im Flugzeug ist es oft kalt, daher machen eine lange Hose und ein Pulli für den Notfall sowieso Sinn. Manchmal reicht das schon aus, um den Rucksack schlanker zu machen.
- Falls du mit Jacke reist, nimm sie in die Hand. Bei Bedarf kannst du noch Sachen in die Taschen packen.

- Nimm sperrige und schwere Sachen aus der Tasche. Zieh deine Schuhe statt der Flip-Flops an. Falls du mit Wanderstiefeln reist, zieh sie auf dem Flug an.
- Machst du dir Sorgen wegen dem Gewicht?! Dann achte darauf, dass er nicht schwer wirkt. Trag ihn locker auf einer Schulter, so erregst du weniger Aufmerksamkeit.

5
KURZ VOR DER ABREISE

Der Moment der Abreise ist fast gekommen und irgendwie kannst du es noch nicht glauben. Alles fühlt sich unwirklich an. Dann geht es dir so wie den meisten vor der Weltreise. Die Zeit kurz vor der Abreise ist meist ein Wechselbad der Gefühle. Einerseits freust du dich auf die Reise, aber andererseits fängst du an dich von Freunden und Familie zu verabschieden, was weh tut. So sind die Tage vor der Abreise meist „bitter sweat".

Manche fallen sogar in ein richtiges Stimmungstief und zweifeln ob die Weltreise wirklich so eine gute Idee war. Sie haben Angst davor, was kommen mag, und zweifeln ob sie den Herausforderungen gewachsen sind. Andere laufen auf „Autopilot" und fühlen gar nichts mehr. Lass dich davon nicht unterkriegen, das ist nur eine Phase.

Wenn du erst in den Flieger steigst, wird dir eine schwere Last von den Schultern fallen. Dann wirst du dich unendlich frei fühlen und du wirst es kaum erwarten können, dass es jetzt endlich losgeht.

Jeder erlebt die Zeit vor der Reise anders

Einen universellen Tipp kann ich dir trotzdem mit auf den Weg geben. Plan die letzten ein bis zwei Wochen viel Freizeit ein, um zur Ruhe zu kommen und noch mal tief durchzuatmen. Aber vor allem, um viel Zeit mit deinen Lieblingsmenschen zu verbringen. Lass dich von deiner Mama bekochen, geh in dein Lieblingscafe mit Freunden und genieß einfach die gemeinsame Zeit.

Entzerre die letzten Wochen vor der Abreise, indem du mehrere Wochen vorher aufhörst zu arbeiten und früh genug aus deiner Wohnung ausziehst. Das entspannt die ganze Situation.

Ansonsten stehst du unter einem enormen Druck, um noch alles geregelt zu bekommen. Meist läuft nicht alles nach Plan und dir läuft die Zeit davon. So steigst du mega gestresst in den Flieger und konntest dich gar nicht richtig verabschieden.

VERSUCH MÖGLICHST VIEL SACHEN SCHON VORHER ZU ERLEDIGEN.

- Richte dir einen kostenlosen Account bei einem Cloudservice ein: Dropbox (2GB kostenlos), Google Drive (15GB kostenlos), OneDrive (5GB kostenlos), iCloud (für Mac)
- Erstelle dir einen Reiseblog oder Social Media Account, auf dem du Fotos und Geschichten von deiner Reise mit allein daheim teilen kannst.
- Installiere Reise-Apps auf dem Smartphone (Reisebuchung, Online-Karte, Wörterbuch, Kommunikation, etc.).

Scanne alle Reisedokumente ein.

- Speichere sie auf einem USB-Memory-Stick, den du mit auf Reisen nimmst oder hinterlege sie dir online in der Cloud oder im Email-Postfach. So kommst du jederzeit dran, falls dir die Sachen gestohlen werden oder verloren gehen.
- Reisepass, Impfpass, sonstige Reisedokumente, Versicherungsschein Auslandskrankenversicherung, Bankunterlagen (Kreditkartendetails, Online-Banking, TAN), Passfoto (für Online Visa)
- Verschlüssele die Daten.
- Mach ein bis zwei Kopien von der Hauptseite deines Reisepasses.

- Geh zum Fotografen, falls du keine biometrischen Passbilder mehr hast. Diese brauchst du unterwegs, wenn du neue Visa beantragst.
- Informiere deine Bank über deine Reise, damit sie bei den vielen Geldabhebungen im Ausland dir nicht das Konto sperren.

- Besorg dir Notfall-Bargeld: 100 bis 200 US-Dollar in kleiner Stückelung.
- Reserviere dir eine Unterkunft für die ersten Nächte.
- Kauf dir einen Reiseführer und recherchiere online, was du die erste Wochen machen willst.

- Schreib dir alle Notfall-Telefonnummern auf:
- 24h-Hotline der Versicherung und Bank
- Sperr-Notruf für alle Bankkarten: +49 116 116 (oder +49 30 4050 4050)
- In meiner Tasche habe ich immer einen Zettel, auf dem die Kontaktdaten für einen Ansprechpartner zu Hause stehen. Falls ich einen schweren Unfall hätte und nicht bei Bewusstsein wäre, würden so die Leute vor Ort schneller Kontakt zu meiner Familie aufnehmen können.

- Richte bei deinen Eltern (Großeltern) alles fürs Skypen ein oder was auch immer ihr zum Telefonieren benutzen wollt. Macht auch einen Testlauf.
- Übergib deiner Vertrauensperson alle relevanten Unterlagen, am besten in Papierform und digital.
- Geh zum Frisör.
- Probepacken: Vor einer langen Reise (besonders wenn es deine erste ist) solltest du auf jeden Fall Probepacken. Manchmal braucht es ein paar Anläufe bis alles sauber und ordentlich gepackt ist.

VORBEREITUNG FÜR DIE ERSTEN TAGE AUF REISEN

- Schreib dir die Umrechnungskurse der Landeswährung auf.
- Lerne ein paar Wörter in der Landessprache.
- Wie kommst du zum Flughafen?
- Wie sind die Zoll- und Einreisebestimmungen?
- Wie kommst du vom Flughafen zu deiner Unterkunft?

EINEN TAG VOR DER ABREISE

- Pack deinen großen Rucksack.
- Nimm Snacks, eine leere Wasserflasche, warme Socken und Pulli für den Flug mit.
- Check online für deinen Flug ein.
- Kontrolliere, ob du an alles gedacht hast.
- Verabschiede dich.

Herzlichen Glückwunsch, du hast es geschafft!!!

Auf dich wartet der Trip deines Lebens! Ich wünsche dir viele Gänsehautmomente und Abenteuer, unvergessliche Begegnungen und neue Freunde. Mögen alle deine Träume in Erfüllung gehen und sie sogar übertreffen. Genieße alles in vollen Zügen. Aus vollstem Herzen wünsche ich dir eine...

Happy Travels!

Deine Claudia

6
DANKE

Danke, dass du mein Buch gekauft und gelesen hast. Mit diesem Buch habe ich alle meine Erfahrungen und mein Wissen mit dir geteilt, um dich bestmöglich vorzubereiten. Und doch bleibt eine Weltreise ein Schritt ins Ungewisse. Nur Mut, das schaffst du.

Viele weitere Informationen und Tipps findest du auf meinem Blog Backpacking Hacks.

www.backpackinghacks.de

Wenn dir das Buch geholfen hat, tust du mir einen großen Gefallen, wenn du mir eine ehrliche **Rezension auf Amazon** schreibst. Nur so können andere Backpacker mein Buch finden.

Falls du kritische Anmerkungen oder noch offene Fragen hast, kannst du mir gerne eine Email an *weltreise@backpackinghacks.de* schicken. Dann versuche ich dir soweit wie möglich weiterzuhelfen.

Danke und viel Spaß bei der Planung.

Deine Claudia

7
HILFREICHE RESSOURCEN FÜR DEINE WELTREISE

Alle Links aus dem Buch findest du hier:

www.backpackinghacks.de/ebook-links

8
ANLAGE

8.1 - ZEITPLAN & CHECKLISTE

NACH DER ENTSCHEIDUNG –REISEPLANUNG

1. Eckdaten der Reise festlegen

- [x] Wann soll es losgehen?
- [x] Wie lange willst du unterwegs sein?
- [x] Mit wem willst du reisen?
- [x] Wohin willst du reisen?
- [x] Wie willst du reisen (RTW, Überland)?

2. Finanzierung

- [x] Wie viel Geld hast du bereits gespart?
- [x] Wie viel wird die Reise kosten?
- [x] Kannst du unterwegs arbeiten und Geld verdienen? Working Holiday Visum
- [x] Working Holiday Visum für Kanada frühzeitig drum kümmern
- [ ] Digital Nomad: frühzeitig Online Business & Freelancer Kundschaft aufbauen
- [ ] Wie viel Geld musst du noch sparen?
- [ ] Erstelle einen Sparplan.
- [ ] Welche Maßnahmen? laufende Kosten senken, Downsizing, Nebenjob, zusätzliche Einnahmen durch Verkäufe, etc.

3. Reiseroute planen

- [x] Brainstorming
- [x] Recherche (Land, Visa, Reisekosten, Reisezeit)
- [x] grobe Route / Idee

6 MONATE VOR ABREISE

1. Ungefähren Abreisezeitraum festlegen

2. Familie & Freunde informieren

- ☑ im Vertrauen
- ☑ offiziell verkünden, erst wenn der Job gekündet ist

3. Beratung beim Hausarzt

- ☐ Gesundheits-Checkup
- ☑ Beratung Reise (Impfungen, Tropenkrankheiten & Reiseapotheke)
- ☐ verschreibungspflichtige Dauermedikamente
- ☐ tauchärztliche Bescheinigung (für Tauchschein)
- ☐ Impfungen (idealerweise 6 Monate vorher, bei Auffrischungen reichen 1-2 Monate), ggf. Beratung beim Tropenmediziner, Impfzeitplan erstellen, Kostenerstattung für Impfungen (Was deckt deine KV ab?)

4. Facharzttermine für Vorsorgeuntersuchungen

- ☐ Termine (Frauen-, Zahn-, Augenarzt, etc.) früh genug machen, teilweise 3 bis 4 Monate Wartezeit

5. Sabbatical

- ☐ Gespräch vorbereiten (Recherche, konkreter Vorschlag, Betriebsrat)
- ☐ Gespräch mit Chef: Ist ein Sabbatical möglich?
- ☐ Rahmenbedingungen abstimmen (Sabbatical-Modell, Zeitraum)
- ☐ Vertrag abschließen (Details klären)

6. Fähigkeiten

- ☐ Spanisch für Reisen durch Südamerika
- ☐ Englisch aufbessern
- ☐ Selbstverteidigungskurs
- ☐ Erste-Hilfe Kurs

4 MONATE VOR ABREISE

1. Es ist Zeit alles zu kündigen

- ☐ Schau in die Vertragsbedingungen, was für Kündigungsfristen du hast?
- ☐ Erstelle eine Liste, damit du den Überblick behältst. Wann gekündigt? Wie? Bestätigung?
- ☐ Versicherungen (Kranken-, Kfz-, Hausratsversicherung, etc.)
- ☐ Abos & Mitgliedschaften (Sport, Vereine, Zeitschriften, Entertainment, etc.)
- ☐ Mobilfunk, etc.
- ☐ Welche Verträge hast du noch?

2. Job kündigen

- ☐ Gespräch mit Chef
- ☐ Schriftliche Kündigung
- ☐ Beim Arbeitsamt als Arbeitssuchend melden
- ☐ Beratungstermin beim Arbeitsamt
- ☐ Kollegen informieren

3. Wohnung untervermieten oder kündigen?

- ☐ Untervermietung: Erlaubnis einholen, Untermieter suchen, Vertrag
- ☐ Kündigung: Wohnung & Verträge kündigen (Strom, Wasser, Kabelanschluss, Internet, Telefon, etc.)
- ☐ Details klären: Wann Übergabe? In welchem Zustand?

3 MONATE VOR ABREISE

1. Reisedokumente

- ☐ Reisepass (Gültigkeit, Anzahl leere Seiten, Neuen beantragen 6-8 Wochen)
- ☐ int. Impfausweis, int. Führerschein, int. Studentenausweis, Tauchschein, etc.

2. Wohnung

- ☐ Wohnung ausmisten (entsorgen, verkaufen, verschenken)
- ☐ Besitz & Möbel verkaufen (so früh wie möglich damit anfangen)
- ☐ Wann ist Sperrmüll? Anmelden?
- ☐ Lagermöglichkeiten?

3. Auto verleihen, abmelden oder verkaufen?

- ☐ Abmeldung: Stellplatz finden
- ☐ Verkauf: Käufer finden

4. Flüge

- ☐ RTW-Ticket
- ☐ One-Way-Ticket erstes Reiseziel

2 MONATE VOR ABREISE

1. Visum

- ☐ ggf. Visum noch in Deutschland fürs erste Land beantragen

2. Kreditkarte

- ☐ Wie lange noch gültig? Hast du zwei?
- ☐ neue beantragen (4-6 Wochen vorher)

3. Krankenversicherung

- ☐ Auslandskrankenversicherung abschließen
- ☐ Anwartschaft für Private (bei der Gesetzlichen Krankenversicherung nicht notwendig)

4. Versicherungen

- ☐ Private Haftpflichtversicherung: Gültigkeit im Ausland? Auch bei längerer Reise?
- ☐ Brauchst du wirklich eine Gepäck- oder Reiserücktrittversicherung?
- ☐ Welche Versicherungen hast du sonst noch? Können diese gekündigt oder stillgelegt werden?

1 MONATE VOR ABREISE

1. Banksachen regeln

- ☐ Kreditkarten (PIN, Verfügungsrahmen)
- ☐ Online Banking (Zugangsdaten, TAN-Verfahren)
- ☐ Separates Reisekonto einrichten
- ☐ Kontovollmacht Vertrauensperson ausstellen
- ☐ Daueraufträge auflösen (Wohnung, etc.)
- ☐ Daueraufträge einrichten (wiederkehrende Zahlungen, Reisekonto auffüllen)

2. Gepäck & Ausrüstung

- ☐ Packliste erstellen
- ☐ Fehlende Sachen kaufen (Rucksack, Kamera, Datensicherung, Reiseapotheke, etc.)

3. Fixkosten zu Hause

- ☐ So weit wie möglich reduzieren(kündigen oder ruhig stellen).

4. General- oder Vorsorgevollmacht

5. Militär / Zivilschutz

- ☐ ggf. für Reisedauer abmelden

2 WOCHEN VOR ABREISE

1. Wohnung

- ☐ Sachen packen (Kartons gut beschriften, Übersichtsplan wo was ist)
- ☐ Auszug, Besitz & Möbel einlagern
- ☐ Renovierungsarbeiten, Endreinigung
- ☐ Wohnungsübergabe
- ☐ Offene Rechnungen bezahlen
- ☐ Kautionsrückzahlung
- ☐ Neue Adresse mitteilen (Bank, Versicherung, laufende Verträge, etc.)
- ☐ Nachsendeauftrag Post
- ☐ Ab- oder Ummeldung beim Einwohnermeldeamt
- ☐ Temporäres Zuhause für Haustier finden

2. Job

- ☐ Arbeitszeugnis
- ☐ Arbeitsamt (mind. 1 Tag vor Weltreise arbeitslos melden) & vor Abreise wieder abmelden
- ☐ Bewerbungsunterlagen bei Working-Holiday-Visum (Lebenslauf, Zeugnisse – engl. Übersetzung)

3. Bank

- ☐ Bank über Reise informieren
- ☐ Notfall-Bargeld (100-200 US-Dollar)

4. Reiseplanung

- ☐ Unterkunft für ersten Nächte buchen

5. Reise dokumentieren

- ☐ Reiseblog starten oder
- ☐ Social Media Accounts einrichten -> alle darüber informieren

6. Smartphone Apps

- ☐ Reise-Apps installieren (Reisebuchung, Online-Karte, Wörterbuch, Kommunikation, etc.)

7. Datensicherung
- ☐ Cloudservice Account einrichten
- ☐ Alle Reisedokumente und Banksachen einscannen, digital verschlüsselt ablegen

8. Finanzamt für Selbstständige
- ☐ Empfangsbevollmächtigung (um Post annehmen zu können)
- ☐ Fristverlängerung beantragen

9. Biometrische Passbilder
machen lassen für weitere Visa auf Reisen

1 WOCHEN VOR ABREISE

1. Auto
- ☐ Abmelden, sicher abstellen (Schutz)
- ☐ Kfz-Versicherung informieren, wenn Auto von Anderen in Abwesenheit genutzt wird

2. Eltern / Großeltern
- ☐ Skype einrichten (Testlauf)

3. Vertrauensperson
- ☐ alle Unterlagen übergeben (digital & Papier)

4. Zum Frisör gehen

5. Probepacken

6. Abschiedsparty

7. Online-Check-In Flug

8. Tasche packen

9. Abschied

8.2 - Packliste

Hier ist meine Weltreise Packliste. Deine Packliste wird wahrscheinlich anders aussehen, weil du andere Bedürfnisse hast, einen anderen Reisestil hast und durch andere Länder reisen wirst. Nimm daher meine Packliste als Orientierungshilfe und pass sie entsprechend deinen Vorstellungen an.

Auf dem Blog findest du meine Packliste mit Produktempfehlungen.
www.backpackinghacks.de/pack/packliste

KLEIDUNG FÜR 1 WOCHE

4-5 T-Shirt & Tops
1-2 Longsleeve, bzw. Bluse / Hemd
1 Pullover (Hoodie)
+ 1 warmer Pullover für kältere Regionen

1 Beutel mit Unterwäsche, BHs & Socken
1-2 Bikini, bzw. Badeshorts
1 Schlauchtuch
1 Beutel für Schmutzwäsche

2-3 Shorts
1 lange Hose
+ 1 zusätzliche Hose für kältere Regionen
Leggings (Frauen) oder Wanderhose (bei Bedarf)

1 Regenjacke
1 Flipflops
1 Sneaker / Ballerinas / Sandalen / Laufschuhe / Trailrunning Schuhe / Wanderschuhe

Die Schuh-Formel: Ein Paar am Fuß + eins im Rucksack + Flip Flops

Empfehlungen
// Stadt: Sandalen / Ballerinas, Sneaker + Flip Flops
// Sport: Sandalen, Laufschuhe + Flip Flops
// Outdoor: Sandalen, Trailrunning-Schuhe + Flip Flops

+++Tipp: Kauf dir Wanderschuhe unterwegs für Fernwanderungen.

DOKUMENTE & GELDSACHEN

wasserdichter Zipp-Beutel
Reisepass mit 1-2 Kopien
Reisepolice der Auslandskrankenversicherung
internationaler Impfpass

Weitere Reisedokumente (optional)
Original EU-Führerschein + internationaler Führerschein (grau)
internationaler Studentenausweis
PADI-Tauchausweis
Segelschein

Geldsachen
2 Kreditkarten
Notfall-Bargeld: 100-200 US-Dollar (kleine Stückelung)
Unterlagen fürs Online-Banking

Diverses
extra Passbilder (für weitere Visa)
kleines Portemonnaie
Notfall-Telefonnummer
Reiseunterlagen
Bewerbungsunterlagen (Working Holiday Visum)

REISEAPOTHEKE

Als Standard nehme ich oft folgendes mit
Schmerztabletten (Paracetamol oder Ibuprofen)
Fieberthermometer (digital)
Elektrolyte (bei Durchfall, z.B. Elotrans Pulver)
Wunddesinfektion (Octenisept Spray)
Antiseptikum (Betaisodona Salbe)
Verbandszeug (Mullbinden, sterile Kompressen, Leukoplast)
Pflaster (Blasenpflaster für Wanderungen)

Optional
verschreibungspflichtige Medikamente
Verhütung (Pille), Kondome
Malariamedikamente
Wund- und Heilsalbe (Bepanthen)
Desinfektionsgel
Reiseübelkeit
Fenistil (Gel) oder bite away (Gerät): gegen Juckreiz bei Insektenstichen
Augentropfen
Antihistaminika (allergische Reaktionen)
Magnesium Tabletten (für Muskeln nach Sport, Wanderungen)
Tiger Balm (Muskelverspannung, Juckreiz Insektenstiche, Erkältungen)

Noch ein paar Tipps

- Was hast du Zuhause noch vorrätig? Kontrolliere wie lange es noch haltbar ist.
- Pack keine großen Mengen ein, sondern belass es beim Nötigsten.
- Wirf die Verpackung weg und behalte nur die Blister mit dem Beipackzettel.
- In Zipp-Beuteln bleibt alles trocken und ist luftdicht verpackt.

HYGIENE- & KOSMETIKARTIKEL

Kulturbeutel (mit Haken)

Zahnhygiene: Zahnbürste, -pasta, -seide
Shampoo / Conditioner (fest als Seife)
Seife (statt Duschgel)
Gesichtsreinigung, -creme
Makeup, Abschminksachen, kleiner Handspiegel, etc.
Lippenbalsam
Deo
Bürste, Hairstyling, Haarklammern /-gummis, etc.
Einmalrasierer für Frauen, bzw. (Elektro-) Rasierer für Männer
Nagelknipser & -feile
Pinzette, etc.
Tampons, Slipeinlagen oder Menstruationstasse
Sonnenmilch (1x groß, 1x mini)
Mückenspray
Ohrstöpsel
Toilettenpapier

SONSTIGE AUSRÜSTUNG

Tagesrucksack / Umhängetasche
Drybag (wasserdichter Packsack) + Silicagel
Pack Towel (Handtuch, ca. 80x40 cm, Aufhänger)
Schlafsack-Inlett (Baumwolle / Seide, auf Größe achten)
Sarong (multifunktional)

Kleinkram
1 Beutel für Kleinkram
Zipp-Beutel
Taschenmesser
Wäscheleine
Sicherheitsnadel, Nadel & Faden
Klebeband
Kabelbinder
Reisebesteck (Spork)

Sonstiges
Brille (bei Bedarf)
Sonnenbrille
Notizbuch & Stifte

Sicherheit
2 kleine Zahlenschlösser für großen Rucksack
1 großes Zahlenschloss für Schließfächer
1 mobiler Travelsafe

ELEKTRONIK

Smartphone, Ladegerät, Kopfhörer
Kamera mit extra Memorycard & Ersatz-Akku, Ladegerät, USB-Kartenleser
USB-Memory-Stick / externe Festplatte für Datensicherung
Mehrfachsteckdose mit USB-Ports

Optional
Laptop
Tablet
eReader
Stromadapter
Powerbank
Lautsprecher
Stirnlampe
CASIO-Armbanduhr

33158804R00143

Printed in Poland
by Amazon Fulfillment
Poland Sp. z o.o., Wrocław